MODIGLIANI

für Paula
20. März 94
Mami

JUNE ROSE

AMEDEO MODIGLIANI

Sein Leben, sein Werk, seine Zeit

SCHERZ

Erste Auflage 1991
Titel der Originalausgabe:
«Modigliani – The Pure Bohemian».
Einzig berechtigte Übersetzung aus
dem Englischen von Liselotte Julius.

Schutzumschlag von Manfred Waller.

INHALT

VORWORT

Amedeo Modigliani schrieb wenige Briefe und datierte sie nur selten. Er empfand Abneigung gegen jede Art dokumentarischer Belege und verlor ständig seinen Paß und sonstige Ausweispapiere. Seine Familie in Livorno, der er am häufigsten schrieb, ahnte zu seinen Lebzeiten nicht im entferntesten, daß Amedeo einmal zu einer Kultfigur werden würde. Zwar bewahrten sie die Postkarten, die er schickte, auf, wußten aber nie genau, wo er gerade wohnte. Aus gutem Grund, denn Modigliani dürfte mit seinen Umzügen den Rekord unter den Malern halten. Seine angeborene Rastlosigkeit trieb ihn von einem schäbigen Hotel, von einem heruntergekommenen Atelier ins nächste, so daß in Amerika heute noch emsige Nachforschungen im Gange sind, um seine zahllosen Adressen ausfindig zu machen.

Der kometenhafte Aufstieg, den sein Ruf und der Marktwert seiner Bilder bald nach seinem Tod erfuhren, machte die Modigliani-«Industrie» so profitträchtig, daß Autoren seine Geschichte immer wieder erzählten – angereichert durch beflissene Zeugen, die ihre Erinnerungen zum besten gaben, richtig oder falsch, ausgeschmückt oder entstellt. Wenn diese Zeugen sich dann in späteren Jahren die Vergangenheit ins Gedächtnis zurückriefen, war bei manchen durch die Lektüre vieler Bücher über Modigliani Verwirrung entstanden, während andere sich durch den Glanz vergangener Ereignisse blenden ließen. Durch und durch Bohemien, führte er ein Leben, das zur Legendenbildung reichlich Anlaß bot. Der Biograph, der Modigliani einigermaßen gerecht werden will, sieht sich gezwungen, nicht nur die Geschichten selber abzuwägen, sondern auch die Glaubwürdigkeit der Zeugen. Über gewisse Abschnitte in Modiglianis Leben läßt sich jedoch kein gesicherter Aufschluß erlangen.

Als ich vor mehr als dreißig Jahren in das Thema Modigliani verstrickt wurde, hatte ich das Glück, seine Tochter Jeanne kennenzulernen, seinen Bruder Umberto nebst Frau, seine alte Tante Laure und seinen ersten Gönner, Dr. Paul Alexandre, sowie Brancusi, Cocteau und etliche andere, die ihn gut gekannt hatten.

Meine Biographie ist eine Suche nach dem Menschen, ein Bestreben, «den Traum zu retten».

1

URSPRÜNGE

Über siebzig Jahre nach seinem Tod gilt der Maler Amedeo Modigliani unangefochten als Idol, exemplarisch für das Leben eines Bohemiens. Titelheld eines Films, eines Theaterstücks[1] und unzähliger Bücher, wurde Modigliani unter all den Künstlern, die in einer Zeit überschäumender Kreativität in Paris lebten, zum Symbol einer dekadenten, verlorenen jungen Generation. Der Mythos Modigliani faszinierte Montparnasse bereits unmittelbar nach dem Ersten Weltkrieg; die Kunsthändler machten ihn sich schon zu seinen Lebzeiten als wertsteigernde Beigabe zunutze, so daß es oft schwierig ist, die Anekdoten über den «verrückten» Maler von seinem Werk zu trennen. Dennoch war Modigliani als Mensch wie als Künstler ein Original mit einem unbestechlich klaren Blick, den er sich bis zum Ende bewahrte.

Er wurde 1884 in Livorno geboren und blieb dieser Herkunft ein Leben lang tief verbunden. Livorno ist das Thema eines seiner Gedichte und das Motiv mehrerer Zeichnungen. Um seiner künstlerischen Entwicklung willen mußte er von zu Hause weggehen, doch der starken Bindung an die Heimat und an seine Mutter tat das keinen Abbruch.

Beide Eltern entstammten alten sephardischen Familien. Im Gegensatz zu Marc Chagall, Chaim Soutine und anderen jüdischen

Malern, die aus armseligen osteuropäischen Dörfern kamen und denen er später in Paris begegnete, hatte Modigliani ein Leben im Ghetto nie kennengelernt. Er wuchs in einem privilegierten Milieu auf und wurde in Italien niemals mit Antisemitismus konfrontiert. Die Geschichte der Juden von Livorno war ihm vertraut und vermittelte ihm ein Gefühl von Freiheit und Selbstvertrauen – damals eine Seltenheit. Mehr als drei Jahrhunderte vor seiner Geburt stand die jüdische Gemeinde von Livorno unter dem besonderen Schutz der Medicis – zu einer Zeit, als andere Gemeinden überall in der Welt unter Entrechtung und Verfemung zu leiden hatten. Ferdinand I., Großherzog der Toskana, ermutigte 1593 alle Flüchtlinge und insbesondere die Juden, sich in Livorno niederzulassen und das Fischerdörfchen zu einer Hafenstadt auszubauen. Außerdem gewährte er den Juden von Livorno politische Gleichberechtigung. Die jüdische Gemeinde gedieh in einer kosmopolitischen Gesellschaft, und auch wenn es Ende des 19. Jahrhunderts, als Amedeo geboren wurde, mit dem Wohlstand der Stadt und seiner Familie bergab ging, so blieben die Modiglianis doch weiterhin hoch geachtet und zählten dank seiner Mutter zur geistigen Elite der Stadt.

Modigliani signierte eine seiner Zeichnungen mit dem Mädchennamen seiner Mutter: Garsin.[2] Sie hatte den denkbar größten Einfluß auf seine Entwicklung, eine Erklärung für seine komplexe, außergewöhnliche Persönlichkeit. Ihre Angehörigen waren Kaufleute mit intellektuellem Einschlag und einer erstaunlichen Verachtung für Geld, eine Eigenschaft, die Modigliani erbte. Eugenia Garsin kam 1855 in Marseille in einem imposanten vierstöckigen Haus mit riesigem Garten zur Welt, das drei Generationen der Familie beherbergte, durchdrungen von Geschichte und Tradition der Garsins. Ein Vorfahr, ein Schriftgelehrter, hatte im 18. Jahrhundert in Tunesien eine Talmud-Schule gegründet, und ihr Vater und Großvater pflegten leidenschaftlich über theologische und philosophische Fragen zu diskutieren. Eugenias Urgroßvater hatte eine Regina Spinoza geheiratet, und Modigliani erzählte später seinen Freunden in Paris, er habe

Modiglianis Mutter Eugenia

«Philosophie im Blut». Die Familie berief sich darauf, von dem großen Philosophen abzustammen, wenngleich Spinoza Junggeselle gewesen war und von irgendwelchen Kindern nichts bekannt ist, so daß es sich vielleicht um Abkömmlinge einer Seitenlinie handelt.

Spinoza, der wegen seiner Irrlehren aus der jüdischen Religionsgemeinschaft ausgeschlossen wurde, war ein Held der Familie Garsin; ein anderer war Moses Mendelssohn, der große Wegbereiter der Aufklärung und Emanzipation des Judentums. Die Garsins bewunderten die Freidenker und Bilderstürmer, die an den althergebrachten Regeln rüttelten. Die Kinder wurden angehalten, selbständig zu denken und viel zu lesen, und die häusliche Atmosphäre war liberal und kosmopolitisch. Die Synagoge besuchte Eugenia kaum; die Garsins waren überzeugte Deisten, sie glaubten an Gott, hatten aber wenig Interesse am religiösen Ritual. Ihr Geschäft, ein Kreditinstitut, hatte Filialen in London und Tunis, und bevor sie sich in Marseille niederließen, hatten sie eine Zeitlang in Livorno gelebt. Sie beherrschten Französisch, Englisch, Italienisch sowie etliche andere Sprachen fließend und hätten in fast jeder Stadt am Mittelmeer eine sorgenfreie Existenz gefunden, ohne sich vollständig mit den jeweiligen Lebensformen zu identifizieren. Die Mädchen erhielten ebenso wie die Jungen eine solide, liberale Erziehung. Eugenias englische Gouvernante, eine Miss Whitfield, die eine Art Feldwebel gewesen zu sein scheint, impfte ihr zwar einen säuerlichen Puritanismus ein, aber auch tiefen Abscheu vor Lügen. Später besuchte Eugenia ein französisches Kloster: «... von acht Uhr früh bis sechs Uhr abends ... war sie Schülerin in einer katholischen, französischen Anstalt», schrieb sie später über sich. «... zu Hause war sie italienisch, jüdisch, patriarchalisch und ernsthaft.»[3] In zwei Welten zu leben, führte dazu, daß sie sich in beiden als Außenseiterin fühlte und zu Selbstbeobachtung und -analyse neigte. Alle Garsins waren hypersensibel, hochintelligent und in einem gefährlichen Ausmaß empfänglich für Ideen und Ideale. Als junges Mädchen hatte Eugenia von praktischen Dingen wenig Ahnung. Über Geschäfte wurde in ihrer Gegenwart nie gesprochen, so daß sie den Eindruck gewann, bei finanziellen Transaktionen handle es sich um eine Art Intelligenzspiel. Zu jener Zeit fungierte ihr Großvater noch als Firmenchef; ihr Vater verbrachte vormittags ein paar Stunden an der Börse und entwischte dann in seinen Club, um sich den Nachmittag über in eine fulminante Schachpartie zu vertiefen. Das Thema Geld war tabu. Wenn Eugenia ein teures Kleid oder einen neuen Hut wollte, wurde sie mit der Ausrede abgespeist: «Dein Vater wünscht nicht, daß du dich an solche Luxusartikel gewöhnst ..., das ist zu protzig.»[4]

Trotz ihrer überaus starken Familienbande waren die Garsins erstaunlicherweise strikt dagegen, Zuneigung und Zärtlichkeit zu demonstrieren; die Kinder bekamen keinen Kuß, ehe sie nicht fest schliefen. Über amouröse Abenteuer dagegen wurde offen ge-

Modiglianis Vater Flaminio

sprochen. Bereits in jungen Jahren hörte Eugenia die Geschichte von ihrem Großvater mütterlicherseits, einem großen Frauenhelden, der an Lungenentzündung starb, nachdem ein eifersüchtiger Ehemann ihn, nur mit einem Hemd bekleidet, auf die Straße gejagt hatte. Eugenia fand Geschmack an dieser schlüpfrigen Anekdote und erzählte sie ihrerseits Amedeo und ihren anderen Kindern. Doch damals akzeptierte Eugenia die für weibliche Familienmitglieder geltenden Einschränkungen ohne Widerrede.

Im Jahre 1870 schickten die Modiglianis aus Livorno ihren Sohn Flaminio auf einen längeren Logierbesuch zu den Garsins mit der Bitte, ihn mit passenden jungen Frauen bekannt zu machen. Zwischen den beiden Familien bestanden alte freundschaftliche und geschäftliche Beziehungen. Flaminio war vorwiegend mit der Leitung der familieneigenen Gruben auf Sardinien beschäftigt und mit dreißig noch ledig. Er genoß die zwanglose Atmosphäre bei den Garsins, lauschte ihren hitzigen Diskussionen und beäugte Eugenia, eine eindrucksvolle Erscheinung: stolze, aufrechte Haltung, schöne, durchdringende dunkle Augen. Es dauerte nicht lange, bis er mit einer Liebeserklärung herausplatzte.

Zwar hochgewachsen und gut gebaut, aber mit einem weichlichen, schlaffen Gesicht, fehlte es Flaminio an Temperament und Esprit, den Qualitäten der Garsins. Der intelligenten, geistig interessierten Eugenia mußte er als Freier enttäuschend erscheinen. Als ihre Mutter sie über die Heiratspläne informierte, meinte sie nur achselzuckend: «Schon, Mama . . .?» Die Verlobungszeit dauerte die üblichen zwei Jahre, was die künftige Ehefrau als Gnadenfrist empfunden haben dürfte. Ihre Eltern waren betrübt, die Tochter zu verlieren, jedoch insgesamt erleichtert, da in ihrer Familie seit zwei Generationen Geschwisterkinder untereinander geheiratet hatten. Sie kannten Rang und Ansehen der Modiglianis, und für Juden des gehobenen Mittelstands wie sie war es äußerst schwierig, passende Partner zu finden.

Im Januar 1872 wurden Eugenia Garsin und Flaminio Modigliani in der im Zentrum von Livorno gelegenen Barock-Synagoge getraut, und Eugenia hielt Einzug in einen Trakt der weiträumigen Villa auf der Via Roma, wo alle ihre Kinder geboren wurden. Eugenia fand es so gut wie unmöglich, sich mit ihrer neuen Familie zu arrangieren. Wie die Garsins hatten auch die Modiglianis eine bemerkenswerte Familiengeschichte, deren sie sich für Eugenias Geschmack nur allzu bewußt waren. Der Großvater ihres Mannes hatte bei Napoleon I. als Berater fungiert. Ihr Schwiegervater, Emanuele Modigliani, war ein vermögender Mann und hatte, während er in Rom lebte, einem Kardinal mit erheblichen Summen gedient. Er kaufte einen Weinberg, da er glaubte, von einem vatikanischen Gesetz, das Juden Landbesitz untersagte, nicht betroffen zu sein, wurde jedoch binnen vierundzwanzig Stunden gezwungen, ihn wieder zu veräußern. Dies hatte den Umzug nach Livorno zur Folge, wo er sich 1849 niederließ. Bei Eugenias Hochzeit übte Emanuele, ein korpulenter, bombastischer Siebziger, immer noch die Herrschaft im Haus und im Betrieb, einem Holz- und Kohlenhandel, aus. Innerhalb der Familie hielt er strikt auf Formen. Seine Söhne küßten ihm nach wie vor die Hand und redeten ihn mit «Sie» an, und von seiner Schwiegertochter Eugenia verlangte er, daß sie wie die anderen weiblichen Familienmitglieder die Synagoge besuchte und ihre gesellschaftlichen Pflichten pünktlich absolvierte. Dieses Leben mißfiel der Siebzehnjährigen. Ihrer Meinung nach stellten sich die Modiglianis unentwegt zur Schau. «Das Haus . . . riesig und voller Dienstboten, die Mahlzeiten wie aus dem Pantagruel, die Tafel stets für zahllose Verwandte und Freunde gedeckt, große Empfänge in einer Flucht von weiträumigen Salons . . .»[5] Doch trotz des pompösen Zuschnitts kamen Eugenia ihre angeheirateten Verwandten gemessen an ihren eigenen bescheidenen Ausgaben beinahe geizig vor. Bei jeder noch so geringen Summe folgte regelmäßig ein Kreuzverhör. Um dieser demütigenden Behandlung zu entgehen, schränkte sie ihre Ausgaben auf ein Minimum ein. Flaminio war keine große Stütze für seine junge Frau. Er war häufig geschäftlich unterwegs, und wenn er sich zu Hause aufhielt, erwartete er von Eugenia unbedingte Anpassung an die in seiner Familie geltenden Regeln, auch wenn er jene der Garsins mit überschwenglichem Lob bedachte.

Eugenia vermißte die liberale Atmosphäre ihres Elternhauses und blieb in engem Kontakt. Als im Oktober 1872 ihr erster Sohn Emanuele geboren wurde, kam Eugenias Mutter Regina trotz ihrer Tuberkulose aus Marseille angereist, um ihr Enkelkind zu begutachten. Regina Garsin starb bald nach ihrer Rückkehr in Marseille, und 1873 erlitt die Familie einen weiteren schweren Schicksalsschlag durch den Bankrott ihrer Filialen in London und Tunis. Die Katastrophen warfen Isaac Garsin völlig aus dem Gleichgewicht; er fiel mit solcher Gehässigkeit über seine Brüder und Geschäftskollegen her, daß sie an seinem Verstand zweifelten, was angesichts der in der Krankheitsgeschichte der Familie verzeichneten Fälle von Labilität verständlich ist. Eugenia fühlte sich allen immer noch so stark verbunden, daß sie einwilligte, ihren in der Tat psychisch gestörten, jähzornigen Vater bei sich aufzunehmen, obwohl sie kurz vor ihrer zweiten Niederkunft stand. Nach der Geburt eines Töchterchens namens Margherita im Jahre 1874 brachte Eugenia das Baby, eine Kinderschwester und ihren Vater in einer Villa am Meer unter. Isaac Garsin war immer noch verwirrt, behauptete hartnäckig, von den Gärtnern verfolgt zu werden, wurde aber allmählich dank Eugenias Takt und Fürsorge wieder gesund. Ihr Mann reiste nach wie vor viel in Geschäften, und ihre Angehörigen kamen zu ausgedehnten Besuchen. Ihr zweiter Sohn, Umberto, kam 1878 zur Welt und acht Jahre später der jüngste.

Amedeo Clemente Modigliani wurde am 12. Juli 1884 geboren. Ein ungünstigerer Zeitpunkt ließ sich kaum denken. Zwei Monate zuvor war Eugenias jüngste Schwester Clementina in Marseille gestorben, und das Baby erhielt seinen zweiten Vornamen zum Andenken an sie. Eugenia hatte schwere Geldsorgen. Die Geschäfte waren seit einiger Zeit zurückgegangen, und als 1884 das Land in eine tiefe Wirtschaftskrise geriet, machten die Modiglianis Bankrott. Flaminio versuchte, das Ausmaß der Katastrophe vor Eugenia geheimzuhalten, doch sie hatte eine Liste mit dem Inventar der Wohnung gesehen und erriet die Wahrheit. Als die Wehen einsetzten, betraten Gerichtsvollzieher das Haus und bemächtigten sich des Mobiliars. Hektisch häufte die Familie so viele Wertgegenstände, wie sie konnte, auf Eugenias Bett und machte sich so ein altes römisches Gesetz zunutze, das untersagte, eine Frau im Kindbett zu behelligen. Das Baby kam in einer chaotischen Umgebung zur Welt, und Eugenia war fest überzeugt, daß seine Geburt zu diesem Zeitpunkt ein böses Omen darstellte.

Der Name des alten Emanuele verschwindet nun aus den Aufzeichnungen der Familie. Er war damals an die neunzig und vermutlich bereits tot. Die jüngere Generation konnte es sich nicht leisten, in der geräumigen Villa zu bleiben. Zunächst zogen sie in eine beengte Wohnung, fanden jedoch bald ein kleines Haus mit Garten in einer stillen Straße, der Via delle Ville, ganz in der Nähe ihres früheren Domizils. Dort wuchs Amedeo auf. «Durch den Verlust des Geldes verlor die Familie weder ihren Rang noch ihre gesellschaftliche Stellung», schrieb Margherita,[6] die bei dem Zusammenbruch zehn war. Freunde und Nachbarn bewunderten nach wie vor die trotz beschränkter Mittel stilvolle Haushaltsführung. Zeitweise waren sie so arm, daß Eugenia eine Schwangerschaft vortäuschen mußte, um die Gerichtsvollzieher abzuhalten. Flaminio, jetzt ein enttäuschter Mann in mittleren Jahren, eröffnete zunächst ein Büro als Häusermakler. Als das fehlschlug, begann er als Handelsagent zu arbeiten. Er gewann nach dem Zusammenbruch sein Selbstvertrauen nie mehr ganz zurück. Bei der Reaktion auf Mißerfolge traten die charakterlichen Unterschiede der beiden Eheleute deutlich zutage.

Bei all ihrer Verwöhntheit besaß Eugenia enorm viel Energie und Mut. In Livorno hatte sie bereits außerhalb des Modigliani-Kreises eigene Freunde gewonnen. Insbesondere Rodolfo Mondolfi, ein führender Intellektueller der Stadt, Lehrer an der höheren Schule und überzeugter Spiritualist, wurde zu einem treuen, zuverlässigen Freund, der sie fast täglich besuchte. Weiter ging ihre Beziehung mit Sicherheit nicht, denn Eugenia war zu Hause ständig von Verwandten und den Kindern umgeben und hatte wenig Freiraum. Mondolfi bewunderte sie und half nach Kräften. Mit seiner Unterstützung und von einem katholischen Priester, den sie im Urlaub kennengelernt hatte, ermutigt, begann sie, zusammen mit ihrer Schwester Laure, Kindern Unterricht in Deutsch und Französisch zu erteilen. Binnen kurzem hatte sie zu Hause eine richtige Schule installiert. Die konservativen Modiglianis waren schockiert über ihre Initiative, aber froh über das Geld. Indem sie verbreiteten Vorurteilen über die Rolle der Frau die Stirn bot und dringend benötigte Einkünfte heranschaffte, war sie praktisch zum Oberhaupt einer weitverzweigten Familie geworden. Außer ihrem Mann und den vier Kindern lebte ihre

Großmutter mütterlicherseits, in Livorno allgemein als Signora «Nonnina» bekannt, bei ihr; außerdem wohnte ihr Vater Isaac wieder dort, desgleichen ihre Schwestern Laure und Gabrielle. Laure half in der Schule, Gabrielle besorgte den Haushalt und «verwöhnte» die Kinder, und Isaac begann, mit seinem kleinen Enkel Amedeo Spaziergänge zu unternehmen. Ihr Lieblingsweg führte sie zum Hafen mit den Schiffen. Isaac machte es Freude, mit dem bildschönen Jungen am Ufer zu promenieren und ihm Gedichte vorzudeklamieren. Als junger Mann war Isaac weit gereist, und er erzählte Amedeo wie einem Erwachsenen von den Wundern der Wissenschaft, den schönen Gemälden und Denkmälern, die er gesehen hatte. Amedeo hörte ernst zu und bettelte um weitere Geschichten. Seine ungestümen älteren Brüder gaben ihm den Spitznamen «der Professor». 1886 begann Eugenia Tagebuch zu führen. Eine zärtlich liebende, aber klarsichtige Mutter, schrieb sie im Mai jenes Jahres, «Dedo», so Amedeos Kosename, sei «ein wenig verwöhnt, ein wenig launenhaft, doch *joli comme un coeur*».[7] Den häufig abwesenden Vater bekam Amedeo selten zu Gesicht. Gleichaltrige Kinder lernte er kaum kennen, da er zart war und Eugenia beschlossen hatte, ihn noch nicht in die Schule zu schicken. Er wuchs heran inmitten von Erwachsenen, in einem Haus voller Bücher.

Die Familie mußte sich jetzt sehr einschränken, und Eugenia versuchte, gegen ihre Ängste und Depressionen anzukämpfen. Manchmal kam ihr jüngerer Bruder Amedeo Garsin aus Marseille zu Besuch. Seine Geschäftslage wechselte ununterbrochen, und wenn er gerade gut bei Kasse war, erschien er mit hübschen Geschenken für die ganze Familie, machte herrliche Ausflüge mit ihnen und hinterließ «einen Hauch von Phantasie, Großzügigkeit und Enthusiasmus». Der kleine Junge hörte viele Geschichten über die Zeiten, als die Modiglianis «Bankiers beim Papst» gewesen waren, und glaubte, irgendwie sei er schuld an ihrem Niedergang. Bei seiner Mutter spürte er ein von Angst und Sorge umdüstertes Gemüt. Eugenias und Flaminios Beziehungen waren gespannt, und Eugenia suchte bei ihrem jüngsten

Sohn die Liebe und Zärtlichkeit, die ihr fehlten. Im Jahre 1891 – sie war 36 und Amedeo acht – schrieb sie ein absonderlich böses Gedicht. Sie brachte es in zehn Minuten zu Papier, als eine Art Stilübung, dennoch fällt die Bitterkeit, die melancholische Stimmung auf:[8]

Brennender Wunsch
Das Reich der Gewalt möcht ich verkünden,
möcht hängen einen Jud an jeden Baum,
möcht jeden Schurken aus der Haft entlassen
und jedem braven Mann das Fell abziehn.
Tante Eugenia den frommen Amedeo entreißen,
der heut ihr lindert jeden Schmerz
und sie gelegentlich zu lächeln zwingt.
Vertreiben aus der Welt jedwede Güte,
ins Weinfaß stecken jeden, der nicht trinkt,
und jeden Saubern in den Schweinestall.
Möcht meinen Nachbarn ärgern bis aufs Blut,
anzünden seinen Schober, daß er brennt
und daß sein kleiner Sohn dabei erstickt.

Zweifellos war ihr eigensinniger Jüngster Eugenia ein Trost. Margherita zufolge, die zehn Jahre älter und eifersüchtig war auf all die ihrem Bruder gewidmete Aufmerksamkeit, «ließ sie ihm alles durchgehen». Er war zart, so daß Eugenia ihn selber unterrichtete, und als er alt genug war, besuchte er ihre Kurse. Sosehr sie sich auch bemühte, gerecht zu sein, empfand Amedeo doch den Unterschied zwischen sich und den anderen Schülern: Selbst als Kind schon war ihm eine Aura zu eigen.

Als er zehn war, starb sein Großvater Isaac Garsin. Vielleicht wollte Eugenia ihn von seinem Kummer ablenken, als sie beschloß, ihn auf die höhere Schule zu schicken, das Gymnasium Guerrazi. Auch dort war er wohlbehütet. Eugenias Freund, der Lehrer Rodolfo Mondolfi, half Amedeo bei den lateinischen Hausaufgaben. Bald nahm er unter seinen Mitschülern wegen seiner fast überirdischen Schönheit und seiner makellos gepflegten Kleidung eine Sonderstellung ein. Seine Mutter hatte ihm eine gute Grundlage mitgegeben, so daß er anfangs hervorragende Zensuren bekam. Seinem Bruder Umberto zufolge[9] hatte Amedeo zu dieser Zeit begonnen, zu Hause die Wände mit Kreide zu bemalen und seine Hefte und Schulbücher mit Zeichnungen zu verzieren.

Im Sommer 1895, als er elf wurde, erkrankte Amedeo an einer schweren Rippenfellentzündung. «Ich habe mich immer noch nicht von dem furchtbaren Schreck erholt, den mir das versetzt hat»,[10] schrieb Eugenia in ihr Tagebuch. Die langwierige Rekonvaleszenz gab dem Jungen Zeit, zu lesen und zu träumen und Verhaltensweisen zu zeigen, die Eugenia bei all ihrer Erfahrung

Amedeo in der Schule von Livorno (vordere Reihe rechts)

mit kindlichen Entwicklungsphasen zugleich verwirrten und faszinierten. «Der Charakter des Kindes ist noch so unausgeprägt, daß ich nicht sagen kann, was ich davon halte. Er benimmt sich wie ein verwöhnter Fratz, doch es fehlt ihm nicht an Intelligenz. Wir werden abwarten müssen und dann sehen, was sich in dieser Puppe verbirgt. Vielleicht ein Künstler?»

Im Sommer 1896, als Amedeo 12 wurde, hatte Eugenia zum erstenmal seit ihrer Heirat keinen Logierbesuch von der Familie Garsin, was eine willkommene Abwechslung gewesen sein dürfte. Amedeo ging wieder in die Schule, und das Leben verlief einigermaßen friedlich. Er hatte nur einen engen Schulfreund, Uberto Mondolfi, den Sohn von Rodolfo. Zwischen den beiden bestand ein erheblicher Altersunterschied; Uberto war sieben Jahre älter, aber Eugenia ebenso wie Rodolfo förderten zweifellos diese Beziehung, denn Eugenia bezeichnete Uberto als ihren «zusätzlichen Sohn». Und Amedeo war frühreif und an die Gesellschaft von Älteren gewöhnt.

Im Jahre 1896 beschlossen die beiden Jungen eines Nachmittags, zum Spaß die Wände eines Regals zu verzieren. Auf die eine Seite malten sie einen Frauenkopf, darunter einen Totenschädel, was «Liebe und all ihre zerstörende Kraft» darstellen sollte, und auf die andere einen Männerkopf mit wallendem, zweigeteilten Bart, als Sinnbild des Inkubus, «was er ja nur allzuoft ist».[11] Die Dekoration hat keinen künstlerischen Wert, ist aber ein interessanter früher Hinweis auf die morbide Faszination, die Friedhöfe, Totenschädel und die Attribute des Todes, später vermittelt durch den literarischen Einfluß von Dichtern wie Baudelaire und Gérard de Nerval, auf Amedeo ausübten. Er näherte sich der Pubertät, war rebellisch und konnte die, wenn auch nicht sonderlich ausgeprägte Autorität seines Vaters nicht ertragen, so daß Ubertos Vater Rodolfo sich einmal gezwungen sah, ihn zurechtzuweisen, ein Zeichen für Flaminios schwache Stellung im eigenen Haus.

Mit Vollendung des 13. Lebensjahres wurde Amedeo im Juli 1897 nach jüdischem Brauch mündig. Es galt als selbstverständlich, daß er bei seiner Bar-Mizwah vor und nach der Thoralesung in der Synagoge zumindest den Segen auf hebräisch rezitieren würde. Höchstwahrscheinlich lernte er einen Abschnitt aus der alten Schriftrolle auswendig, während Flaminio sich auf das stumme Gebet beschränkte: «Gelobt sei Er, der mir die Verantwortung für das Tun dieses Kindes abgenommen hat.» Vor der Feier durfte Amedeo in das Tagebuch seiner Mutter schreiben: «Ich mache meine Prüfungen und muß meine Bar-Mizwah absolvieren. Bei den Prüfungen geht es um die Versetzung von der vierten in die fünfte Klasse. Dies sei der Genauigkeit halber in den Annalen der Familie Modigliani vermerkt.» Am 11. Juli fügte er triumphierend hinzu: «Ich schrieb vor ein paar Tagen in das Tagebuch der Familie, daß ich meine Prüfungen mache. Jetzt teile ich mit, daß ich sie bestanden habe.» Einige Tage später notierte seine Mutter erleichtert: «Dedo hat nicht nur seine Prüfungen bestanden, sondern steht unmittelbar vor der Bar-Mizwah. Uff! Wieder tritt einer ins Leben, oder beinahe.»[12]

Zum Semesterschluß hatten die Schüler eine Theatervorstellung einstudiert, und Amedeo posierte, gut und glücklich aussehend, für das Gruppenfoto. Die Zeitung berichtete darüber, was einige der Modiglianis schockierte.

Doch ein anderes Ereignis war wesentlich schlimmer. Der älteste Sohn, Emanuele, ein junger Rechtsanwalt, hatte sich restlos der Politik verschrieben. Er wurde in den Stadtrat gewählt, für die Familie ein Anlaß zu Stolz, aber er war auch aktives Mitglied der neugegründeten Sozialistischen Partei und nahm an Protestversammlungen gegen die von der Regierung verhängte Brotsteuer teil. Armselige Bauern rebellierten auf den Straßen, und in dem anschließenden Belagerungszustand wurde das Kriegsrecht verhängt. Die Polizei begann, Verdächtige zu verhaften, die etwas mit den Krawallen zu tun haben könnten. Eugenia war sich bewußt, daß ihr Sohn ein Risiko einging, stand jedoch voll und ganz auf seiner Seite. Dennoch kam seine Festnahme am 19. Mai 1898 als schwerer Schlag, und alle Angehörigen, die zu Emanuele aufgeblickt hatten, waren wie gelähmt vor Schock und Scham. Im Juli verurteilte ihn das Militärgericht in Florenz zu sechs Monaten Gefängnis und wegen Gefährdung der öffentlichen Sicherheit zu einer Geldstrafe von 750 Lire. Für die dritte und schwerste Anklage, nämlich Anstiftung zum Aufruhr, wurde er zu weiteren zwei Jahren Gefängnis verurteilt. «Der schmerzlichste Tag meines Lebens»,[13] schrieb Eugenia in ihr Tagebuch, fügte jedoch hinzu, sie sei stolz auf Emanueles Verhalten während des Prozesses. Trotz ihrer Niedergeschlagenheit suchte Eugenia bezeichnenderweise nach einem Weg, ihrem Sohn zu helfen. Die Geldstrafe wurde bezahlt, höchstwahrscheinlich von ihrem Bruder Amedeo, und nach acht Monaten Haft erließ die Regierung eine Amnestie für politische Gefangene; Emanuele wurde entlassen.

Für die Modiglianis, eingefleischte Monarchisten (alle Kinder waren nach Mitgliedern des Hauses Savoyen benannt), war die Schande unerträglich. Sie hatten mit einigem Argwohn auf Eugenia geblickt, als sie ihre Schule startete und die Familie in schlechten Ruf brachte, aber dies war unverzeihlich. Nach Emanueles Inhaftierung verzichtete Eugenia endgültig darauf, auch nur den Anschein zu erwecken, als füge sie sich den Modiglianis zuliebe deren Maßstäben. Sie veröffentlichte unter Pseudonym eine Kurzgeschichte, begann an einem Roman über Emanuele zu arbeiten und übersetzte Gedichte von d'Annunzio ins Französische. Sie schrieb, weil es ihr «Spaß» machte. Bald darauf betätigte sie sich als Ghostwriter für einen amerikanischen Professor, in der Familie diskret als «Mr. K.» bezeichnet, und trug mit ihren unter seinem Namen publizierten Studien über italienische Literatur zum Haushalt bei. Unmittelbar nach der Urteilsverkündung am 17. Juli 1898 äußerte sich Eugenia enttäuscht über Amedeos Prüfungsergebnisse in ihrem Tagebuch. Sie war nicht überrascht, da er sich das ganze Jahr über nicht zum Arbeiten bequemt hatte. Doch wider besseres Wissen und mit der finanziellen Hilfe ihres Bruders hatte sie beschlossen, einem Wunsch Amedeos nachzugeben: «Anfang August fängt er mit Zeichenunterricht an, was er sich schon eine Weile gewünscht hat. Er sieht sich bereits als Maler. Zu viel möchte ich ihn darin nicht bestärken, aus Angst, daß er seine Studien vernachlässigt, um einem

Phantom nachzujagen. Trotzdem wollte ich tun, was er verlangte, um ihn aus dem Zustand von Erschlaffung und Entmutigung herauszuholen, in dem wir alle mehr oder weniger derzeit versinken . . .»[14]

Amedeo, gerade 14 geworden, war entzückt über seine Zeichenstunden, die Familie indessen schien weiterhin vom Pech verfolgt zu sein. Kurz nach Beginn des Unterrichts erkrankte er schwer an Typhus, der damals noch als tödlich galt. Der bedenkliche Zustand zog sich wochenlang hin, und er lag während eines vollen Monats im Fieberdelirium. Der Legende nach soll Amedeo in dieser Zeit seinen glühenden Wunsch, Künstler zu werden, offenbart haben. Er phantasierte von den Meisterwerken in den Museen und Kirchen von Florenz und flehte seine Mutter an, sie sehen zu dürfen, bevor es zu spät sei. Das Ziel, zu dem sich Amedeo während seiner Krankheit so leidenschaftlich bekannte, hatte Eugenia längst erraten, wie aus ihrem Tagebuch eindeutig hervorgeht. Liebevolle Pflege und Fürsorge retteten Amedeo schließlich das Leben, aber die Erfahrung hatte die Mutter zermürbt: «Dedos Krankheit und seine Genesung haben zu tiefe Spuren im Gedächtnis der Angehörigen hinterlassen, die es mir unmöglich machen, ins Detail zu gehen»,[15] registrierte sie.

Vielleicht hatte die Krankheit in einer Beziehung tatsächlich die hineininterpretierte Wunderwirkung. Eugenia war sich jetzt klar darüber, daß die Chance, Künstler zu werden, für Amedeo die stärkste Bindung ans Leben darstellte. Sonst hätte sie ihm niemals gestattet, seine humanistischen Studien aufzugeben und auf die Kunstakademie zu wechseln. Emanueles Entlassung aus dem Gefängnis von Livorno erfolgte im Dezember, gleichzeitig mit Amedeos Genesung, und Eugenia nahm erleichtert, wenn auch immer noch von Angst überschattet, ihren gewohnten Tageslauf wieder auf.

Die Kunstakademie von Livorno wurde von Guglielmo Micheli geleitet, einem Landschaftsmaler und Schüler von Giovanni Fattori, dem bekannten Vertreter der Gruppe der *Macchiaioli*. Diese hatten sich, von den Impressionisten beeinflußt, zum Ziel

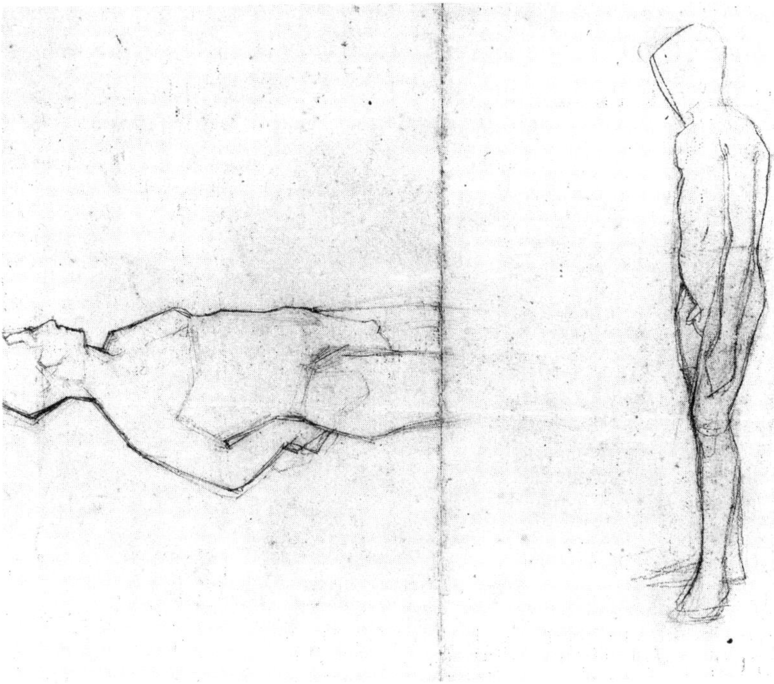

Aktstudie, um 1900

gesetzt, Landschaften und Seestücke mittels *macchie* oder Farbtupfer auf die Leinwand zu bringen. Genau wie die frühen Impressionisten galten sie als «Farbkleckser», doch die Italiener erlangten nie das internationale Renommee ihrer französischen Kollegen. Michelis Schule in der Via delli Siepi war nur fünf Minuten Fußweg von Amedeos Elternhaus entfernt. Micheli hatte in seinem Anwesen, der Villa Baciocchi, einen großen Parterreraum zum Atelier ausgebaut, wo drei Fenster für das erforderliche Licht sorgten. Die Malklasse zählte nur neun Schüler. Der vierzehnjährige Amedeo war der jüngste, Oscar Ghiglia, der sein bester Freund wurde, mit 23 der älteste. Im Atelier herrschte eine freundliche, zwanglose, fast familiäre Atmosphäre.

Als Amedeo nach der monatelangen Krankheit die Akademie wieder besuchen konnte, hieß ihn Signora Micheli herzlich willkommen und strich ihm übers kurzgeschorene Haar. «Was für einen guten Kopf du bekommen hast», meinte sie liebevoll.[16] Die

Modigliani in Gino Romitis Atelier (sitzend rechts)

jungen Leute waren durchweg lernbegierig, und Micheli führte sie in die wichtigen Disziplinen ein, Porträtieren, Stilleben und Akt, was bereits die Stärke des jungen Modigliani war. «Nur bei seinen Aktbildern zeigte er eine gewisse Eigenständigkeit, verlieh er seinem Interesse an Formen freien Ausdruck», erinnerte sich ein damaliger Freund. Eine erhaltene Zeichnung eines jugendlichen Aktes, die Modigliani mit 16 gemacht hat, ist zwar gut beobachtet, aber von der Art, wie sie jeder hoffnungsvolle Kunstschüler produziert. Fattori, der aus Livorno stammte, stattete dem Atelier sporadisch Besuche ab; er lobte Amedeo für eine Kohlezeichnung, die er in einer von Micheli erlernten Spezialtechnik ausgeführt hatte, *carta intelaita* genannt, ein Stilleben vor drapiertem Hintergrund. Der Maler mußte dazu das Papier ansengen und die verrußten Stellen als Halbtöne benutzen.[17]

Amedeo war zu jener Zeit ziemlich frech und selbstbewußt; mit Fattori und Micheli stand er auf freundschaftlichem Fuß. Wenn er sich durch etwas abhob, so durch sein Wissen von Ästhetik und durch seine erstaunlichen Kenntnisse und seinen sicheren Geschmack auf literarischem Gebiet.

Micheli hielt seinen Schülern Vorträge über Kunstgeschichte und ließ sie wöchentlich einen Aufsatz schreiben. Amedeo wählte einmal die englischen Präraffaeliten zum Thema, die er sehr bewunderte. Die romantischen Ziele der Bewegung, ihr Aufbegehren gegen Schwulst und Bombast der akademischen Malerei entsprach Amedeos Temperament. Er empfand Sympathie für die von Ritterlichkeit geprägte und vom Mittelalter inspirierte Atmosphäre ihres Schaffens, das sich von den frühen italienischen Meistern ableitete. Micheli war so beeindruckt von diesem Aufsatz, daß er ihn der Malklasse vorlas.

Schon damals rezitierte Modigliani gern: Baudelaire, Dante, d'Annunzio. Die Lektüre von Nietzsches *Also sprach Zarathustra* hatte ihn aufgewühlt. In seinen Entwicklungsjahren machten ihn die propagierte neue Ästhetik, der Anspruch, das künstlerische Schaffen verbunden mit Kontemplation zum beredten Fürsprecher einer Überlegenheit des Künstlers in der materialistischen

Welt. Micheli nannte ihn deswegen «Übermensch». Wenn sich Amedeo indes beispielsweise zu Hause bemühte, seinem Bruder Umberto, einem nüchternen Studenten des Ingenieurwesens, das Wunder einer frühen Madonna nahezubringen, antwortete dieser kurz: «In Fleisch und Blut wäre sie mir lieber!»[18] Sein Vater scheint ebenfalls wenig Verständnis für den hitzköpfigen Studenten gezeigt zu haben. Er gab Amedeo den Spitznamen «Botticelli». Es war stets die Mutter, die sich bemühte, seine Arbeit zu begreifen und zu würdigen: «Dedo hat das Lernen ganz aufgegeben und beschäftigt sich mit nichts weiter als mit seiner Malerei, ihr aber widmet er sich den ganzen Tag und alle Tage mit einem hartnäckigen Eifer, der mich überrascht und entzückt. Wenn er auf diese Art nicht zum Ziel kommt, dann hilft gar nichts. Sein Lehrer ist sehr zufrieden mit ihm, und wenn ich auch nichts davon verstehe, so hat es doch den Anschein, daß er für jemanden, der erst drei oder vier Monate studiert, gar nicht so schlecht malt und wirklich sehr gut zeichnet.»[19]

Eugenia und ihre Schwester Laure vermochten zwar seine Leidenschaft für die schönen Künste nicht zu teilen, beeinflußten jedoch beide seine geistige Entwicklung. Mit seiner Mutter, die d'Annunzio übersetzt hatte, konnte er zumindest über dessen Werke diskutieren. Wie die meisten gebildeten jungen Italiener bewunderte Amedeo an d'Annunzio das Feuer und die Extravaganz, während Eugenia mit Sicherheit die Betonung von «Lasterhaftigkeit» und Dekadenz in d'Annunzios Dichtung mißbilligt haben dürfte. Mit seiner Tante Laure erörterte er die Schriften von Nietzsche und Bergson; sie brachte ihrem Neffen die Memoiren des Anarchisten Kropotkin nahe und gab ihm auch dessen Abhandlungen über *Brot* und *Die ledige Mutter* zu lesen. Amedeo schenkte Laure, die mittlerweile Artikel über Soziologie und Philosophie schrieb, Vertrauen. Sie war großzügig und kultiviert, jedoch psychisch labil und litt später wie ihr Vater an Verfolgungswahn.

Wenn seine Mitschüler zum Tee kamen, waren sie beeindruckt und auch etwas fassungslos angesichts des großbürgerlichen Zu-

Straße in der Toskana, um 1899

schnitts. Aristide Sommati, ein Maler, der in späteren Jahren Bäcker wurde, erinnerte sich, zum erstenmal im Hause Modigliani «englischen» Tee getrunken zu haben. Legerer verliefen die sonntäglichen Zusammenkünfte bei Gino Romiti. Der 18jährige Gino hatte ein eigenes Atelier und lud die anderen dorthin zum Aktzeichnen ein. Die jungen Leute bekamen es allmählich satt, bei Micheli im Atelier zu arbeiten, und begannen, sich selbständig zu machen. Sie boten einen ungewohnten Anblick, wenn sie, die Malkästen über der Schulter, durch die Gegend streiften. Eine Bäuerin hielt sie für Hausierer und fragte, ob sie Kämme zu verkaufen hätten, und ein kleiner Junge bewarf sie mit Steinen, als sie eine Flußlandschaft malten, so daß sie Deckung suchen mußten. Gemeinsam mit den anderen malte Amedeo Landstraßen bei Sonnenuntergang und ländliche Szenen. Er arbeitete emsig, doch das Ergebnis war zu jener Zeit weniger bemerkenswert als seine Persönlichkeit.

Seine Freunde spürten, wie kompliziert er war. Im einen Augenblick wirkte er selbstsicher, ja eingebildet, bei seinem guten Aussehen und der eleganten Kleidung und den Blicken, die ihm Frauen zuwarfen. Gegenüber Manlio Martinella, einem Mitschüler, prahlte er, daß er Michelis Dienstmädchen zu verführen gedenke. Dann wieder erschien er fügsam, fast kindlich, errötete beim geringsten Anlaß. Seine Freunde waren sich alle darin einig, daß Dedo gutherzig, durch und durch wahrheitsliebend und sehr höflich sei. Das hinderte ihn freilich nicht, die entlegeneren Kanalgegenden in Livorno unsicher zu machen und sich dort rauchend bis spät in die Nacht herumzutreiben. Seine ältere Schwester Margherita mißbilligte das und gab «weniger gut erzogenen Jungen» die Schuld an Dedos schlechten Gewohnheiten: «... zu viele Zigaretten und zu frühe Einweihung durch Stubenmädchen.»[20] Seine Brüder sähen ihn ins Nichtstun abgleiten, klagte sie.

Dem 24jährigen Ghiglia vertraute Dedo an, daß er ein Selbstporträt plane und hoffe, es auf der Biennale in Venedig ausstellen zu können. Ghiglia hatte sich als Kesselflicker, als Schmiedelehrling, Metzger und Anstreicher versucht, bevor er auf die Kunstschule kam. Amedeo bewunderte seinen Mut und seine Lebenserfahrung und vertraute Oscar nun seine eigenen Hoffnungen und Pläne an.

Im Juli 1900 wurde Amedeo 16. Er hatte knapp zwei Jahre Malunterricht hinter sich und war bereits unzufrieden mit Micheli, von dem er seiner Meinung nach nichts mehr lernen konnte. Dann erkrankte er abermals an Rippenfellentzündung. Der Typhus im Jahre 1898 hatte wahrscheinlich die Lunge geschädigt und den schweren Rückfall verursacht. Seiner Schwester zufolge erlitt er einen heftigen Blutsturz mit anschließendem hohen Fieber.[21] Die Ärzte erklärten den Fall für hoffnungslos und rieten Eugenia, sich auf das Schlimmste gefaßt zu machen. Doch das lag nicht in ihrer Art. Sie wandte sich an ihren Bruder, Amedeos Namensvetter in Marseille, um Hilfe. «Betrachte deinen Sohn als den meinen und übernehme anfallende Kosten», telegraphierte der zurück. Gegen den Rat der Ärzte beschloß Eugenia, Amedeo den Winter über in den Süden zu bringen, wo er vor dem Wind und der Kälte in Livorno geschützt war.

2

DAS KREDO DES KÜNSTLERS

Abermals trug die Krankheit dazu bei, Amedeo zu befreien, diesmal von der Enge Livornos. Er verwandte die Zeit der Rekonvaleszenz darauf, seine Kenntnis von den alten Meistern zu vertiefen und seinen eigenen künstlerischen Weg zu suchen. Eugenia ließ ihn gewähren, bestärkte ihn im Hinblick auf eine Zukunft, die ihr äußerst unsicher erschien.

Ihre erste Station auf dem Weg in den Süden war Neapel, wo Amedeo das Nationalmuseum besichtigte. Während er für gewöhnlich rastlos und sprunghaft war, stand er hier stundenlang unbeweglich und bewunderte die herrlichen griechischen und römischen Bronzen. Er kehrte immer wieder dorthin zurück, um seine Lieblingsstücke zu betrachten: den griechischen Satyr Silen, den Knaben, der sich einen Dorn aus dem Fuß zieht, und einen vielbrüstigen Hermes. Mutter und Sohn hielten sich als eifrige Touristen an einen sorgfältig ausgeklügelten Zeitplan. Manchmal mit seiner Mutter, manchmal auch allein, besichtigte Amedeo die bedeutendsten Kirchen der Stadt: Santa Chiara, San Lorenzo Maggiore, San Domenico Maggiore und Santa Maria Donna Regina. In diesen Kirchen sah er die Werke von Tino di Camaino, dem Bildhauer aus Siena, der ihn nach Ansicht von Kritikern beeinflußt hat. Tino hatte ihn dazu «inspiriert, die

Skulptur als Mittel zur Lösung der Widersprüche zwischen Linie und Volumen zu benutzen».[1] Mit diesem Problem kämpfte Modigliani während seiner ganzen künstlerischen Existenz.

Landschaft und Stadtleben sowie der stimulierende Einfluß von Kunstwerken entfachten seine Phantasie und versetzten ihn in Verzückung. Äußerlich machte er den Eindruck eines bescheidenen, wohlerzogenen, attraktiven jungen Mannes. Damals trug er ein Bärtchen und «... eine ziemlich herablassende Miene, kühles Benehmen und sprach über jedes Thema mit Intelligenz».[2] Fremde hielten ihn für älter als sechzehn, vor allem, wenn sie ihn ohne seine Mutter kennenlernten. Eugenia bestand darauf, daß Dedo mit ihr das Schlafzimmer teilte, nicht nur aus Sparsamkeit, sondern um ihn pflegen zu können, wenn er nachts Fieber bekam. Bei ihr wurde er, um seine Schwester Margherita zu zitieren, «von schlechten Einflüssen ferngehalten».[3]

Von Neapel gingen sie nach Torre del Greco, einem kleinen Ort wenige Kilometer weiter südlich am Meer, wo der Vesuv die Landschaft beherrscht. Sie blieben zwei Monate in einem großen, fast leeren Hotel. Margherita behauptete steif und fest, er habe dort ein Atelier zur Verfügung gehabt und für seine Mutter einen alten Bettler gemalt, das Bild jedoch später vernichtet. Falls er das wirklich getan haben sollte (er sprach mit seiner Schwester so gut wie nie über seine Arbeit), so erwähnte er seinen Freunden gegenüber nichts davon. Ein englischer Hotelgast, der von seinen Ambitionen gehört hatte, riet ihm, «mit Intuition, Phantasie und Konzentration zu malen». – «Das ist ein beachtliches Programm. Ich werde mich ihm widmen», entgegnete Amedeo so höflich, daß man den ironischen Unterton überhören konnte. Nach zwei Monaten fuhren Mutter und Sohn mit dem Dampfer nach Capri. Amedeo war gekräftigt, hatte nachts keine Fieberanfälle mehr und wollte seine Krankheit vergessen.

Trotz der engen Beziehung zu seiner Mutter wurde diese Bindung allmählich zur Belastung. Er vermißte seine Freunde aus der Malschule, mit denen er über für ihn wichtige Dinge reden konnte, insbesondere Oscar Ghiglia. Als er aus der Zeitung erfuhr, daß ein Bild von Ghiglia, ein Selbstporträt, zur Ausstellung auf der Biennale in Venedig angenommen worden war, schrieb Amedeo ihm einen Brief, voller Aufregung und Ungeduld:

Mein lieber Ghiglia,
... Und gib mir diesmal Antwort, wenn Dich die Last der Lorbeeren nicht erdrückt. Eben lese ich in der «Tribuna», daß Dein Bild in Venedig angenommen ist: «Oscar Ghiglia, Selbstporträt». Ich kann mir dieses Selbstporträt, von dem Du mir erzählt hast, gut vorstellen. Du hast Dich seit Livorno damit beschäftigt. Ich freue mich aufrichtig; ob Du es mir glaubst oder nicht, diese Nachricht hat mich erschüttert! Ich bin hier auf Capri zur Erholung (übrigens ein reizender Ort)... Seit vier Monaten habe ich nichts mehr vollendet, und das Material häuft sich. Nächstens gehe ich nach Rom, und dann komme ich nach Venedig zur Ausstellung ... genau wie ein englischer Tourist. Aber auch für mich kommt einmal der Augenblick, wo ich mich in Florenz niederlassen und arbeiten werde ... Doch im guten Sinne des Wortes, das heißt, ich will in voller Hingabe alle Eindrücke, alle Ideen, die ich in diesem Frieden wie in einem Märchengarten empfangen habe, ordnen und weiterentwickeln. Aber sprechen wir von Dir: Am entscheidenden Punkt unserer gemeinsamen geistigen und künstlerischen Entwicklung haben wir uns getrennt und sind verschiedene Wege gegangen. Jetzt möchte ich Dich wiedersehen und mit Dir sprechen.
Nimm diesen Brief nicht als einen gewöhnlichen Glückwunsch hin, sondern als Zeugnis echten Interesses von Deinem Freund

Modigliani[4]

Dabei ist bedenkenswert, daß hier ein 16jähriger Junge an einen Mann von 25 schrieb.

Er hatte Capri satt, die Touristen und Amateurmaler machten ihn ungeduldig, und er wollte unbedingt nach Rom. Eugenia überredete ihn, noch ein paar Tage auf der Insel zu bleiben, da ihm die Seeluft so guttue, doch sie übersiedelten von ihrem Hotel Pagano in eine kleine Villa im stilleren Anacapri. Er schrieb an Ghiglia:

Mein lieber Oscar,
immer noch auf Capri. Ich wollte Dir eigentlich erst von Rom aus berichten, in zwei oder drei Tagen werde ich abreisen, aber der Wunsch, mich ein wenig mit Dir zu unterhalten, ließ mich zur Feder greifen.
Ich glaube, daß der Einfluß von Florenz Dich verändert hat. Könntest Du Dir vorstellen, daß auch ich dorthin reisen würde? Capri, dessen Name allein in mir einen Aufruhr von Bildern voller Schönheit und antiker Wollust erweckt, erscheint mir jetzt als das Frühlingsland. Die klassische Schönheit der Landschaft birgt für mich ein allgegenwärtiges, unbeschreibliches Gefühl der Sinnlichkeit. Und noch immer (trotz den Engländern, die das Land mit dem Baedeker in der Hand überfluten) steigt es wie eine glänzende Zauberblume aus dem Meer.
Genug der Poesie. Übrigens, stell Dir vor (das kann einem nur auf Capri passieren), gestern machte ich einen Mondscheinspaziergang allein mit einer Norwegerin, die sehr erotisch, aber auch sehr lieb war. Ich weiß noch nicht genau, wann ich in Venedig ankomme. Aber ich lasse es Dich bestimmt wissen. Ich will es mit Dir zusammen kennenlernen. Micheli? Mein Gott, wie viele seinesgleichen gibt es auf Capri . . . ganze Regimenter!
Wie geht es Vinzio? Er hatte mit diesem Bildchen einen guten Anfang gemacht. Geht er weg oder bleibt er dort?
Gib mir bitte Antwort. Ich schreibe Dir im Grunde genommen nur, um von Dir und den andern zu hören. Grüße mir Vinzio.
Ciao. Dedo
1. April. Schreib mir postlagernd, Rom.[5]

Dies ist der einzige Brief, den er datierte. Mittlerweile war es Eugenia, die Capri unbedingt verlassen wollte aus Sorge, Dedo könnte von der «lasterhaften Atmosphäre» der Insel angesteckt werden.

Bei allem Wortgeklingel in diesen Briefen bricht sich doch die gesammelte Kraft seiner Inspiration Bahn, wenn er seinem Freund die Selbsterforschungsreise beschreibt.

Lieber Freund,
ich schreibe Dir, um mir Luft zu machen und um mich vor mir selbst zu rechtfertigen.
Aufs höchste gespannte Energie-Anfälle erfassen mich und lösen sich wieder auf.
Und doch möchte ich, mein Leben flösse wie ein reicher Strom voller Freude über die Erde. Dir kann ich ja alles sagen: Ein fruchtbares Keimen erfüllt mich und verlangt nach dem Werk. Ich bin in Erregung, aber in jener Erregung, die der Freude vorangeht, und der eine schwindelerregende, ununterbrochene geistige Aktivität folgen wird.
Indem ich Dir das schreibe, bin ich bereits vom Wert dieser Erregung überzeugt. Ich werde mich daraus wieder erheben und mit Kraft und nie gekannter Klarheit von neuem in den großen Kampf, das Wagnis, den Krieg ziehen.
Ich will Dir die neuen Lanzen nennen, mit denen ich mich in der Kampfesfreude von neuem bewähren werde.
Ein Bürger hat mich heute beleidigt und gesagt, ich oder mein Hirn faulenze. Das hat mir gutgetan. Jeden Morgen beim Erwachen brauchte ich eine solche Warnung; aber sie können uns nie verstehen, sie können das Leben nicht verstehen.
Von Rom erzähle ich Dir nichts. Rom ist nicht um mich, während ich Dir erzähle, sondern in mir, gleich einem von seinen sieben Hügeln wie von sieben gebieterischen Ideen eingefaßten, schrecklichen Juwel. Rom ist die Orchestrierung, mit der ich mich umgebe, der Kreis, in dem ich mich einschließe, und in den ich mein Denken lege. Seine fiebrige Lieblichkeit, seine tragische Landschaft, seine Formen voller Schönheit und Har-

monie, all das gehört mir, ist in meinem Denken und meiner Arbeit.
Aber ich kann Dir hier weder den gesamten Eindruck, den ich von Rom empfange, schreiben, noch die ganze Wahrheit, die ich daraus schöpfen könnte. Ich bin an einem neuen Werk, und seit ich es in mir genau formuliert habe, kommen tausend neue Ideen aus dem täglichen Leben. Du siehst die Notwendigkeit der Methode und ihrer Anwendung. Daneben versuche ich, die Wahrheiten über die Kunst und das Leben, die ich verstreut unter den Schönheiten Roms gefunden habe, mit der größtmöglichen Klarheit zu formulieren. Und da mir dabei eine innere Verbindung bewußt geworden ist, versuche ich auch, diese zu enthüllen und daraus ihre Konstruktion, sozusagen ihre metaphysische Architektur von neuem zusammenzusetzen und mir so eine eigene Wahrheit über Leben, Schönheit und Kunst zu schaffen.
Leb wohl. Berichte mir von Dir, wie ich Dir von mir berichte. Ist das nicht der Sinn der Freundschaft, das Wollen in seiner Richtung festzulegen und zu überhöhen, daß der eine sich vor dem andern enthülle wie auch vor sich selbst.
Leb wohl.

Dein Dedo[6]

Amedeo und seine Mutter verbrachten die Karwoche in Rom. Von dort fuhren sie weiter nach Florenz und dann nach Hause, will man Margherita folgen. Doch Modiglianis nächster Brief an Ghiglia läßt darauf schließen, daß er seine Mutter überredet hatte, ihn allein nach Misurina in den Dolomiten reisen zu lassen.

Lieber Oscar,
Du hast mir das Tagebuch, das Du seit unserer Trennung geführt hast, versprochen ... Ich warte voller Ungeduld darauf.
Ich selbst kann das Versprechen nicht halten, weil ich einfach kein Tagebuch schreiben kann. Nicht nur, weil bis heute kein einziges äußeres Ereignis in mein Leben eingedrungen ist,

sondern auch, weil ich überzeugt bin, daß dieses Innere der Seele nicht übersetzt werden kann, solange wir unter seiner Herrschaft stehen. Weshalb soll man schreiben, während man empfindet? Es sind alles nur unumgängliche Entwicklungsstufen, die wir durchlaufen müssen, und die ihren Wert allein in ihrem Ziele finden. Glaub mir, nur das auf seinem Höhepunkt angelangte und von jeder Stufe seiner Entwicklung gezeichnete Werk ist es wert, ausgesprochen und durch den Griffel übersetzt zu werden. Durchschlagskraft und Notwendigkeit des Schreibens zeigen sich gerade darin, daß es nicht nur die einzige Möglichkeit ist, eine Idee zu äußern, sondern diese vom Individuum, das sie hervorgebracht hat, trennt und den Weg für das, was man nicht sagen kann noch soll, offen läßt. Jedes große Kunstwerk sollte wie jedes andere Werk der Natur betrachtet werden. Zuerst in seiner ästhetischen Wirklichkeit, dann, ohne Rücksicht auf seine Entwicklung und das Geheimnis seiner Erschaffung, als das, was seinen Schöpfer erregt und bewegt hat. Reiner Dogmatismus übrigens.
Warum schreibst Du mir denn nicht? Und was machen Deine Bilder? Ich habe in einem Artikel des «Corriere» die Beschreibung Deines Bildes gelesen. Ich selbst kann noch nicht malen. Ich bin gezwungen, im Hotel zu wohnen. Du siehst, es ist unmöglich, mit Malen anzufangen. Im übrigen arbeite ich hier viel, innerlich, und durch die Betrachtung der Natur. Ich werde meinen Wohnsitz wechseln, glaube ich; die Barbarei der Touristen und Sommerfrischler macht mir jede geistige Sammlung unmöglich, gerade jetzt, wo ich sie am nötigsten hätte. Ich reise noch ins österreichische Tirol. Erzählte zu Hause noch nichts davon. Schreib mir weiterhin ins Hotel Misurina, Misurina. Leb wohl. Schreibe mir, schick mir das Versprochene. Die ständige Betrachtung der Landschaft und der alpinen Natur wird, so glaube ich, eine meiner stärksten innerlichen Veränderungen prägen. Ich möchte gern mit Dir über den großen Unterschied sprechen, der zwischen den Werken jener Künstler besteht, die in der Natur verwurzelt waren, und den heuti-

gen Künstlern, die ihre Inspiration in Ateliers suchen und sich in der Kunststadt ausbilden wollen. Habt Ihr es lustig in Livorno?[7]

(ohne Unterschrift)

Zu einer Reise Modiglianis in die österreichischen Alpen kam es nie; die Hektik einer Großstadt hat ihn sein Leben lang zu seinen besten Bildern inspiriert. Als sich sein Gesundheitszustand besserte und er an Selbstvertrauen gewann, trat der Konflikt zwischen dem Künstler, als der er sich verstand, den ihm durch die Rekonvaleszenz auferlegten Beschränkungen und der drückenden Wirkung von Eugenias Aufopferung noch stärker zutage. Oscar hatte offenbar Andeutungen über eine persönliche Krise gemacht, und Amedeo äußerte sich dazu brieflich einfühlend und nachdrücklich:

Lieber Oscar,
ich habe Deinen Brief erhalten und bedaure sehr, daß der erste anscheinend verlorengegangen ist. Ich spüre Deinen Schmerz und Dein Mißtrauen mehr am Ton Deines Briefes als am Geständnis, das Du mir machst. Ich erfasse den ungefärbten Hauptgrund, und glaub mir, ich empfand und empfinde darüber aufrichtigen Schmerz. Die genauen und tatsächlichen Gründe kenne ich zwar noch nicht. Aber ich verstehe, daß sie bei Deiner vornehmen Seele zu einer traurigen Herabsetzung führen mußten, daß Du Dich von Deinem berechtigten Anspruch auf Freude und Leben bis zu diesem Zustand des Mißtrauens zurückzogst. Wie gesagt, ich weiß nicht genau, worum es geht. Aber glaub mir, das beste Heilmittel wäre, Dir von hier, aus meinem für solche Augenblicke festen Herzen, einen Lebenshauch zu senden. Du bist für ein intensives Leben und für die Freude geschaffen. Wir (entschuldige das «Wir») haben andere Maßstäbe als die andern; denn wir haben andere Bedürfnisse, die uns – ich glaube und sage es – über ihre Moral stellen. Es ist Deine Pflicht, nie im Opfer aufzugehen, eine reale

Akt auf Diwan, 1916

Pflicht, Deinen Traum zu bewahren. Die Schönheit hat auch traurige Pflichten; sie aber verhelfen der Seele zu ihren schönsten Leistungen. Jedes überwundene Hindernis bedeutet eine Stärkung unseres Willens, führt zur notwendigen progressiven Erneuerung der Ziele unseres Strebens. Hege eine heilige Verehrung für alles, was Deinen Geist zu erregen und zu erheben vermag. Versuche sie zu nutzen, diese fruchtbaren Anregungsmittel, denn sie allein können den Geist auf die Höhe seiner Schaffenskraft tragen. Um sie müssen wir kämpfen – können wir uns in den engen Ring «ihrer» Moral zwingen? Such Dir überall Bestätigung und überwinde Dich ständig. Ein Mensch, der nicht aus sich selbst ununterbrochen neue Forderungen ausgehen lassen kann, dazu bestimmt, gleich neuen Individuen sich immer wieder zu bestätigen und das Alte und Verweste niederzuschlagen, ist kein Mensch, sondern ein Spießbürger, ein Krämer, was immer Du willst. Du leidest, Du hast Grund dazu – kann Dein Leid nicht zum Ansporn werden, wenn es Dir gelingt, Dich immer wieder zu verjüngen und Dein Ideal noch höher zu setzen und noch erstrebenswerter zu machen? Du hättest diesen Monat nach Venedig kommen können. Aber Du darfst Dich nicht ausgeben, sondern gewöhne Dich daran, Deine ästhetischen Bedürfnisse über Deine Pflichten der Gesellschaft gegenüber zu stellen. Wenn Du Livorno entfliehen willst –, ich kann Dir aushelfen. Aber ich weiß nicht, ob es sich so verhält. Es wäre mir eine große Freude. Gib mir auf jeden Fall Antwort. In Venedig habe ich die wertvollsten Lehren empfangen. Ich verlasse Venedig gereifter als nach einem großen Werk. Venedig, das Medusenhaupt mit den zahllosen blauen Schlangen, meergrünes Riesenauge, in dem sich die Seele verliert und sich in die Unendlichkeit erhebt . . .[8]

Der Brief ist offenbar nicht beendet und ohne Unterschrift. Es handelt sich um den letzten der noch vorhandenen und an Oscar gerichteten, in dem der junge Künstler sein Kredo umfassend niederlegt. Der Künstler als Übermensch –, diese Vorstellung hatte von Modiglianis Phantasie Besitz ergriffen. Und nicht nur Nietzsche, sondern ebenso d'Annunzio übte starken Einfluß aus. «Der Mensch muß sich entweder selbst erneuern oder sterben», äußerte d'Annunzio Reportern gegenüber, als er zehn Jahre, nachdem diese Briefe geschrieben wurden, Florenz verließ. Und in seinem Drama *La Gioconda* schreit eine der Figuren wütend: «Ich wurde geboren, Statuen zu meißeln. Wenn eine Form aus meinen Händen kommt und trägt den Stempel der Schönheit . . ., steh ich nicht länger unter dem Gesetz. Ich bin jenseits von Gut und Böse.»[9]

Als er in diesen Monaten des Müßiggangs über sein «Werk» schrieb und nachdachte, hatte Modigliani seine Zukunft entworfen. Der junge Verfasser dieser exaltierten Briefe war offensichtlich nicht in der Stimmung, sich in Livorno bei der Familie häuslich niederzulassen, und Eugenia war klug genug, das zu erkennen. «Er könnte Livorno nicht mehr ertragen»,[10] kommentierte seine Schwester, doch sie stellte den Sachverhalt nicht unbefangen dar. Was er nicht ertragen konnte, war, wie ein verzärtelter kleiner Junge und Invalide behandelt zu werden, wo er sich doch wie ein junger Gott fühlte.

Er verbrachte nur ein paar Tage zu Hause und fuhr dann nach Florenz, wo Oscar Ghiglia und ein anderer Malerfreund jetzt studierten. Amedeo jedoch folgte diesem Beispiel nicht sofort, sondern berauschte sich zunächst an den Schönheiten der Stadt, besichtigte die großen Museen, Kirchen und Paläste und ging dann den Winter über nach Rom. Über diese Zeit gibt es weder Aufzeichnungen noch Briefe, und die Daten sind vage. Es ist anzunehmen, daß Modigliani seine Tage teils damit verbrachte, die großen Kunstwerke der Vergangenheit zu studieren und zu kopieren, und teils dem Nichtstun frönte – in Cafés oder in Konzerten (er liebte Boccherini), oft in Begleitung eines schönen Mädchens. Falls es eine erste Liebe gab, so existiert dafür kein konkreter Hinweis. Eroberungen wurden ihm fast zu leicht gemacht. Die Frauen liefen ihm nach, er wurde von vielen geliebt und muß seinerseits ein wunderbarer Liebhaber gewesen sein, sinnlich, zärtlich und von vollendeter Höflichkeit, doch zugleich ein Träumer, so von seiner künstlerischen Vision besessen, daß er sich durch nichts ernsthaft ablenken ließ.

Bei seinem ersten Besuch hatte Venedig ihn verzaubert. Im Frühjahr 1902 kam er als knapp Achtzehnjähriger abermals in die faszinierende Stadt, die seit Gründung der Biennale noch kosmopolitischer geworden war, ein Anziehungspunkt für Künstler und Schriftsteller aus der ganzen Welt. Modigliani hatte schon damals eine gewisse weltmännische Note. Er quartierte sich in einem komfortablen Hotel in einem eleganten Viertel ein und trank seinen Kaffee im berühmten Café Florian auf dem Markusplatz. Vermutlich lernte er dort den chilenischen Maler Ortiz de Zarate kennen, der ein Freund fürs Leben wurde. Sie empfanden spontan Sympathie füreinander, und Ortiz erinnerte sich an jede Einzelheit ihrer ersten Begegnung.[11] Beide stellten eine gemeinsame stürmische Begeisterung für das Italien der Renaissance fest sowie eine Vorliebe für das Rezitieren von Gedichten, und beide waren unbändig stolz auf ihre Vorfahren. Ortiz war ebenso exotisch wie Amedeo, ein hochgewachsener, linkischer, etwa gleichaltriger junger Mann, in Como als Sohn eines Musikers geboren; die Familie ging nach Santiago zurück, und Ortiz sollte auf Wunsch seiner Eltern Maschinenbau studieren, wogegen er rebellierte und nach Paris durchbrannte, um Künstler zu werden. Am späten Abend verkündete Ortiz, daß er «der letzte Sproß eines Geschlechts von Helden und Prinzessinnen» sei, die «Peru und Chile erobert hatten, Länder mit Gold und Edelsteinen im Überfluß». Das bewog Amedeo, über seine Herkunft zu sprechen, den großen Philosophen Spinoza, seinen Vorfahren, und die Modiglianis, die «Bankiers des Papstes» gewesen waren. Ortiz war gerade aus Paris eingetroffen, und Modigliani fragte ihn aus nach Montmartre, den Malern, ihren neuen Werken, den Galerien der Avantgarde. Seine dunklen Augen leuchteten vor Aufregung, als er seinen neuen Freund mit Fragen bombardierte. Im Café noch beschloß er, unverzüglich nach Paris zu gehen. Sein Onkel, der sein Studium finanzierte, würde einsehen, daß dies unbedingt erforderlich war, erklärte er Ortiz. Nach kurzer Überlegung wurde ihm jedoch klar, daß seine Mutter niemals einwilligen würde. Doch er versprach Ortiz – und sich selber –, daß er eines Tages nach Paris gehen würde. Vorerst lud er Ortiz ein, sich im Hotel seine Bilder anzuschauen. Der Chilene fand die Arbeiten akademisch und keineswegs außergewöhnlich, sondern ganz das, was alle Studenten damals malten. Was ihn, noch Jahre später, beeindruckte, waren Modiglianis prachtvolle Pyjamas, die auf dem Bett lagen. Er war ein echter Dandy und, wie sich Ortiz neidisch erinnerte, immer bei den Damen beliebt. Ortiz de Zarate vernahm als erster von Amedeos immer stärker werdendem Wunsch, Bildhauer zu werden. Seine Besichtigungstour der bedeutenden Kunstwerke Italiens hatte allmählich das Verlangen in ihm geweckt, in Stein zu arbeiten, monumentale Skulpturen zu schaffen, wie er gestand. Das Malen war für ihn nur die zweitbeste Lösung, da er sich die Materialkosten für die Bildhauerei nicht leisten konnte.

Sie schieden mit dem Versprechen, in Verbindung zu bleiben. Modigliani fuhr nach Florenz, erschöpft von dem vielen Herumreisen, und erkrankte an Scharlach. Eugenia ließ in Livorno alles stehen und liegen und eilte herbei, um ihn gesund zu pflegen. Vielleicht war es ihrem Einfluß zu verdanken, daß er sich im Mai 1902 an der Scuola di Nudo, der Schule für Aktzeichnen in Florenz, einschrieb. Zu seiner Freude konnte er es arrangieren, sich ein Atelier mit Oscar Ghiglia zu teilen.

Während der heißen Sommermonate kehrte er nach Livorno zurück und unternahm einen kühnen Anlauf, seine bildhauerischen Ambitionen in die Tat umzusetzen. Dem Rest der Familie, selbst seiner Mutter, dürfte diese Idee nur als weiterer verrückter Einfall von Dedo erschienen sein, sparsam und arbeitsam, wie sie waren. Da zahlte nun sein Onkel das viele Geld, damit er die Malerei erlernte, und jetzt wollte «Botticelli» auf einmal «Michelangelo» werden. Doch Amedeo war so entschlossen, so überzeugend, daß er wie immer seinen Willen bekam. Er suchte sich ein Quartier in dem schönen Städtchen Pietrasanta, ein paar Kilometer unterhalb der großen Marmorbrüche von Carrara, und schuf drei primitive Skulpturen, zwei Köpfe und einen Torso. In einem Brief an Gino Romiti, seinen Freund aus dem Atelier Micheli, bat er um Vergrößerungen der Fotografien, die er von seinen Arbeiten gemacht hatte:

> Lieber Romiti,
> die Vergrößerungen könnten 18 mal 24 sein, natürlich ausgenommen der Kopf.
> Mache sie chic. Ich möchte schnell je drei oder vier Kopien haben (für Dich so viele wie Du willst).
> Du adressierst sie hierher nach Pietrasanta, via Vittorio Emanuele, bei Emilio Puliti. Ich hoffe, zu arbeiten und fertig zu werden, und ich hoffe, Dich bald wiederzusehen.
> Grüße.
>
> Modigliani[12]

Der energische, selbstsichere Brief enthält den einzigen echten Hinweis auf Modiglianis frühe bildhauerische Versuche. Er hatte Pietrasanta als Wohnsitz gewählt, das für seine Marmorwerkstätten bekannt war, weil er dort offensichtlich billig Material bekommen und einen Handwerker finden konnte, der ihm ein paar Grundbegriffe beibrachte, möglicherweise auch sein Vermieter Emilio Puliti. Der Steinstaub verursachte ihm Hustenreiz, und die Arbeit war schwer und ermüdend, doch bei diesen ersten Versuchen mit Hammer und Meißel lernte Modigliani Achtung vor dem Material kennen und Bewunderung für die Handwerker sowie für die Künstler, die mit Stein arbeiteten.

Doch er war festgelegt auf das Studium der Malerei, und so mußte sein brennender Ehrgeiz, Bildhauer zu werden, für einige Jahre an zweiter Stelle rangieren. Er ging zurück nach Florenz an die Scuola di Nudo, wo der alte, mittlerweile 77jährige Fattori in einer elenden, schlecht geheizten Mansarde Unterricht im Aktzeichnen gab. Die Atmosphäre war freundschaftlich und ungezwungen; drei aus der Gruppe, Amedeo, Oscar Ghiglia und Llewellyn Lloyd, hatten zusammen in Livorno studiert. Llewellyn Lloyd und Ghiglia hielten Fattori für einen anregenden Lehrer und blieben ihm treu. Nur Modigliani, dem die Rolle des «Künstlers als Übermensch» dauernd im Kopf herumspukte, regte sich zunehmend über die Mittelmäßigkeit des Unterrichts auf. Er begann zu schwänzen, verbrachte die Zeit in den Museen und Künstlercafés, debattierte hitzig mit anderen jungen Intellektuellen über die Erneuerung der italienischen Kultur, die der Futurismus zum Programm erhoben hatte. Zweifelsohne respektierte er den alten Fattori, denn er überredete seine Mutter, eine Serie von Stichen des Meisters zu erwerben, da er wußte, daß dieser, trotz seines Rufs, nur selten ein Bild verkaufte.

In dem Atelier, das er auf der Piazzo Donatello mit Ghiglia teilte, dekorierte er die Wände mit Fotos von Gemälden der britischen Präraffaeliten und der Sieneser Schule, eine Stilrichtung, die seine Kollegen als exotisch und extravagant empfanden. Die idealisierte Freundschaft mit Oscar erfuhr durch die Wohngemeinschaft bedauerlicherweise eine Trübung. Ghiglia, der aus armen Verhältnissen stammte und sein Studium hart erkämpft hatte, warf Amedeo vor, mit seinem Herumlungern in Cafés das Geld seiner Familie zu verschleudern. Verständlicherweise ärgerten ihn die Angewohnheiten seines Freundes, die ganze Nacht auszubleiben, spät aufzustehen und weibliche Modelle anzuschleppen. «Er war ein hübscher junger Mann mit... einem ziemlich femininen Auftreten und ... einem unerschöpflichen Vorrat an Güte und Großzügigkeit. Seine reiferen Freunde, Andreotti, Sacchetti, Ghiglia, hielten ihn durchaus zu Recht für einen Dilettanten von beachtlichem kulturellen Niveau, der... vom Zeichnen keinerlei Ahnung hatte. Er schien gut situiert zu sein und von seiner Familie einen festen Zuschuß zu erhalten ...»[13] Aus dieser Darstellung läßt sich unschwer Neid herauslesen auf den hübschen, etwas arroganten Playboy, der es sich offenbar leisten konnte, in Cafés herumzutrödeln und zu flirten, anstatt an seiner Staffelei zu arbeiten.

Modigliani, im Alter von etwa 20 Jahren

Ghiglia reichte sein Werk abermals für die Biennale von 1903 ein. Nach Amedeos Begriffen wurde er nahezu bürgerlich, rakkerte sich ab, um genug Geld zum Heiraten zusammenzukratzen. Vielleicht beschloß Amedeo, wegen der Verehelichung seines Freundes Anfang 1903 an die Akademie von Venedig zu gehen. Da er gerne gut lebte, logierte er zunächst in einem eleganten

Viertel, Via Marzo 22, nur ein paar Schritte vom Markusplatz entfernt.

Aus Florenz ist keine einzige seiner Arbeiten erhalten, weil er entweder alles aus Unzufriedenheit vernichtete, oder, wie seine Tochter glaubt[14], weil Kritik und Kunsthandel in Italien seinen Wert erst einige Jahre nach seinem Tod erkannten.

Die Kenntnis von Modiglianis Studienjahren stammt fast ausschließlich von Freunden, die ihn in den Cafés trafen und darüber Anekdoten verbreiteten. Im Juli 1903 machte ihn der Maler Umberto Brunelleschi, den er aus Florenz kannte, mit Ardengo Soffici bekannt. Maler und Schriftsteller sowie Gründer einer literarischen Zeitschrift, hatte Soffici drei Jahre in Paris gelebt, was allein schon genügte, ihn Modigliani zu empfehlen. Der führte seinen neuen Freund begeistert in der Stadt herum, die der berühmte englische Kunsthistoriker Ruskin einen «Schatzhaufen» genannt hat. Zweifellos lud Amedeo Soffici und Brunelleschi zum Essen ein, denn er spielte gern den Gastgeber. Soffici erinnert sich, daß er ihnen von seinem leidenschaftlichen Interesse an den Maltechniken der alten Meister erzählte. Zu jener Zeit beschäftigte er sich mit den Sieneser Malern des 14. Jahrhunderts und begeisterte sich außerdem besonders für den Venezianer Carpaccio. Modiglianis feingeschnittenes Gesicht mit den anmutigen Zügen beeindruckte Soffici, der ihn als liebenswürdigen, wohlerzogenen Jungen in Erinnerung behielt, der mäßig aß, seinen Wein mit Wasser mischte und einen «überaus klaren Verstand» besaß.[15] Da Modigliani stets als aufbrausend und zerrissen geschildert wird, offenbart diese frühe Charakteristik einen eklatanten Widerspruch. Es sahen ihn jedoch nicht alle Freunde so. Studenten an der Akademie, darunter Umberto Boccioni, einer der führenden Köpfe der futuristischen Bewegung, erinnern sich, daß er lieber nach Modellen in Kaffeehäusern oder Bordellen zeichnete als an der Akademie, wo er nur sporadisch in diesen Fächern arbeitete. Gegen Abend pflegte er zu entschwinden, um dann in der Morgendämmerung wieder aufzutauchen. «Ich lerne weitaus mehr in einer Nacht in einem Bordell als in jeder Akademie», erklärte er.

Von seinem Aufenthalt in Venedig bis zum Ende umwoben ihn Freunde, die ihn gekannt hatten, Schriftsteller und Journalisten, ja sogar seine eigene Schwester mit einer Aura von Verruchtheit und Dekadenz, die in gar keinem Verhältnis zu seinen Aktivitäten in dieser Richtung steht. Er beging nicht Selbstmord, zog sich keine Geschlechtskrankheit zu und machte auch keine Entziehungskuren in irgendeiner Klinik durch. Sein Umgang mit Prostituierten war bei weitem nicht so häufig wie bei anderen Künstlern und Schriftstellern seiner Zeit. Sicherlich experimentierte er mit Drogen oder mit dem Okkultismus, suchte nach neuen Wegen, neuen Stimulanzien, die ihn geistig «anregen und beflügeln» sollten, wie es dynamische junge Künstler überall in der Welt taten. Vielleicht entstand die Modigliani-Legende zum Teil auch deshalb, weil er selber sie so dringend brauchte; das wohlerzogene Muttersöhnchen mußte sich endlich losreißen.

An der Akademie in Venedig freundete sich Amedeo mit Guido Cadorin an, einem frühreifen 13jährigen Jungen, und führte ihn in den Kirchen herum. Nicht nur die Kunstschätze und die Kanäle, sondern auch die Farbe, der Prunk und jene Atmosphäre verborgenen Lasters übten auf junge Künstler starken Reiz aus. Ein gewisser Baron Croquli oder Cuccoli, ein Neapolitaner aus niederem Adel, genoß den Prickel, junge Studenten mit den weniger makellosen Attraktionen der Stadt bekanntzumachen. Klein und dick, ganz in Grau gekleidet, holte er Modigliani und Cadorin ab und fuhr mit ihnen über den Kanal nach Giudecca, wo sie, zusammen mit zwei einheimischen Mädchen, Haschisch angeboten bekamen und zu spiritistischen Sitzungen mitgenommen wurden.

Wenn Modigliani Lust dazu hatte, konnte er bei Freunden der Familie eine völlig andere Art von Gastfreundschaft erleben. Die Olpers zum Beispiel waren vor ein paar Jahren von Livorno nach Venedig übergesiedelt; ihre Tochter Albertina war eine Schulfreundin von Margherita. Sie behandelten Amedeo wie ihren eigenen Sohn und hießen ihn jederzeit bei sich willkommen. Er freundete sich mit Albertina Olper an, einem einsamen, sensiblen Mädchen mit dem bleichen, in die Länge gezogenen ovalen Gesicht, das charakteristisch für sein Schaffen werden sollte, und malte auch ein Porträt ihres Vaters.

Als das Geld knapp wurde, zog er um in das billigere Künstlerviertel San Barnabas, über die Brücke der Akademie, und wohnte danach auch im Rialto, einer Arbeitergegend. An keiner Adresse verweilte er lange, sondern quartierte sich abwechselnd bei Freunden ein oder übernachtete spontan bei flüchtigen Bekannten.

Fabio Mauroner, ein Studienkollege von der Akademie, teilte eine Weile ein Atelier mit Amedeo. Nach seiner Erinnerung nahm Modigliani regelmäßig am studentischen Leben teil, amüsierte sich auf Festen und Ausflügen in Begleitung einer festen Freundin. Er machte eine Pastellzeichnung von Mauroner (jetzt in der Galleria Naviglio, Mailand) und ein Porträt von Franco Montini, einem Rechtsanwalt, das später verlorenging. Mauroner brachte Modigliani die Radierkunst bei. Er war gern mit ihm zusammen und stellte wie alle anderen jungen Männer fest, daß die «Frauen, junge und alte, ihn anhimmelten».[16]

In Venedig wurde Modigliani durch die Biennale mit der europäischen Kunst der Zeit konfrontiert und hatte die Werke der Impressionisten Monet, Pissarro und Renoir sowie die Skulpturen von Rodin kennengelernt. In den europäischen Kunstzeitschriften konnte er die Bilder von Toulouse-Lautrec, van Gogh und Munch bewundern. «In Venedig habe ich die wertvollsten Lehren empfangen», hatte er in seinem letzten Brief an Ghiglia geschrieben. «In Venedig hat Dedo Olpers Porträt beendet und spricht davon, weitere zu malen», schrieb Eugenia in ihr Tagebuch. «Ich weiß noch nicht, wie er sich letztlich entpuppen wird, aber da ich bisher nur an seine Gesundheit gedacht habe, kann ich seiner künftigen Arbeit noch nicht allzuviel Bedeutung beimessen, trotz unserer finanziellen Situation.»[17]

Eugenia war damals zutiefst verzweifelt. Ihr lediger Bruder Amedeo, der Onkel, der Dedos Ausbildung bezahlt hatte, war im Alter von 45 Jahren gestorben. Er hatte ihr sehr nahegestanden und sie stets großzügig mit Geld für ihre Kinder unterstützt. Der Ton von Eugenias Tagebucheintragung deutet an, daß er möglicherweise Selbstmord begangen hat.

Amedeo war jetzt versessen darauf, nach Paris zu gehen. Alles, was er an Wissenswertem gesammelt hatte, zog ihn unwiderstehlich in die Kunstmetropole der Welt. Sie war seiner Überzeugung nach der einzige Ort, an dem er sein Talent entfalten konnte. Eugenia kannte seine sehnsüchtigen Wünsche natürlich, und man kann ihre Reaktion nur bewundern. Nach dem Tod ihres Bruders hatte die Familie Geldsorgen. Amedeos Gesundheit war gefährdet, seine Aussichten waren ungewiß, und sie liebte ihn zärtlicher als alle ihre anderen Kinder. Doch Freiheit war stets auch ihr Ziel gewesen, und sie spürte, daß Dedo niemals Erfüllung finden würde, wenn sie ihn nicht gehen ließe. Ende 1905 fuhr sie mit der Eisenbahn nach Venedig, brachte ihm ein paar hundert Francs für die Reise und als Abschiedsgeschenk eine in rotes Leder gebundene Ausgabe von Oscar Wildes *Ballade vom Zuchthaus in Reading*. Als Warnung? Nach ihrer Abreise erzählte er Mauroner bewegt vom Besuch seiner Mutter. Anfang 1906 bestieg er den Zug nach Paris.

3

DIE WIRKLICHE WELT

Amedeo war immer noch ein Junge, als er nach Paris ging, trotz seiner einundzwanzig Jahre emotional und finanziell von seiner Mutter abhängig. Zwar waren seine Arbeiten vielversprechend, seine Philosophie der Ästhetik ebenso tiefschürfend wie poetisch, doch einen greifbaren Talentnachweis hatte er noch nicht vorgelegt. Zum Teil war seine Mutter, die so viel für ihn getan hatte, für seine Unreife verantwortlich. Sie war so mit seiner Gesundheit beschäftigt, daß sie nicht in der Lage war, seine künstlerischen Ambitionen wirklich ernst zu nehmen; dafür war sie auf sein Aussehen sehr stolz. Sie war fasziniert vom nicht ungefährlichen Charme ihres Sohnes, den er fast unbewußt bei Frauen spielen ließ, wo immer er sie antraf.

Auf der Fahrt nach Paris stieg in Genf eine wohlhabende Deutsche mit ihrer jugendlichen Tochter zu. Sie bemerkte den gegenübersitzenden jungen Mann sofort und forderte ihn spontan auf, ihnen Gesellschaft zu leisten. Amedeo bedankte sich gemessen und bezauberte sie mit seiner Höflichkeit, bewerkstelligte es jedoch, mit der Tochter zu flirten, sobald die Mutter den Rücken kehrte. Die Eisenbahnromanze war sicher harmlos, aber eitel, wie junge Männer sind, prahlte Modigliani in Paris mit seiner Eroberung einem Bekannten gegenüber, dem ungefähr gleichaltrigen deutschen Maler Ludwig Meidner, einem glühenden Anhänger der Impressionisten. Andere Künstler registrierten die Aufmerksamkeit, die Modigliani bei Frauen erweckte, nur allzu begierig, und alsbald machten Geschichten die Runde. Zu einer Zeit, da Modigliani Zweifel an seiner Arbeit hatte und nichts herzeigen wollte, qualifizierten ihn die talentierten Pariser Maler als Dilettanten ab: Er wurde einfach als «der schöne Junge» gehandelt.

Bei seiner Ankunft in Paris Anfang 1906 befand sich die Kunstszene in einem beispiellosen Aufwind. Junge Maler vom Kaliber eines Picasso, Matisse und Braque waren, durch die fulminanten Werke der Impressionisten und Nachimpressionisten angelockt und herausgefordert, hier zusammengeströmt, Schriftsteller und Musiker arbeiteten zusammen in einer Atmosphäre von Gemeinsamkeit, die sich in literarischen Kabaretts fortsetzte, wo sie ihre Possen trieben, theoretisierten und experimentierten. Der Eiffelturm, das neue Wahrzeichen von Paris, war zu jener Zeit häufiges Motiv in Malerei und Dichtung, die revolutionären Künste thematisierten die Errungenschaften der Technik, der neuen Ära im Zeichen des Tempos. Die jungen Modernen freuten sich darüber, als «verrückt» zu gelten, und wollten nichts anderes, als die Ausdrucksformen der Kunst radikal verändern. Die Maler brachen mit der alten Tradition, die «wirkliche» Welt erkennbar darzustellen. In einer von der Technisierung bedrohten und von der Psychoanalyse durchdrungenen Zeit wurde das Wesen von Realität und Illusion überprüft und ins Gegenteil verkehrt.

Im Jahr vor Modiglianis Ankunft, 1905, wurde eine Gruppe um Matisse von Kritikern mit der Bezeichnung «Fauves», die Wilden, belegt, hauptsächlich wegen der starken Farbeffekte, mit denen sie ihre Sicht der Welt mehr intensiv als naturgetreu darstellen wollten. «Genauigkeit bedeutet noch keine Wahrheit», dieses Wort von Matisse war die Losung der modernen Kunstbewegung. Ab etwa 1906 empfingen die modernen Maler Anregungen durch die Ausdruckskraft afrikanischer Skulpturen, und Picasso und Braque schufen bald darauf ihre ersten kubistischen Bilder.

Als 16jähriger hatte sich Modigliani einem Freund gegenüber

Modigliani mit Picasso und André Salmon in Paris

in Theorien darüber ergangen, wie wichtig es sei, frische Quellen der Inspiration zu erschließen. Doch hier in Paris betrachtete man seine Theorien, seine künstlerischen Idole, die in Italien so aufregend und fortschrittlich erschienen waren, als längst überholt. Die von Picasso und anderen angeführte Avantgarde verspottete den Jugendstil und die Nachimpressionisten, die Modigliani so sehr bewunderte. Sie brachen vollständig mit dem Formenkanon der Vergangenheit, und Modigliani fühlte sich dadurch ziemlich aus der Bahn geworfen, auch wenn er an der Akademie Colarossi Aktzeichnen studierte.

Kaum in Paris angekommen, beeilte sich Modigliani, die Werke der neuen Kunst zu besichtigen. Von seinem zentral gelegenen komfortablen Hotel an der Place de la Madeleine waren es nur ein paar Schritte bis zur Rue Laffitte, dem Mittelpunkt des modernen Kunsthandels. Im Schaufenster der Galerie Durand-Ruel hingen Bilder von Altmeistern wie Monet und Pissarro. Nebenan bei Ambrose Vollard, angeblich der schlampigste Kunstladen von Paris, waren Gauguin und van Gogh ausgestellt, doch es ist zu bezweifeln, ob Modigliani den Stapel prachtvoller Cézannes zu sehen bekam, den Vollard für besondere Kunden hinter die Möbel gepfercht hatte. Bei Bernheim-Jeune waren die Bilder von Matisse zu sehen und bei Clovis Sagot, dem jovialen Spezialisten für Kunstdrucke, der eine Apotheke übernommen hatte, hingen Gouachen und Aquarelle aus Picassos Blauer Periode inmitten von Flaschen, Tiegeln und Arzneipackungen. Die meisten Händler in der Rue Laffitte waren Sonderlinge wie Sagot, Freunde der Künstler, die mit ihren Mappen hereinkamen. Modigliani wirkte in seinem gutgeschnittenen italienischen Anzug, dem gestärkten Hemd mit Fliege und dem flatternden Cape darüber nicht gerade wie ein Künstler, sondern eher wie ein potentieller Käufer. Daß Picasso und Matisse unter den Modernen einen herausragenden Platz einnahmen, sah Modigliani auf den ersten Blick, und in einigen seiner frühen Bilder spiegelt sich seine Bewunderung für Picassos Blaue Periode wider.

Eines Nachmittags bald nach seiner Ankunft hörte er Passanten auf Picasso hinweisen, der in der Nähe stand, und er lud den Spanier zu seiner Überraschung auf ein Glas ein. Er sei Italiener und gerade aus Livorno gekommen, erklärte er. «Ich wollte Sie kennenlernen, seit ich bei Sagot eine Gouache und ein Pastell von Ihnen gesehen habe. Das Pastell war mit ‹Pablo Ruiz› signiert und die Gouache ‹Picasso›, aber sie stammen eindeutig von derselben Hand.» Picasso brummte, das seien alte Sachen, und akzeptierte ein Glas und dann ein zweites. Er riet Modigliani, aus seinem eleganten Hotel auszuziehen und sich ein Logis im Künstlerviertel Montmartre zu suchen. An der Madeleine zu wohnen, das passe für Blumenmaler, aber ein echter Künstler «hat in der Gegend doch wahrhaftig nichts verloren! Selbst Degas hat nie in der Nähe der Oper gewohnt, wo er doch seine Modelle fand, in den Garderoben ...»[1] In einer anderen Version über diese Begegnung erinnerte sich Ortiz de Zarate, daß er und Modigliani im Café de la Rotonde saßen, als Picasso im verblichenen, geflickten blauen Overall vorbeiging. Unter der Schirmmütze ringelte sich eine dicke schwarze Locke hervor, und durch ein Loch in den Segeltuchschuhen bohrte sich der große Zeh. Modigliani musterte ihn geringschätzig. «Er mag ja Talent besitzen», bemerkte er, «aber das ist kein Grund, nicht ordentlich angezogen zu sein.»[2] Da es das Rotonde erst seit 1911 gab, dürfte die Geschichte beim Weitererzählen diverse Abänderungen erfahren haben.

Modigliani konnte es sich nicht leisten, längere Zeit in einem eleganten Hotel zu wohnen. Auch ohne Picassos Rat hätte er den Weg zu den Nachtlokalen von Montmartre gefunden, die Toulouse-Lautrec noch vor nicht langer Zeit frequentiert hatte, und die Zirkusvorstellungen am Rand der Boulevards besucht. Obwohl das 150 Meter über der Stadt gelegene «Dorf» seinen ländlichen Charakter inzwischen verloren und man Mühlen wie die berühmte Moulin de la Galette in Tanzlokale verwandelt hatte, war die Luft auf Montmartre frischer, gab es zwischen den Häusern Gärten und Wäldchen, und auf den Terrassen der Cafés an der Place du Tertre saßen Künstler und Ladeninhaber unter rotgestreiften Markisen mit Blick auf einen Dorfanger. Bevor die Touristen einfielen, konnten Künstler noch billige Unterkünfte finden in der Nachbarschaft von kleinen Gaunern, Akrobaten, Straßenmädchen und biederen Bürgern. Begabte Ausländer, verkrachte Studenten und Schnorrer erlernten den Jargon und die Überlebenstechnik und zechten in den Bistros.

Zu den Attraktionen von Montmartre zählten Varietés, Kabaretts, Zirkusunternehmen und Tanzlokale sowie ein ununterbrochener bunter Reigen auf den Straßen: «... die Leute machten sich nie die Mühe, sich umzuziehen. Die Cancan-Tänzerinnen standen herum in ihren Kleidern mit den vielen Rüschen und Unterröcken, obwohl inzwischen der Gamin in Mode war mit engen Röcken, Bubikopf, langen schwarzen Strümpfen und ohne Unterwäsche, was oft dreist zur Schau gestellt wurde. Die Tiroler Kapelle wanderte in ihrer sonderbaren Tracht durch Clichy, wenn sie spielfrei hatte; das Tango-Orchester war südamerikanisch kostümiert, und die ungarischen Zigeuner stolzierten in ihren leuchtendblauen verschnürten Uniformen mit Tschakos und Stulpenstiefeln einher ..., und das alles nachmittags um halb sechs.»[3]

Doch die Realität des Künstlerlebens in Paris mit ihrer grausamen Härte und bitteren Armut versetzte Modigliani einen Schock. Als Bewunderer der drei Dandys Oscar Wilde, Whistler und d'Annunzio hätte er gern ein stilvolles Leben geführt, befreundete Literaten in die besten Restaurants eingeladen, sich elegant gekleidet, in einer vornehmen Gegend gewohnt wie die Helden des Fin de siècle. Die einzige Unterkunft, die er sich jetzt noch leisten konnte, war eine Bruchbude in einer schäbigen Vorstadt. Er brauchte dringend ein Atelier und wurde von Freunden auf den sogenannten Maquis von Montmartre aufmerksam gemacht, ein unbebautes Terrain, das sich von der Rue Caulaincourt bis zur Rückfront der Moulin de la Galette erstreckte. Das Areal wurde für die nach der Pariser Ausstellung von 1900 in Aussicht genommene Stadtentwicklung planiert, doch die neue Bebauung verzögerte sich, und alle möglichen Leute belegten es widerrechtlich mit Beschlag. Vagabunden, Bettler und ein paar Künstler stellten Baracken und Hütten auf das Gelände, und Modigliani, vor kurzem noch ein eleganter Stadtbewohner, fand einen leeren Holzschuppen mit Wellblechdach, säuberte und reparierte ihn und richtete seine erste eigene Pariser Behausung ein. Die Gegend hatte zwei Vorteile: Man lebte spottbillig, und auf der anderen Straßenseite begann die Bebauung, so daß Modigliani Steine für seine Skulpturen auf die Seite schaffen konnte.

Seine Werke galten damals als «völlig unbedeutend», aber er selber erregte die Neugier der Leute. André Salmon, Haupturheber der Modigliani-Legende, schilderte die erste Behausung detailliert: «... ein Diwan, der häufig als Bett herhalten mußte; ein Bett, das mit sauberen Leintüchern bezogen war; mehrere Stühle, ein Sessel fragwürdigen Stils und ... ein Klavier, defekt, mit einem breiten Kaschmirschal bedeckt.» Das Klavier, «das letzte Zeichen der Treue zur bürgerlichen Tradition», hat nie existiert.[4] Doch Salmon wollte unbedingt den Unterschied zwischen dem bürgerlichen Modigliani, der ein mittelmäßiger Maler war, und dem genialen Bohemien demonstrieren.

Er wechselte seine Garderobe, die auch kaum in diese Umgebung paßte, und kleidete sich für den Rest seines Lebens im gleichen Genre: «... braune Kordsamthose mit buntem Halstuch und breitkrempiger Hut, womit er genau so aussah wie das gängige Klischee von einem Maler, doch er war so originell, daß man sein Äußeres – jüdisch und venezianisch zugleich – sofort registrierte ... seine Augen leuchteten, klug und spöttisch in einem; sein Lächeln war so jugendfrisch.»[5] Er hatte einen wippenden, sehr aufrechten Gang, so daß er größer wirkte als 1,65 Meter, die Hände steckten in den Taschen, in denen sich stets Dantes *Göttliche Komödie* und eine italienische Bibel befanden.

Er machte starken Eindruck auf Louis Latourettes, seinen Nachbarn, einen Wirtschaftsjournalisten und Dichter. Sie lernten sich durch einen gemeinsamen Freund kennen, einen Musiker aus Florenz, und als sie vor dem Mittagessen zu dritt ein Glas Rotwein in einem guten, bescheidenen Restaurant, Chez Placier, tranken, zog Modigliani einen Brief von seiner Mutter heraus, den er morgens erhalten hatte, und begann ihn zu lesen. Er kam gerade bis zur Anrede «Mein liebster Dedo», dann brach er zusammen. Tränenüberströmt gab er den Brief an seinen italienischen Freund zum Vorlesen weiter. Als er sich wieder gefaßt hatte, entschuldigte er sich und erklärte, er sei noch neu in Paris und leide unter der Trennung. Latourettes war fasziniert von dem jungen Provinzler, der so gelassen wirkte, aber offensichtlich furchtbares Heimweh hatte. Die Künstler, die er in Montmartre kannte, hätten nie zugegeben, daß sie so etwas wie Zuneigung für ihre Eltern empfanden; zumindest in der Öffentlichkeit machten sie sich über ihre bürgerlichen Familien lustig. Latourettes bemerkte außerdem, daß Modigliani ein Buch über Philosophie bei sich trug, was ihm irgendwie unstimmig erschien. Danach trafen sie sich oft zum Essen in einem nahe gelegenen Lokal. Modigliani, versessen auf italienische Küche, bevorzugte A la Maison Vincent, wo der Koch ein Landsmann von ihm war. An schönen

Abenden schlenderten sie auf dem Vorplatz von Sacré-Cœur umher und unterhielten sich über Dichtkunst. Wie der junge Tschaikowski rezitierte auch Modigliani gern lange Passagen aus Dantes *Göttlicher Komödie* sowie moderne italienische Dichter, Leopardi, Carducci und am häufigsten d'Annunzio. Shelley und Wilde bewunderten beide, und Latourettes schilderte seine Begegnung mit Oscar Wilde, als dieser nach dem Prozeß in Paris Zuflucht gesucht hatte. Er schätzte Modiglianis Gesellschaft und dessen fließendes, kultiviertes Französisch. Doch Latourettes konnte ihn nie dazu bewegen, nicht die ganze Nacht über Bücher und Frauen zu reden, sondern auch über seine Arbeit.

Latourettes erinnerte sich als verständnisvoller Zeuge, daß wohlerzogene Jungfrauen ebenso wie Wäscherinnen und «Mädchen» von Montmartre «Schlange standen», um für den Maler zu posieren, der sich das prompt zunutze machte. Aber es handelte sich immer um flüchtige, unbeschwerte Liaisons, für eine echte Liebesbeziehung war er noch nicht bereit. Mit seiner neuesten Errungenschaft, der grazilen, sinnlichen blonden Mado, hatte es eine besondere Bewandtnis; sie war die verflossene Geliebte von Picasso und inspirierte Modigliani zu vielen seiner Zeichnungen. Er hatte Picassos Genie zwar schon Jahre, bevor dieser weltberühmt wurde, erkannt, er bewunderte den Künstler, konnte aber den Menschen immer weniger leiden, der sich wie ein Chamäleon zu wandeln verstand. Vielleicht hatte Modigliani die abergläubische Vorstellung, durch Mado etwas von Picassos kreativer Kraft gewinnen zu können.

In seinen Werken aus den ersten Pariser Jahren zeigten sich Zaudern und Unsicherheit: Die Eruption in der modernen Kunst hatte ihn aus dem Gleis geworfen, ebenso wie die illusionslose Gruppe von Dichtern und Malern, die sich um Picasso scharte. Modigliani experimentierte selbständig, schuf seine Skulpturen direkt in Stein, wobei ihm der Staub Halsreizungen verursachte, zeichnete, malte – und war unzufrieden mit fast allem, was er hervorbrachte.

Im Maquis lernte er Deleschamps kennen, einen exzentrischen

Max Jacob, 1916

Lastenkutscher, der Knittelverse schrieb und seine Machwerke stolz auf eine Schiefertafel vor seiner Hütte malte. Als glühender Patriot lehnte es Deleschamps ab, Möbel für Pazifisten zu transportieren. Er bewunderte Modigliani wegen seines profunden Wissens in Dichtkunst und Philosophie, und Amedeo amüsierte sich über die Schrullen seines Nachbarn. Als Deleschamps eines Abends unterwegs war, schlich sich Modigliani hinüber und wischte die Verse von der Schiefertafel; vielleicht waren sie zu chauvinistisch für seinen Geschmack. Als der Kutscher nach Hause kam, war er wütend und stieß finstere Drohungen aus, schwor blutige Rache all denen, die er verdächtigte und zu denen fast jeder in Montmartre gehörte – bis auf Modigliani, der sich über seinen ziemlich schnöden Schabernack diebisch freute.

Das schäbige Vorstadtleben währte nicht lange. Als Neubauten emporwuchsen, mußte Modigliani sein Atelier im Maquis verlassen. Jahrelang zog er unentwegt umher, logierte in heruntergekommenen Hotels, quartierte sich bei Freunden ein, wußte selbst nicht immer genau, wo er gerade wohnte. Es war ihm verhaßt, wie die Stadtplaner das Antlitz von Paris vergewaltigten, und sein rastloses Nomadendasein scheint mit diesem ersten Herausgerissenwerden den Anfang genommen zu haben. Louis Latourettes fand ihn einmal frühmorgens schlafend unter dem Holztisch am Eingang des von Künstlern frequentierten Lokals Lapin Agile.

Nach dem Auszug aus der Rue Caulaincourt wohnte er eine Zeitlang in der Rue Norvins 13, und nachdem er sich zunächst über Monate hinweg geweigert hatte, mit Latourettes über seine Arbeit zu reden, lud er den Freund plötzlich schüchtern in sein Atelier ein. Trotz der einfachen Einrichtung – ein Bett, zwei Stühle, ein Tisch und eine Truhe – wirkte der Raum beeindrukkend. Die Wände waren mit Ölgemälden bedeckt, überall lagen von Zeichnungen überquellende Mappen verstreut, und auf dem Fußboden standen eine oder zwei Skulpturen. Latourettes erkannte das beachtliche Können Modiglianis auf den ersten Blick, meinte aber, daß er seinen künstlerischen Weg noch nicht gefunden habe, daß die Farbgebung unstimmig sei. «Das liegt an meinen verdammten italienischen Augen», pflichtete ihm der Maler bei. «Ich kann mich einfach nicht an das Licht in Paris gewöhnen. Solch ein allumfassendes Licht ... Du kannst dir nicht vorstellen, was für neue Themen ich mir in Violett, Dunkelorange und Okker erträumt habe. Aber ich kann sie noch nicht zum Klingen bringen.» Modigliani tat seine «Phantasien» ungeduldig ab, doch Latourettes protestierte, bewunderte den herrlichen Kopf einer jungen Schauspielerin, die häufig im Lapin Agile Gedichte vortrug. Modigliani wollte nichts davon hören. «Nein. Das ist noch nicht richtig. Eine Imitation von Picasso ... Der würde diesem Monstrum einen Tritt in den Hintern verpassen!»[6]

Jetzt sprach Modigliani zum erstenmal ernsthaft mit Latourettes über seine Arbeit, seine Ziele und seine Ansichten über die anderen in Paris wirkenden Künstler. Picasso und Rousseau waren die einzigen, die er aufrichtig bewunderte.

Offenbar schätzte er Latourettes' Meinung, und ein paar Tage später berichtete er dem Journalisten mit einer gewissen vorgetäuschten Entschlossenheit, er habe sämtliche Arbeiten, die er Latourettes gezeigt hatte, vernichtet, mit Ausnahme von zwei oder drei Zeichnungen und dem Kopf der Schauspielerin. «Man muß wissen, wie man das eigene Schaffen ohne sentimentale Nachsicht zu beurteilen hat. Schließlich heißt das ja nur, auf einem neuen Weg wieder anzufangen. Ich habe nicht übel Lust, die Malerei hinzuschmeißen und als Bildhauer zu arbeiten ...» Getreu seinem Kredo, war Modigliani fest entschlossen, für sich und seine Arbeit einen Neuanfang zu machen.

Von Modiglianis Schaffen in seinem ersten Pariser Jahr sind fast keine Spuren mehr vorhanden. Kaum etwas ist geblieben von den zahllosen Zeichnungen, den Bildern oder der Plastik, an der er im Geröll hinter seinem Schuppen arbeitete. Zum Glück bekamen Zeitgenossen einiges davon zu Gesicht. Anselmo Bucci, ein Kunststudent, registrierte «drei Frauenköpfe, geisterhaft bleich, nahezu monochrom, nachlässig auf grünlichem Hintergrund gemalt», die Anfang 1906 für fünfzehn Francs das Stück zum Verkauf standen. Sie hingen in dem recht schmutzigen Schaufenster von The Art Gallery, einem kleinen Laden in der Rue des Saint-Pères, unweit vom Boulevard Saint-Germain. Die Inhaberin, Laura Wylda, eine englische Lyrikerin, die junge Künstler förderte, gab Bucci die Adresse Modiglianis in Montmartre, und der suchte ihn mit zwei Freunden auf. Modigliani, im roten Rollkragenpullover, war entzückt, daß sich jemand für seine Arbeit begeisterte, und ging mit ihnen in Richtung der Boulevards spazieren, wobei er den Italienern einen Vortrag über moderne Kunst hielt. Nach seiner Überzeugung gab es in Italien nur einen Künstler, seinen alten Freund Ghiglia, der wichtig war: «Ich war in Venedig und habe alle Ateliers gesehen.» Bucci und seine Freunde, von dieser Einstellung bestürzt, bohrten nach: «Wie steht's mit Frankreich, da muß es doch irgend jemand geben?» Sie nannten alle Maler, die sie bewunderten: Fantin-Latour, Puvis de Chavannes, Manet, Monet, Sisley. «Tüchtig», lautete Modiglianis ganzer Kommentar. «Moment mal. Wollen Sie damit sagen, daß es in ganz Frankreich keinen wirklichen Künstler gibt?» – «Nun, da ist Matisse ... Da ist Picasso ...»[7] Bucci dachte, Modigliani habe es sich gerade noch verkniffen hinzuzufügen: «Und da bin ich.»

Gino Severini, ein anderer italienischer Maler, der im gleichen Jahr wie Modigliani nach Paris kam, erinnerte sich an dessen Bilder: «Kleine Figuren oder Stilleben auf Pappe mit sehr zarten Farben und von einem raffinierten Geschmack, der mich erstaunte.»[8] Ein weiterer Hinweis auf ein Stilleben von Modigliani existiert anscheinend nicht. Von Anfang an konzentrierte er sich darauf, Porträts oder Aktbilder zu malen und ganz wenige Landschaften. Seine Porträts spiegeln das komplizierte Beziehungsgeflecht zwischen ihm und seinen Mitmenschen wider, abgehoben vom Alltagsgetriebe.

Der Alltag, der den meisten Menschen zur Routine erstarrt, war für Modigliani kaum ein Begriff. Es gab Tage, an denen er überhaupt nicht arbeitete, sondern einfach von Café zu Café zog oder Freunde besuchte. An anderen wiederum stürzte er sich so besessen in die Arbeit, daß er zu essen vergaß und schließlich total erschöpft einschlief. Von den zweihundert Francs, die jeden Monat eintrafen und für die Familie ein nicht unerhebliches Opfer bedeuteten, mußte er seinen Lebensunterhalt bestreiten, doch damals kostete eine Mahlzeit im bescheidensten Restaurant 1,50 bis 2 Francs. Sein Geld ging größtenteils für Arbeitsmaterial drauf. Nicht wenige Künstler begingen Mundraub, schlichen sich in Wohnhäuser, wo die Concierge dem einen oder anderen Bewohner morgens ein Tablett mit Croissants und Kaffee vor die Tür stellte, und räumten es ab, aber so etwas fiel Modigliani schwer.

Zuerst versuchte er, seine Armut vor bestimmten Freunden zu kaschieren. «Obwohl ich damals in erträglichen Umständen lebte, wandte sich Modi nie an mich –, zwischen uns war nie von Geld die Rede, warum, weiß ich nicht. Er war in dieser Beziehung stolz.» Als Ludwig Meidner ihn im Herbst 1906 kennenlernte, war er ein hinreißender Gesellschafter, lebendig, voller Phantasie, Geist und bizarrer Launen. «Nie zuvor hatte ich einen Maler mit solchem Feuer von der Schönheit sprechen hören!» Modigliani zeigte Meidner Fotografien früher florentinischer Meister und äußerte sich enthusiastisch über neuere Maler, die ihn fesselten: Gauguin (im Salon d'Automne hatte 1906 eine große Gedenkausstellung stattgefunden), Toulouse-Lautrec, Whistler. Modigliani rühmte auch das Werk von Picasso, Matisse und Rouault, der mit seiner Bilderserie der Straßenmädchen von Montmartre öffentliches Ärgernis erregt hatte.[9]

Eines Herbstabends saßen Meidner und Modigliani bei einem starken Kaffee im Lapin Agile. Viele Maler und Dichter kamen Abend für Abend vom Montparnasse und vom Montmartre in das schummrige, laute kleine Lokal, um etwas zu essen und soviel zu kippen, wie sie vertragen oder bezahlen konnten. Die Wände waren vollgehängt mit Gemälden, Zeichnungen, Gedichten und Plakaten, in einer Ecke stand eine Christus-Statue, die als Hutständer diente. Eines der Bilder – zwei Harlekins, ein Geschenk von Picasso – wurde später für einen stattlichen Preis verkauft. Dichter rezitierten klassische Verse, Sänger produzierten sich, und regelmäßig fielen ein oder zwei Gäste vom Hocker. Zu später Stunde holte Frédé, der bärtige Patron, seine alte Gitarre und begleitete sich zu den schlüpfrigen Liedern, die er vortrug und bei denen sein Publikum den Refrain grölte. Finstere Gestalten aus der Unterwelt schlichen sich ein, um im Halbdunkel zu trinken, und Frédé hielt seine altertümliche Pistole ständig bereit, da seine Gäste zuweilen angegriffen wurden. Modigliani, der seinen Freunden im kleinen Kreis gern etwas vordeklamierte, blieb auf Distanz zu dem lauten Betrieb, und manche behaupteten, er sei vom «Bohemeleben» entsetzt.[10]

Anfangs bezahlte er sämtliche Rechnungen in den Cafés, doch später verschwand er einfach, wenn er zu tief in der Kreide stand. Besucher mußten bei ihm zu Hause mit gedämpfter Stimme reden, und er spähte oft durchs Schlüsselloch, wenn er Schritte hörte, weil er fürchtete, es könnten Gläubiger sein. Ganze Tage vergeudete er damit, seine Zeichnungen an Kunsthändler zu verhökern oder Geld aufzutreiben, bis wieder ein monatlicher Wechsel aus Italien eintraf. Wenn er bei Kasse war, ließ er es sich nicht nehmen, seine Freunde zu einem Glas Pernod einzuladen. Seine überschwengliche Natur konnte der großen Geste einfach nicht widerstehen. «Ich bin der Sohn und Enkel von Bankiers», erzählte er Louis Latourettes eines Abends und fügte lächelnd hinzu: «Jüdische Bankiers. Wenn dein Verleger (der Wirtschaftszeitung) gewisse Theorien und Methoden beachtet, über die ich verfüge, werden wir Millionen verdienen.»[11]

Er sah sich gezwungen, Fotografien zu retuschieren und Ladenschilder zu malen, wobei er strikt auf seine Anonymität bedacht war. Einmal sollte er für einen Händler einen Holzschnitt des Japaners Utamaro bei einem bekannten Sammler abliefern, der in einer Luxuswohnung lebte. Der Pförtner musterte den verlotterten Mann in dem mit Farb- und Fettflecken übersäten Kordsamtanzug und verwehrte ihm den Zutritt. Ein neuer Anzug war für Modigliani völlig unerschwinglich; er fühlte sich gedemütigt. Als er 1907 dem Maler M. Chwat, einem russischen Juden, begegnete, der ihn bei seiner Ankunft in Paris in seinen guten italienischen Sachen gesehen hatte, schaute er an seinem schmuddligen Samtanzug hinunter und sagte bekümmert: «Meine Familie wäre entsetzt . . .»[12]

Eine Zeitlang wohnte er im legendären Bateau Lavoir, dem Holzhaus an der Place Ravignan 13, das seinen Namen bekommen hatte, weil es bei Wind genauso knarrte und ächzte wie die Kähne der Waschfrauen auf der Seine. Seit Gauguins Tagen hatten Künstler die Ateliers im Souterrain gemietet. In dem altersschwachen Haus gab es weder Heizung noch Wasser oder Beleuchtung, und sie mußten sich bei der Arbeit mit Petroleumlampen oder Kerzen behelfen. Die meisten Besucher kamen zu Picasso, der in einem großen Zimmer hauste: «. . . schmutzig, ohne Vorhänge und unordentlich. Unvollendete Gemälde sind an die Wände gelehnt. Ein kleiner, verrosteter Ofen mit einer gelben Tonschüssel darauf dient als Waschtisch. Ein Handtuch und ein Stück gelbe Seife liegen auf einem Tisch zwischen Farbtuben, Pinseln und einem schmutzigen Teller mit Essensresten . . .»[13] In dieser wenig verheißungsvollen Umgebung fand sich fast jeder bedeutende Vertreter der modernen Kunst ein, Maler, Dichter, Kritiker sowie ein bis zwei namhafte Sammler, um Karten zu spielen, zu trinken und über Ästhetik und die Avantgarde zu diskutieren. Zu Picassos «Clique» gehörten die Schriftsteller Max Jacob, Apollinaire, Alfred Jarry, André Salmon und die Maler Derain, de Vlaminck und van Dongen, zu denen sich später noch Braque und Juan Gris gesellten. Die Mitglieder der Gruppe förderten sich gegenseitig, und Apollinaire, der zum Hauptstreiter für den Kubismus wurde, hatte bereits 1906 lobend über Picasso geschrieben. Obwohl Modigliani kurz im Bateau Lavoir wohnte, war er einer der wenigen begabten modernen Künstler, die außerhalb des Kreises um Picasso blieben, außerhalb der revolutionären Bewegung der Kunst. Ironischerweise hatte er volles Verständnis für die neue Entwicklung und sehnte sich danach, gemeinsam mit den Revolutionären gegen die Bourgeoisie zu Felde zu ziehen, spürte aber, daß er den Bruch mit der Tradition europäischer Malerei nicht mittragen konnte. Als Künstler wie als Mensch stand er im wesentlichen allein, bestenfalls mit einem oder zwei vertrauten Freunden an der Seite. Stolz und eine tiefe innere Scheu verhinderten jeden Versuch, sich irgendwo anzuhängen; es wäre ihm nie in den Sinn gekommen, einem Kritiker zu schmeicheln oder ihn gar zu bestechen. Unter den in Picassos Atelier Versammelten mit ihren geistreichen und verwegenen Sprüchen fühlte er sich unbehaglich, und es wurde registriert, daß er es an Respekt fehlen ließ.[14]

Daß schöne Mädchen scharenweise Modiglianis Gesellschaft suchten, blieb ebensowenig unbemerkt wie seine bei aller Armut immer noch auffallende Erscheinung beziehungsweise Reserviertheit. Im Kreis um Picasso, in dem «Spott oder boshafte und verletzende Bemerkungen» hoch im Kurs standen, muß eine der Intelligenzbestien sich einen Spitznamen für Modigliani ausgedacht haben. «Modi» ist nicht nur eine Abkürzung, sondern wegen der phonetischen Ähnlichkeit mit dem französischen *maudit* (verworfen, schlecht) auch ein bösartiges Wortspiel.

Der Modi der Legende, wild dreinschauend und ausschweifend, begann das Bild des höflichen, gebildeten Künstlers zu trüben, als die Geschichten über Modis gelegentliche Ausbrüche sich in den Cafés von Montmartre herumsprachen. Amedeo hatte einen sicheren Instinkt für das Dramatische. Alle Rebellen von Montmartre experimentierten mit Drogen herum, doch Modigliani verlieh der Sucht düsteren Glanz. «Ein Epikuräer, immer auf der Suche nach Sensationen und Raffinements, ließ er sich gern von Giften und Drogen erzählen, von jenen, die sie gebrauchten, von Haschisch, Morphium und Opium.»[15] Selbst Rausschmisse verliefen bei ihm spektakulär. Eines Nachts fiel ihm in einem schäbigen kleinen Hotelzimmer die Decke buchstäblich auf den Kopf. Der Besitzer stürzte herein, herrschte Modigliani an, er solle die rückständige Miete bezahlen und verschwinden. «Meine Augen sind blind geworden, und mein Schädel ist eingeschlagen», brüllte Modigliani, «und da ich ein großer Künstler bin, werde ich Sie auf Hunderttausende von Francs verklagen ...»

Für Talent hatte er einen außergewöhnlichen Blick. Als man Utrillo, der seine Bilder für ein paar Francs oder ein Glas Rotwein verschleuderte, als versoffenen Idioten abtat, erkannte Modigliani sofort dessen Genialität. Die «Modernen» behandelten den Alkoholiker, der über Jahre hinweg immer wieder in die Klinik mußte, teils herablassend, teils verächtlich. Modigliani indes bewunderte seine geisterhaften, menschenleeren Straßenszenen vom Montmartre und freundete sich mit dem Maler an. Man gewöhnte sich daran, die beiden spät nachts durch die Straßen torkeln zu sehen, wobei Modigliani noch aufrecht, seinem hochgewachsenen, hageren Begleiter immer wieder aus dem Rinnstein half. Danach war er gerade noch imstande, Utrillo bei seiner Mutter, Suzanne Valadon, abzuliefern, die früher als Modell gearbeitet hatte und nun selber beachtliche Bilder malte. «Modigliani brauchte Utrillo bloß zu berühren, um betrunken zu werden», bemerkte Picasso zynisch. Berichte über häufigen Streit und wüste gegenseitige Beschimpfungen wurden zu Modis Lebzeiten als «pure Erfindung» zurückgewiesen, «da Mau-Mau (Utrillos Spitzname) unter strenger Beobachtung stand und nachts nur selten entwischen konnte. Sie waren sensibel, weit entfernt davon, einander beleidigen zu wollen, sie bewunderten sich gegenseitig – Utrillo bei seinem Rotwein und Modigliani bei seinem Absinth».[16] Solidarität mit einem Außenseiter sowie Anerkennung von Utrillos Fähigkeiten machten Modigliani zum Beschützer des Trunkenbolds von Montmartre.

Im Jahr von Modiglianis Ankunft in Paris, 1906, kam die schon lange währende Dreyfus-Affäre endlich zum Abschluß, und Hauptmann Alfred Dreyfus, der fälschlich wegen Hochverrats verurteilte Offizier jüdischer Abstammung, wurde rehabilitiert. «Ich spürte auf Schritt und Tritt, daß ich Jude war. Die Menschen ließen es mich fühlen ...», schrieb Chagall, der 1910 nach Paris kam.[17] Modigliani war sich in dieser Atmosphäre ebenfalls zutiefst bewußt, ein Fremder, ein Außenseiter zu sein.

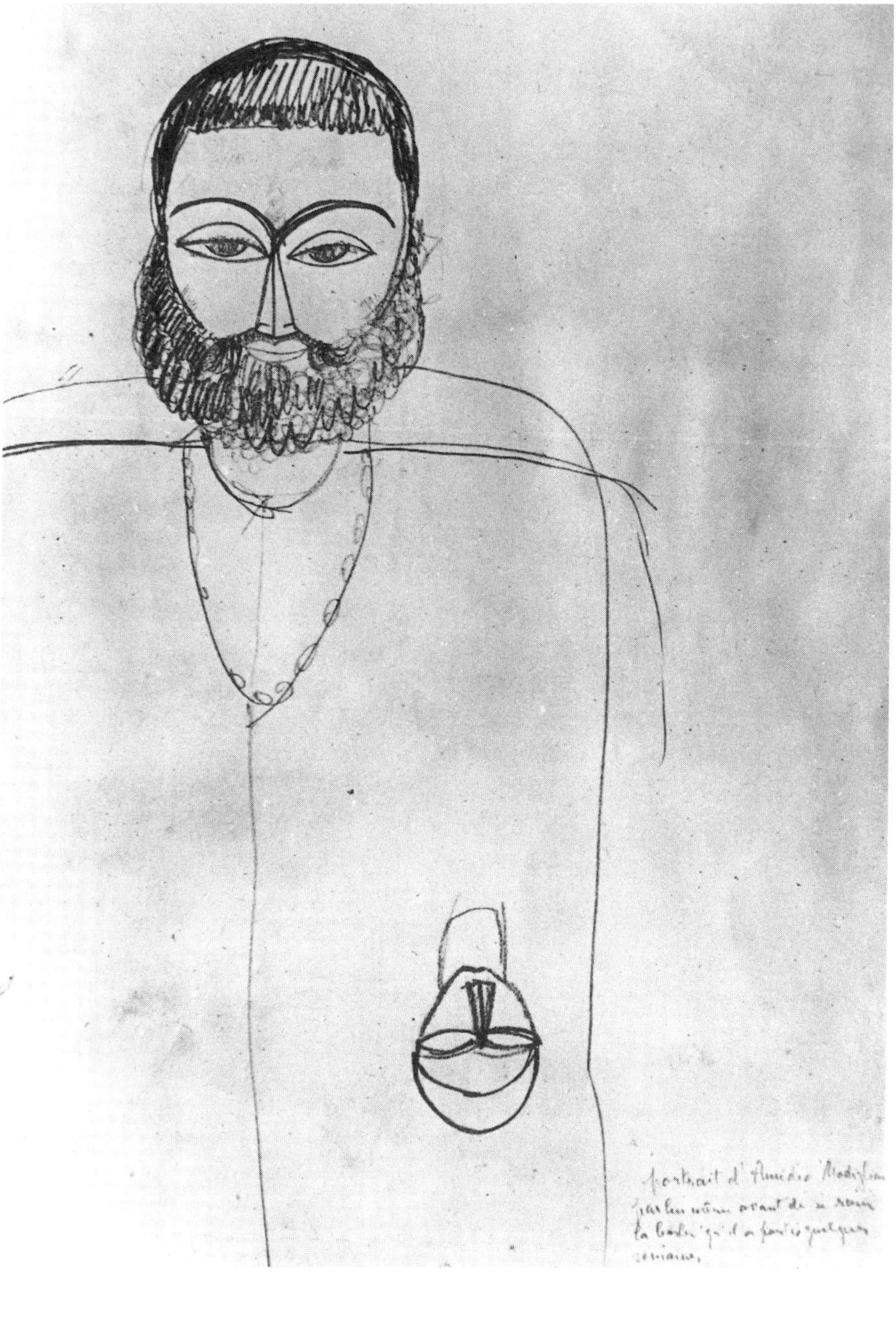

Selbstbildnis mit Bart

In Militärkreisen und unter royalistischen Katholiken wucherte der Antisemitismus auch nach Beendigung der Dreyfus-Affäre weiter. Eines Tages saß Modigliani mit Louis Latourettes im Restaurant Spiehlmann an der Place du Tertre beim Mittagessen, als am Nebentisch eine Horde junger Männer lautstark antisemitische Parolen schmetterte und dazu auf den Tisch hämmerte. Die Gruppe von Künstlern, die sich zu Latourettes gesetzt hatten, zuckten bloß die Achseln und versuchten, ihre Unterhaltung weiterzuführen, während Modigliani stumm auf seinem Stuhl hin und her rutschte und finster dreinblickte. Plötzlich reichte es ihm. Er sprang auf, ging an den Tisch, baute sich vor ihnen auf, schleuderte ihnen, vor Wut zitternd, entgegen: «Ich bin Jude, und ich scheiße auf euch.» Sein Zornesausbruch überrumpelte die Männer und machte sie für diesmal mundtot. Doch der Antisemitismus trat nicht immer so grobschlächtig oder so offen zutage.[18]

Trotz der fehlenden Anerkennung, der Geldsorgen und der schwierigen Position als Jude und Ausländer hielt ihn die Arbeit intakt. Der Maler Ludwig Meidner saß Modigliani mehrmals Modell und beschrieb seine Techniken. Zum Zeichnen benutzte er dünnes Papier, und bevor das Blatt beendet war, legte er einen neuen weißen Bogen darunter, Kohlepapier dazwischen und pauste, die ursprüngliche Zeichnung stark vereinfachend, durch. Er malte kleine Porträts mit dünnen Farben, die er auf sehr rauhe Leinwand, öfter noch auf Pappe auftrug. In ihrer grau-grünen Tonalität erinnerten sie an Toulouse-Lautrec und Whistler, die er beide bewunderte. Um diesen Bildern Tiefe und Transparenz zu verleihen, überzog er sie, wenn sie trocken waren, mit farbigem Firnis, zuweilen mit bis zu zehn Schichten, so daß sie in ihrem durchsichtigen Goldton an alte Meister erinnerten.

Anfang 1907 war Modigliani schon wieder umgezogen. Er hauste jetzt in einem Tischlerschuppen, einem Behelfsbau aus Holz und bröckelnden Ziegeln. Doch aus seinem Fenster schaute er auf einen kleinen Garten mit einem einsamen Kirschbaum an der Rue Norvins und jenseits, die Rue Ravignan hinunter, über

Paris hinweg bis zu den Hügeln von Meudon. Er verliebte sich in diese reizvolle Aussicht und malte ein Bild davon, das bei einem seiner zahlreichen Umzüge verlorenging. Die Miete für seine neue Behausung war niedrig, er war wenigstens sein eigener Herr und konnte seine Arbeiten zusammenhalten. Er beschloß, sieben seiner Werke, darunter das Porträt von Meidner, für den Salon d'Automne einzureichen.

Der neue Salon setzte sich aus einer Gruppe junger avantgardistischer Künstler zusammen. Matisse und Rouault gehörten zu den Gründungsmitgliedern. Im Jahre 1905 stellten sie ihre Werke zusammen mit Bildern von Derain, Braque, Dufy und anderen in einem großen Mittelraum aus, wo «Der hungrige Löwe» von Rousseau einen Brennpunkt bildete. Die Kritiker rümpften die Nase und gaben dem Raum das Etikett «Raubtierkäfig». Die Gruppe wurde unter der Bezeichnung die *Fauves* bekannt. Modigliani bewunderte die Fauvisten und war ganz aufgeregt, als er erfuhr, daß die Jury alle Bilder von ihm angenommen hatte. Vom 1. bis 22. Oktober 1907 wurden die sieben Arbeiten im Grand Palais ausgestellt, und zwar zwei Porträts in Öl, eines von L. M. (Ludwig Meidner), das andere von Modiglianis derzeitigen Geliebten sowie fünf Aquarelle: ein Kopf, ein Profil und drei Studien.[19] Modigliani ging zur Vorbesichtigung für geladene Gäste und schrieb an Meidner, der inzwischen nach Deutschland zurückgekehrt war: «Sie haben alles im Salon angenommen ... Ich war gestern bei der Vernissage, und sie haben mich sehr gut placiert.» Meidner hatte eine Anzahl von Modiglianis Ölbildern nach Deutschland mitgenommen in der Hoffnung, sie verkaufen zu können, doch es gelang ihm nicht, einen Abnehmer für die «reizenden, raffiniert gemachten kleinen Stücke» zu finden. Modigliani hatte jedoch von seinem Bruder, jetzt ein arrivierter Ingenieur, ein Geldgeschenk erhalten, für das er sich mit einem Brief bedankte:

Mein liebster Umberto,
vor allem vielen Dank für die unerwartete Hilfe. Mit der Zeit

hoffe ich, allein durchzukommen: Die Hauptsache ist, den Kopf nicht zu verlieren. Du fragst mich nach meinen Absichten. Arbeiten und ausstellen. In pectore fühle ich, daß ich auf diese Weise einmal meinen Weg machen werde. Der Salon d'Automne ist ein ziemlicher Erfolg gewesen, und die Annahme en bloc ist fast ein seltener Fall bei Leuten, die den Ruf haben, eine in sich abgeschlossene Clique zu bilden. Wenn ich bei den Indépendants nicht lockerlasse, wird sicherlich der erste Schritt getan sein. Und Du, was machst Du? Grüße mir Tante Laure. Schreibe mir, wenn Du kannst. Ich umarme Dich.

Dein Dedo[20]

Der Ton in diesem wie in allen anderen Briefen nach Zuhause ist einfach und direkt, weder übertrieben selbstsicher noch pessimistisch. Daß der bei all seiner gespielten Entschlossenheit überaus scheue Dedo stillschweigend das Vertrauen aufbrachte, seinem älteren Bruder mitzuteilen, wenn er stetig weiterarbeite, werde er seinen Weg machen, ist erstaunlich. Der Salon d'Automne veranstaltete in jenem Jahr eine Gedächtnisausstellung für Cézanne, der 1906 gestorben war. In einem Saal hingen 48 seiner Gemälde, die Modigliani zutiefst erschütterten. Zur gleichen Zeit stellte die Galerie Bernheim-Jeune in der Rue Laffitte 79 Aquarelle von Cézanne aus. Cézannes letzte Briefe, die mit klaren, bewegenden Worten seinen Kampf und seine Unbeirrbarkeit bezeugen, wurden damals veröffentlicht und zweifellos von Modigliani gelesen. Ein Bild, der «Knabe in roter Weste», rührte ihn besonders an. Er kaufte sich die beste Reproduktion, die er davon finden konnte, und bewahrte sie in seiner Tasche auf. Jedesmal, wenn der Name Cézanne fiel, zog er die Postkarte hervor und küßte sie. Herbert Read sieht Modigliani in diesem Stadium «noch zwischen den gegensätzlichen Einflüssen von Gauguin und Cézanne hin und her gerissen ...»[21] Der Einfluß Cézannes sollte die Oberhand behalten.

Seine erste Ausstellung im Pariser Herbstsalon brachte Modigliani weder Ruhm noch Geld, ermöglichte es aber Kunstliebha-

Die Jüdin, um 1908

bern und Kollegen, sein Werk in Augenschein zu nehmen. Paul Alexandre machte im Herbst 1907 seine Bekanntschaft, was so gut wie sicher durch die Ausstellung zustande kam. Alexandre, eine beeindruckende Persönlichkeit, beendete gerade seine medizinische Ausbildung. Er hatte eine große Liebe zur modernen Kunst und war sehr daran interessiert, junge Künstler kennenzulernen. Er und sein Bruder Jean, Student der Zahnmedizin, halfen ihnen durch die wagemutige Übernahme eines zwangsenteigneten Hauses im Ödland von Montmartre und die Gründung einer Künstlerkommune, die von Henri Doucet (der einzige dort wohnende Maler, der einen Vertrag mit einer Galerie hatte) und Maurice Drouard, einem Bildhauer, geleitet wurde.

Offenbar war Modigliani von den beiden Künstlern als mögliches Mitglied nach der Ausstellung unter die Lupe genommen worden, denn eines Nachmittags im Spätherbst belud er einen Schubkarren mit seinen Bildern und Büchern und brachte sie hinüber in die Kommune in der Rue du Delta. Unter den Bildern befand sich «Die Jüdin», ein fast plastisch anmutendes Gemälde, das er gerade beendet hatte, sichtlich von Cézanne beeinflußt, Kopf und Schultern in Licht und Schatten herausgearbeitet. Modigliani maß diesem Bild große Bedeutung bei, und Paul Alexandre war davon unerhört beeindruckt. Er kaufte es für einige hundert Francs und bat Modigliani inständig, keines von den Blättern in seiner Mappe zu vernichten. «Ich werde deine Werke kaufen, wann immer ich kann», versprach er. Wie wichtig es für Modigliani war, einen kultivierten, verständnisvollen Gönner zu finden, kann gar nicht nachdrücklich genug betont werden. Es stimmt, daß kein professioneller Kunsthändler oder einer der reichen Sammler Interesse an seinem Werk bekundet hat, andererseits läßt sich auch nur schwer vorstellen, daß Modigliani mit Leuten dieser Kategorie eine gemeinsame Sprache gefunden hätte. Was er am dringendsten brauchte, war ein verständnisvoller Freund, der ihm den Rücken stärkte. Modigliani war in gehobener Stimmung über sein Glück und schenkte jedem Künstler in der Kommune ein kleines Bild. Zwar blieb er lieber in seinem

Schuppen wohnen, gewöhnte sich aber an, in der Rue du Delta zu arbeiten, wo wenigstens geheizt wurde, und er verbrachte häufig auch die Abende dort, beteiligte sich an den Gesprächen über Kunst oder an den Theateraufführungen.

Wie andere urteilsfähige Freunde hielt auch Paul Alexandre ihn für einen bemerkenswerten Menschen und schätzte seine Qualitäten. Gemeinsam stöberten die beiden in Antiquitäten- und Andenkenläden nach Masken und Plastiken. Sie besichtigten an den Wochenenden das Völkerkunde-Museum im Louvre und die Völkerkundliche Abteilung im Trocadero Museum; damals begannen die avantgardistischen Künstler sich für die Werke der Primitiven zu interessieren und sich davon inspirieren zu lassen. Sobald Dr. Alexandre sich niedergelassen hatte und seine Praxis einigermaßen florierte, trafen sie sich oft nach der Sprechstunde. Nicht selten verwandten sie die Tageseinnahmen für den Besuch von Varietés oder des Zirkus Medrano, wo sie gelegentlich Picasso und seine Freunde im Café neben den Ställen trafen. Der Okkultismus faszinierte Modigliani nach wie vor, und bei einer Séance, an der er teilnahm, machte er eine Zeichnung. Seinen Skizzenblock hatte er überall dabei; er zeichnete zwar rasch und spontan, brauchte aber doch oft auch sieben bis acht Skizzen für eine Zeichnung, ehe er zufrieden war. Der Einfluß von Toulouse-Lautrec, Beardsley, Gauguin und den *fauves* ist in seinem Frühwerk deutlich erkennbar. Doch um bloßes Nachahmen handelte es sich bei ihm nie. Er absorbierte all die vielfältigen, starken Eindrücke von Paris und machte sie sich zu eigen.

Das Jahr 1908 brachte gewaltige Experimente und Erschütterungen in der Kunstszene. Trotz seines Gönners war Modigliani ein Außenseiter, in der Kunst ebenso wie im gesellschaftlichen Leben. Der Durchbruch des Kubismus, der sich ankündigende Dadaismus waren für ihn offensichtlich Herausforderung und Beängstigung zugleich. Als Picasso 1907 sein großes Bild «Les Demoiselles d'Avignon» malte, das heute als Schlüssel zur Entwicklung der modernen Malerei gilt, hielt er es jahrelang in seinem Atelier versteckt und zeigte es nur seinen Freunden. Sollte Modigliani es nicht gesehen haben, so hörte er sicherlich davon. Beim Salon der Indépendants von 1908 hielt Apollinaire einen Vortrag, in dem er Derain, Braque, de Vlaminck, ja alle Revolutionäre rühmte. Henri Rousseau stellte zwei Bilder aus, «Kampf zwischen einem Tiger und einem Büffel» und «Die Ballspieler». Jahrelang verlacht, wurde Rousseau nun in Picassos Kreis aufgenommen. Modigliani, von Paul Alexandre ermutigt, reichte fünf Arbeiten ein: «Die Jüdin», zwei Aktbilder, eine Studie für ein im Entstehen begriffenes Bild – «Das Idol» – und eine Zeichnung. Er hatte gehofft, sich damit einen Namen zu machen oder zumindest etwas Anerkennung zu ernten, aber Modigliani wurde nicht zur Kenntnis genommen; er war einfach nicht in Mode.

Im Gegensatz zu anderen jungen Künstlern hielt er es für unerläßlich, die Verbindung zur Vergangenheit zu wahren, und lehnte jede Etikettierung ab. «Wie chic», pflegte er zu spötteln, «mit dem Strom zu schwimmen.»

Das ganze Jahr über wurden neue Ideen, neue Richtungen diskutiert und stürmisch gefeiert. Picasso erwarb 1908 ein meisterhaftes Bild von Rousseau, ein lebensgroßes Porträt der Madame M., für fünf Francs und arrangierte ein Bankett zu Ehren des hochgeschätzten Malers, um seine Erwerbung gebührend zu feiern. Picassos Atelier im Bateau Lavoir mit den knarrenden Balken und den afrikanischen Masken an den Wänden wurde mit Lampionketten geschmückt, das Bild mit Bannern dekoriert; auf einem stand «Honneur à Rousseau». Die lautstarke chaotische Veranstaltung war ein rauschender Erfolg, verschiedene «Katastrophen» boten den Gästen willkommenen Anlaß, dem Wein noch kräftiger zuzusprechen. Die Zeichentische waren für dreißig Personen gedeckt, doch die Lieferanten vergaßen, das Essen zu schicken. Marie Laurencin purzelte über ein Tablett mit Fruchttörtchen auf dem Sofa, aus den Lampions tropfte heißes Kerzenwachs. Im Laufe des Abends gerieten sich André Salmon und Cremnitz in die Haare – ein Scheinkampf, wie sie später erklärten –, während Gertrude und Leo Stein in voller Gala zuschauten. Ein weiblicher Gast fiel nach draußen in den Rinnstein, und später tauchten noch Freunde aus der Nachbarschaft auf, darunter Frédé aus dem Lapin Agile und sein Esel Lolo. Hinterher vermochte sich niemand mehr genau zu erinnern, wie die Party endete.[22] Modigliani war nicht dabei, auch nicht unter den Besuchern, die nach dem Dinner erschienen.

Das idealistische Streben nach Schönheit in seiner Kunst war für die Revolutionäre jetzt unannehmbar. Sein Interesse an den Opfern der Gesellschaft spiegelte auf seinen Bildern Gestalten wider wie Bettler, Neger, Häftlinge und Vagabunden. «Trauriger weiblicher Akt» hieß ein Bild, das er 1908 malte, beeinflußt von Picassos Blauer Periode. Ein weiteres Aktbild stellte die kleine Jeanne dar, eine junge Prostituierte, bei Paul Alexandre wegen einer Geschlechtskrankheit in Behandlung; er malte sie an einem Bett stehend, reserviert und würdevoll. Modigliani brauchte eine, wenn auch noch so kurze Beziehung zu seinen Modellen, was bei Auftragsporträts nicht immer möglich war.

Durch Alexandre erhielt er seinen ersten Auftrag, eine Baronin zu malen, die sich viel auf ihre Reitkunst zugute hielt. Sie entschied sich für ihr rotes Reitjackett, doch Modigliani fand Gelb passender für den bläulich-grünen Hintergrund und änderte deshalb die Farbe, eindeutig der Kunst zuliebe, was freilich seine Auftraggeberin tief in ihrer Eitelkeit verletzte. Das adelige Modell starrt kühl von der Leinwand herab, die Hand in die Hüfte gestemmt, eine Augenbraue hochgezogen. Vielleicht hatte sie versucht, den Künstler zu begönnern, und eine deutliche Abfuhr erlitten. Am Schluß war es der verläßliche Alexandre, der «Die Amazone» kaufte.

Der Maler Gino Severini fand Modigliani diesmal bei seinem Besuch unzufrieden mit sich, weil er glaubte, zu wenig gearbeitet zu haben. Doch sein Landsmann bemühte sich, ihm gut zuzureden, denn er entdeckte große Fortschritte. Modigliani hatte den Naturalismus aufgegeben und suchte einen mehr lyrischen und expressionistischen Stil, indirekt von den *fauves* beeinflußt, doch seiner Sensibilität angepaßt.[23]

Paul Alexandre kaufte Modiglianis Zeichnungen mappenweise

Die Akrobatin, 1910

für ein paar Francs, desgleichen seine Gemälde, und bewahrte sie sorgfältig auf. Die Ölbilder, oft beidseitig bemalt, markieren die stilistische Entwicklung. Der Legende zufolge sprang Modigliani bei einer Party, deren Teilnehmer nach dem Genuß von Rauschgift high waren, unvermittelt auf, griff nach Papier und Bleistift und begann fieberhaft zu zeichnen, wobei er lautstark verkündete, nun habe er endlich den richtigen Weg gefunden. Als er fertig war, schwenkte er triumphierend die Skizze eines Frauenkopfes mit langem Schwanenhals. Severini und andere italienische Freunde erinnern sich, daß Modigliani stets ein Kästchen mit Haschisch bei sich trug und jedem, den er traf, davon anbot. Freilich bestritt Severini entschieden, daß Modigliani unter Drogen- oder Alkoholeinfluß gearbeitet habe.

Paul Alexandre sah Modigliani bis zum Ausbruch des Ersten Weltkrieges fast täglich. Er blieb dabei, daß Modigliani, trotz allem, was über ihn geschrieben wurde, «ein äußerst wohlerzogener junger Mann» gewesen sei. Alexandre, aus dem ein anerkannter Chirurg wurde, hatte selber mit Haschisch experimentiert. Das galt für fast jeden, der damals in einschlägigen Künstlerkreisen verkehrte. Aber auch Paul Alexandre sah Modigliani niemals unter Rauschmitteleinfluß arbeiten.[24]

In seinem Atelier vergraben, führte er ein einsames Leben. 1909 machte Modigliani Skizzen und Zeichnungen von Harlekins und Zirkusleuten und lebte eine Zeitlang mit einer schlanken jungen Akrobatin zusammen, die für ein paar seiner Freunde Modell gestanden hatte. Bei einer Sitzung erzählte sie André Warnod offenbar, daß ihr Modiglianis Arbeiten nicht gefielen. Bald darauf beschloß sie, Modi zu verlassen, und als Warnod sie nach dem Grund fragte, erwiderte sie verächtlich: «Von Malern hab ich die Nase voll. Jetzt will ich mit Künstlern zusammensein.»

«Das verstehe ich nicht. Modi ist doch schließlich ...»

«Nein, Modigliani ist Maler. Er ist kein Künstler.» Als Warnod sie nach einer Weile auf der Straße traf, wirkte sie überaus glücklich. Auf seine Frage entgegnete sie lächelnd, sie lebe jetzt endlich mit einem richtigen Künstler zusammen – einem Clown vom Zirkus Medrano.[25] Auf dem Montmartre liebte man solche Geschichten.

Am Weihnachtsabend 1908 veranstaltete Paul Alexandre eine Party mit Mitternachtssouper für die Kolonie in der Rue du Delta. Die Künstler malten Dekorationen, in der Mitte stand ein Weinfaß, und Modigliani mimte den überschwenglichen Zeremonienmeister. Eine Woche darauf hieß er bei der Silvesterparty im Atelier eines Freundes wiederum die Gäste willkommen und verteilte an alle Haschischpillen. Als Mitternacht heranrückte, beschlossen die reichlich animierten Gäste, eine riesige Punschterrine in der Mitte des Zimmers anzuzünden. Als das Gebräu nicht brennen wollte, kippten sie Kerosin darüber. Diesmal fing es Feuer, die Flammen loderten bis zur Decke und erfaßten die Papierdekorationen, bis der ganze Raum zu brennen schien. Man tanzte, lachte und trank unbeirrt weiter, und da im Atelier nur geringfügiger Schaden angerichtet und niemand verletzt wurde, dürfte wohl auch diese zu den vielen guten Anekdoten von Montmartre gehören, denen die Phantasie ungeahnte Ausmaße verleiht.

Immer wieder lag es an seinem geradezu irritierend guten Aussehen, daß seine Heldentaten den Leuten im Gedächtnis haftenblieben. Jahre nach dem Vorfall erinnerte sich eine gewisse Madame Gabrielle D. an Modiglianis Affäre mit Elvira, einer hinreißenden Kurtisane, unter dem Namen La Quique bekannt: «Eines Nachts kam ich mit Freunden nach Hause, es war noch ziemlich früh, so gegen eins, und bei herrlichem Vollmond. Als wir zur Place Jean-Baptiste Clément gelangten ..., hörten wir lautes Klavierspiel, ein spanisches Scherzo, und eine wilde, heisere weibliche Stimme. Wir blieben stehen und sahen uns um. Vor dem Schuppen, den Modigliani bewohnte, befand sich auf der einen Seite ein Gärtchen, etwa handtuchgroß. Da tanzte eine Frau im Kimono, nackt bis zur Taille, offenes Haar, wie besessen, und ihr gegenüber hüpfte Modigliani, nur mit Hosen bekleidet, wie ein Wahnsinniger herum und brüllte wie ein Unhold. Dauernd drehte er den Kopf zu einem erleuchteten Fenster in dem großen Haus in der Rue Norvins, wo irgend jemand vom Finanzministerium wohnte, und schrie gellend: ‹Du elender Saukerl, du Hundesohn!› Als wir loslachten, ließ er die Hosen herunter und sprang auf sie zu. Oh!» Madame Gabrielle unterbrach sich, offensichtlich von der Erinnerung gepackt. «Aber er war wunderschön anzuschauen im Mondlicht, wie ein Faun, und wir alle sagten, es sei wirklich ein Jammer, daß er derartig trank. Dann ließ die Frau den Kimono fallen, und die beiden tanzten nackt. Und da fing eine Horde von vorbeikommenden Rowdys an, wüst zu krakeelen, und er hob die Frau hoch. In dem Augenblick warf sie den Kopf in den Nacken, und ich erkannte sie. Als sie in der Hütte verschwanden, schrie ich: ‹Vira. Elvira!› ... Oh! Aber sie waren bildschön, die beiden, nur natürlich völlig außer Rand und Band.»[26]

Eines Nachts zerstörte er bei einem Gelage nicht nur seine eigenen Arbeiten, sondern auch die anderer Künstler. Am nächsten Morgen war er entsetzt über das, was er angerichtet hatte, entschuldigte sich und verließ das Haus. Hier gedeiht die Modigliani-Legende zu voller Blüte, von da an sind alle Geschichten über ihn auf seine wilden, ungezügelten Ausbrüche fixiert, und die liebenswürdige, rücksichtsvolle Seite seines Wesens wird in den Schatten gestellt.

Im April 1909 lud Paul Alexandre ihn zum erstenmal zu sich nach Hause ein, um ihn mit seiner Familie bekannt zu machen. Sie hatten eine gutbürgerliche Wohnung in der Rue Malakoff. Es wurde verschiedentlich wahrgenommen, daß Modigliani froh war, dem «Bohemeleben» in Montmartre zu entfliehen, und folglich schloß er Freundschaft mit der ganzen Familie. Pauls Vater war so beeindruckt von dem Künstler und seinem Werk, daß er Porträts von sich und seinen Söhnen bei ihm bestellte und bald darauf Modigliani einem weiteren Interessenten empfahl, einem Monsieur Lévy.

Auf dem aus jener Zeit stammenden Bildnis von Paul Alexandre porträtierte Modigliani seinen Gönner distinguiert und ernst, die eine Hand in die Hüfte gestützt, im Hintergrund hing «Die

Jüdin». Dies ist das einzige Mal, daß Modigliani einen solchen Kunstgriff anwandte; für gewöhnlich wurde der Hintergrund nur durch mit breitem Pinselstrich aufgetragene Farben angelegt, ohne sonstiges Beiwerk, was die Wirkung erhöhte. Vielleicht ist «Die Jüdin» hineingemalt worden, weil es sich dabei um den ersten großen Ankauf seines Gönners handelte und weil Modigliani das Bild überaus schätzte.

«Die Jüdin» wurde nur selten auf Ausstellungen gezeigt. Unter dem Einfluß von Picassos Blauer Periode stehend, hatte das Bild offenbar wenig Erfolg. Doch die Modiglianis Arbeiten eigene Eleganz und Differenziertheit hätte ihm eine glänzende Karriere als Porträtmaler sichern können. Wenn er nur gewollt hätte, wäre er bei der Gesellschaft rasch in Mode gekommen und alle Existenzsorgen losgeworden. Statt dessen wurde er von seiner Vision des Ideals verfolgt, brannte er immer noch darauf, Bildhauer zu werden und monumentale Skulpturen zu schaffen. Da Stein so kostspielig war und die Arbeit damit sich bei ihm so gesundheitsschädlich auswirkte, unternahm Modigliani den Versuch, in Holz zu schnitzen. Die Pariser Métro wurde erweitert, der Abschnitt Barbes–Rouchechouart befand sich im Bau, und Modigliani entdeckte in einem offenen Schuppen Schwellen aus Eichenholz. Der Maler Henri Doucet und er kletterten spät nachts über den Bauzaun um die Métro-Station und stahlen mehrere Eichenschwellen. Eine Holzschnitzerei von Modigliani ist erhalten geblieben, die genau so hoch war wie die für die Métro bestimmten Schwellen lang. Die Arbeit stellt einen Frauenkopf dar mit gewelltem und in Zöpfen geflochtenen Haar, breiter Stirn, tiefliegenden Augen und langer Nase, alles Stilelemente, die auf Modiglianis spätere Bilder passen könnten.

Modigliani bat Paul Alexandre, ihn mit dem rumänischen Bildhauer Constantin Brancusi bekannt zu machen. Brancusi hatte in seiner Kunst und in seinem Leben eine Integrität und ein Höchstmaß an Einfachheit erreicht, was auf Modigliani enorme Anziehungskraft ausübte. Er reduzierte seine Formen – Akte, ein Vogel im Flug, ein sich küssendes Paar – auf ihren Wesenskern.

Constantin Brancusi

Rodin hörte von seinen Werken und bot an, ihn als Gehilfen aufzunehmen, doch Brancusi lehnte ab mit der Begründung, daß «unter hohen Bäumen nichts wächst». Ein beleibter, bärtiger Mann in blauem Kittel und Holzschuhen, schuf er in seinem Atelier einen völlig autarken Bereich. Er zimmerte sein Mobiliar selber – Gäste saßen auf ausgehöhlten Klötzen – und kochte sich seine Mahlzeiten auf einem von ihm gefertigten Steinherd; er hielt sich strikt aus den Intrigen und Cliquen der Kunstszene heraus, auch wenn seine Arbeiten im Salon d'Automne ausgestellt worden waren. Aufrichtig, gastfreundlich, mit einem Hang zu Philosophie und Mystik, war Brancusi nach den Wichtigtuern und Possenreißern von Montmartre ein ruhender Pol, was Modigliani sehr für ihn einnahm. Brancusi half Modigliani zweifellos mit Rat und Tat, zumal da dieser ja keinerlei bildhauerische Ausbildung genossen hatte. Doch wie Kritiker festgestellt haben, wurde Brancusis Werk von Modigliani beeinflußt. Modigliani zog nach Montparnasse, um dem Älteren nahe zu sein; er träumte davon, im Sommer zum erstenmal seit zweieinhalb Jahren nach Hause zu fahren, der stickigen Stadt zu entfliehen und am Meer zu weilen. Er forderte Brancusi auf mitzukommen, doch der Bildhauer wurde an der Grenze zurückgewiesen.

Vor der Heimfahrt verbrachte Modigliani viele Stunden in Brancusis Hof und schaute ihm bei der Arbeit an einem stark vereinfachten Frauenkopf zu, mit der intensiven Konzentration, die er als Junge aufgebracht hatte. Nachdem er genau beobachtet hatte, wie Brancusi an dem Kalkstein meißelte, wandte er sich zu ihm und sagte leise: «Aha, jetzt begreife ich, worauf Sie hinauswollen.»[27]

Modigliani verließ Paris Ende Juni, unterernährt und schäbig gekleidet. Eugenia war dennoch außer sich vor Entzücken. Am 3. Juli 1909 schrieb sie an ihre Schwiegertochter, Vera Modigliani:

> Meine Liebste,
> Dedo ist eingetroffen. Es geht ihm gut. Ich bin darüber sehr glücklich und meinte, daß ich Dir das gleich mitteilen und Dir einen großen, dicken Kuß schicken müßte.[28]

Touristen restlos verfälscht worden, die in den Nachtlokalen Amüsement und Spuren der Vergangenheit suchten und die Preise in die Höhe trieben. Zufällig zog Picasso um etwa die gleiche Zeit wie Modigliani, im Oktober 1909, nach Montparnasse um. Diese Übersiedlung kennzeichnete seinen neuen Status in der Kunstszene; er hatte jetzt ein geräumiges Atelier mit Nordfenster am Boulevard Schoelcher und hauste in der angrenzenden Wohnung, eingerichtet mit schweren Eichenmöbeln und dem Flügel, den man fälschlich Modigliani zugeschrieben hatte. Fernande Olivier, seine Geliebte, fand den neuen Lebensstil samt uniformiertem Mädchen, das bei Tisch bediente, für ihren Geschmack zu steif.

Modigliani hätte durchaus Gefallen an Luxus gefunden, nicht aber an einer bürgerlichen Lebensführung, doch der monatliche Zuschuß von seiner Familie erlaubte ihm kaum, ein ordentliches Atelier zu mieten. Er brannte darauf, Paul Alexandre wiederzusehen, ging bei ihm vorbei, um ihm die von daheim mitgebrachten Arbeiten zu zeigen, und hinterließ eine Nachricht:

> Lieber P.
> Bin seit einer Woche in Paris. Habe einen vergeblichen Besuch in der Avenue Malakoff gemacht. Möchte Sie sehr gern wiedersehen.
> Grüße
>
> Modigliani[4]

Er malte zwar nach wie vor, aber seine Leidenschaft galt nun in erster Linie der Bildhauerei. Zu den wenigen Menschen, die Modigliani in seinem Atelier bei der Arbeit sahen, gehörte der deutsche Kunstkritiker Curt Stoermer: «Es drängte ihn mit aller Gewalt, selber Skulpturen zu machen. Er ließ einen großen Sandstein vor sein Atelier hinstellen und arbeitete direkt in den Stein. Ebenso wie er zuzeiten die Faulheit liebte und ohne Unterbrechung dem geistvollsten Müßiggang frönte, so stürzte er sich auch wieder in die Arbeit. Mit den ersten Lichtstrahlen des Mor-

4

ÜBERGANG

Ein paar Tage nach seiner Ankunft in Livorno feierte Amedeo seinen fünfundzwanzigsten Geburtstag. Eugenia war so beglückt, ihn bei sich zu haben, daß alles andere nebensächlich wurde. Laure hatte Amedeo in seinem zellenähnlichen Pariser Atelier besucht und sie gewarnt, daß er erschöpft, unterernährt und schlecht gekleidet sei. Keiner der drei Briefe, die sie in jenem Sommer an Margherita schrieb, enthielt auch nur die leiseste Andeutung, daß sie es mit einem Alkoholiker oder einem Drogensüchtigen zu tun hatte. Mit Takt und Aufopferung setzte Eugenia alles daran, die Gesundheit ihres Sohnes wiederherzustellen. Margherita, ihrem jüngsten Bruder gegenüber immer äußerst kritisch, verbrachte die Ferien bei Emanuele und seiner Frau Vera. Umberto, mittlerweile ein hochqualifizierter Ingenieur, war beruflich unterwegs; Vater Flaminio hielt sich vermutlich zu Hause auf. Sein Name wird in den Annalen der Familie selten erwähnt. Laure indes verbrachte während Amedeos Besuch ebenfalls ihre Zeit bei ihnen. Sie war feinfühlig und stand ihrem Neffen besonders nahe. So fand sich Amedeo in der Geborgenheit eines liebevollen, kultivierten Familienkreises.

Dennoch fühlte sich Modigliani fremd und unbehaglich im Elternhaus. In der jüdischen Gemeinde von Livorno führten die gleichaltrigen jungen Männer ein wohlgeordnetes, vernünftiges Leben, die meisten als verheiratete, erfolgreiche Geschäftsleute, Ladenbesitzer und geachtete Bürger. Die Künstler, mit denen er zusammen studiert hatte, gaben sich nach wie vor einem beschaulichen Dasein hin; sie hatten keinerlei Vorstellung davon, was die Pariser Kunstszene an Gefährdung und Anreizen bot. Nachdem Modigliani sich ausgeruht hatte, gab es Familientreffen und Zusammenkünfte mit alten Freunden. Er malte ein Bild von seiner Schwägerin Vera, ein Porträt in Rot, und als er Bice Boralevi, eine ehemalige Schülerin Eugenias, wiedersah, war er erpicht darauf, die junge Frau mit dem «endlosen Hals» zu malen. Eugenia war entzückt und befürwortete die Freundschaft und das Porträt. «Wenn du ihm Modell sitzt, bringst du ihn damit zur Ruhe», erklärte sie der 22jährigen Bice. Später erinnerte sie sich vage, daß Modiglianis Studien von ihr in dunklen Tönen gehalten waren, aufgehellt nur durch einen Spitzenkragen – und mit sehr stilisierten Gesichtszügen.[1]

Doch die Hoffnung, Amedeo ließe sich durch die Begegnung mit jungen Damen in Spitzenkragen oder das Malen konventioneller Familienporträts im Zaume halten, war unrealistisch, was seine Mutter im Grunde ihres Herzens gewußt haben mußte. «Dedo ist den ganzen Tag bei einem Freund, der ein Atelier hat», teilte sie Margherita brieflich mit. Gino Romiti, sein alter Freund aus der Zeit bei Micheli, gestattete ihm großzügig, in seinem Atelier zu arbeiten. Danach traf er sich oft mit Romiti und anderen einheimischen Künstlern im Café Bardi, gewissermaßen dem Lapin Agile von Livorno. An einem Sommernachmittag liefen ihm zwei Freunde aus dem Atelier von Micheli über den Weg, Benvenuto Benvenuti und Aristide Sommati. Modigliani und Benvenuto beschlossen, Aristide Sommati zu zeichnen. Benvenuto, drei Jahre älter als Modigliani, hatte seinen ersten Versuch zusammengeknüllt und gerade mit dem zweiten begonnen, als Modigliani ihm das Blatt entriß und die Skizze mit ein paar Bleistiftstrichen vollendete. Benvenuto signierte das Porträt und schenkte es Sommati. Jeanne Modigliani, die dem Modell über vierzig Jahre später begegnete, erkannte den alten Toskaner, «schlau, weichherzig und einsam», auf der Skizze ihres Vaters wieder. Seine Porträts bekamen immer mehr prophetischen Charakter, so daß seine Modelle viele Jahre später ihren Bildnissen immer ähnlicher sahen.

Modiglianis gedankenloses, abwesendes Verhalten zu dieser Zeit kam den Leuten anmaßend vor, und es kursieren in Livorno bis heute Erinnerungen und Geschichten über seine Arroganz, die von einem zum anderen weitererzählt worden waren. Nach

Modigliani im Alter von etwa 25 Jahren

Modiglianis Überzeugung handelte er nicht aus Arroganz, sondern in der Gewißheit, daß er, trotz all seines Zauderns, den Schlüssel zur Kunst besaß. Eugenia erkannte das: «Dedo und Laure schreiben zusammen Artikel, aber für mich schweben sie zu sehr in höheren Regionen», schrieb sie an Margherita in einem undatierten Brief.[2] Der junge Mann, der voll wissenschaftlichem Eifer mit seiner Tante an philosophischen Essays arbeitet, erscheint unvereinbar mit dem Modi vom Montparnasse.

Er liebte seine Angehörigen und genoß es anfangs, von ihnen verhätschelt zu werden, doch im Laufe des Sommers fühlte er sich zu Hause mehr und mehr erdrückt. Er vermißte seine Freunde: Paul Alexandre, Latourettes und Utrillo, «Letrillo», wie ihn die Pariser Straßenkinder nannten. Gelegentlich sehnte er sich danach, eine Nacht in einer Pariser Bar zu verbringen. Vor allem drängte es ihn, seine bildhauerischen Versuche fortzusetzen. In einem Brief bat er Paul Alexandre, Brancusi Grüße zu bestellen: «Ich habe diesen Menschen sehr gern.»[3]

Während seines Aufenthalts wurde Modigliani von seiner Familie gebeten, sie bei einigen ererbten Kunstgegenständen zu beraten. Ein Signor Castelnuovo hatte ihnen ein Vermächtnis hinterlassen, zu dem die Kopie einer griechischen Hermes-Statue aus der Spätrenaissance, eine Salvator Rosa zugeschriebene ländliche Szene, ein Seestück von Tempesta und ein aus dem 17. Jahrhundert stammendes neapolitanisches Bild eines Bettlers gehörten. Natürlich hatte die Familie gehofft, daß es sich um Werke von einigem Wert handelte, doch Amedeos Urteil war enttäuschend. «Dedo hat die Bilder gesehen, die er für wertlos hält, einschließlich der berühmten Statue», berichtete Eugenia ihrer Tochter. Jeanne Modigliani glaubte, bei dem im Salon des Indépendants 1910 ausgestellten Bild «Der Bettler» handle es sich um eine Interpretation jenes alten neapolitanischen Gemäldes, dem ihr Vater eine «abgemilderte, von Cézanne beeinflußte Struktur» verliehen habe.

Eugenia hatte insgeheim gehofft, Amedeo könnte sich in einer anderen italienischen Stadt niederlassen, wenn schon nicht zu

Hause. Doch sie fügte sich in das Unvermeidliche und ließ vorsorglich die Hausschneiderin Caterina kommen, um Dedo neu einzukleiden. Caterina, eine Bäuerin mit recht derber Ausdrucksweise, erschien tageweise, voller Stolz, für die Familie zu arbeiten, und fest entschlossen, den jungen Signor Modigliani so auszustaffieren, daß er ihr Ehre machte. Modigliani hatte Freude an Kleidern und trug sie mit einer ausgesuchten Lässigkeit, die selbst die schäbigsten Kordhosen zu einem bemerkenswerten Anblick machte; «der einzige Künstler in Paris, der sich anzuziehen versteht», so Picassos Ansicht. Als die neuen Sachen fertig waren, probierte Modigliani sie an, kürzte die Jackenärmel mit einem entschlossenen Schnitt und riß das Futter aus dem flotten Borsalino heraus, um ihn leichter zu machen. «Extravagant und undankbar», lautete Margheritas Urteil über das Benehmen ihres Bruders. Als schwer arbeitende Lehrerin mit geringer Phantasie urteilte sie nach den Maßstäben von Livorno, ohne zu wissen, daß die berühmtesten Maler in Paris Arbeiterkluft trugen.

Möglicherweise hat Modigliani während seines Aufenthaltes in Livorno noch ein weiteres Bild gemalt – «Die Bettlerin» – das Gegenstück zu «Der Bettler» –, bevor er im Herbst 1909 nach Paris zurückfuhr, traurig und hoffnungsvoll zugleich.

Laure hatte ihn vor seinem Urlaub in Montparnasse aufgesucht, in der berühmten Künstlerkolonie La Ruche, wo «junge Genies in einem Bienenstock wohnten», einem achteckigen, zweistöckigen Bau, mit zwölf dreieckigen Ateliers, so eng, daß die Künstler sie als Särge bezeichneten. Vermutlich waren sie bei Modis Rückkehr alle besetzt. Seine nächste Adresse war Cité Falguière 14, unmittelbar beim Boulevard Montparnasse, zu erreichen über einen Hof, der zu einer kleinen Brücke und einer Treppe zu den Ateliers hinunterführte. Wie all die pittoresken Gebäude, in denen die Künstler damals arbeiteten, war es furchtbar unbequem und spärlich möbliert, mit nacktem Fußboden. In dem Jahr, in dem Modigliani nach Montparnasse übersiedelte, zogen die meisten «Modernen» über die Seine ans linke Flußufer. Die ursprüngliche Atmosphäre von Montmartre war durch die

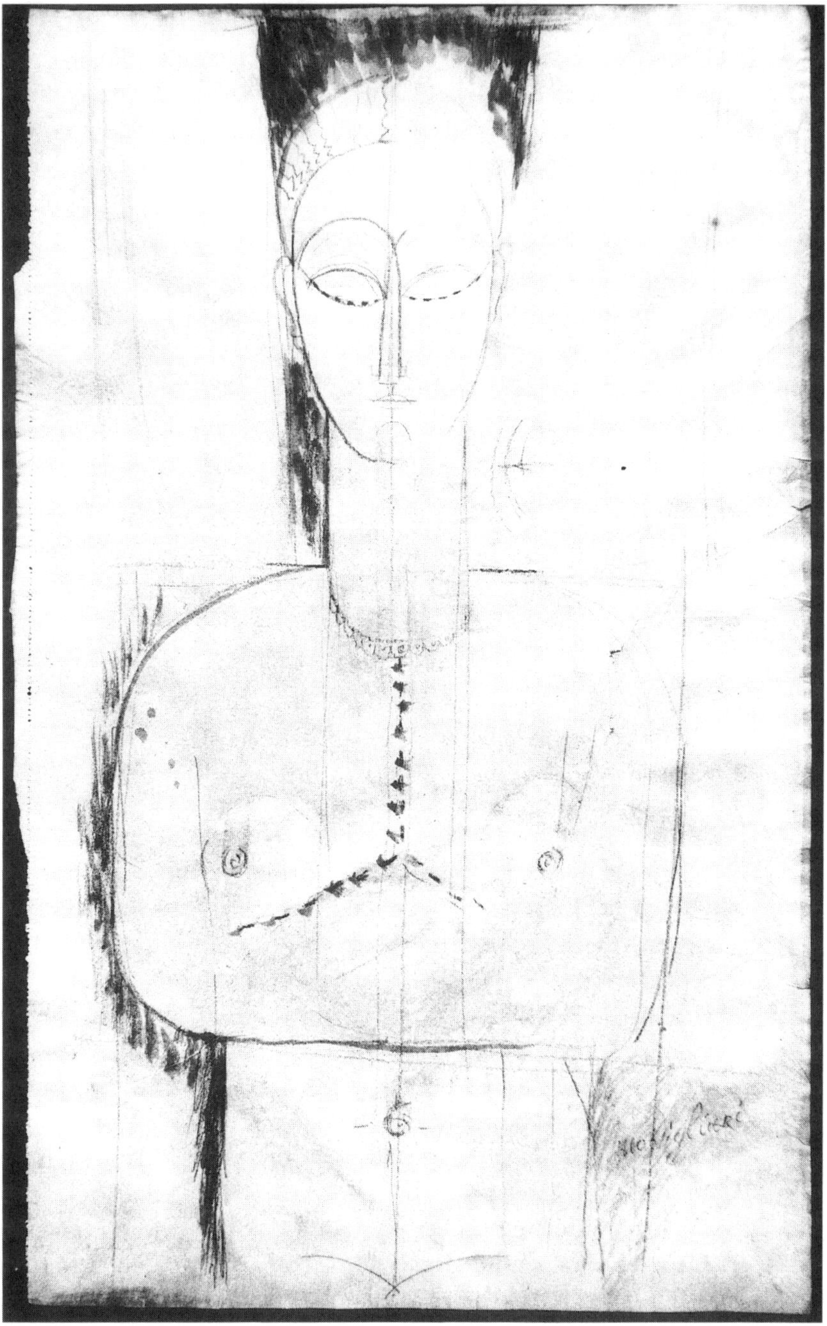

Karyatide, 1910

gens schon klirrte der Stahl in seinen Händen. Er hat alle Skulpturen direkt in den Stein geschlagen. Ton und Gips hat er nie berührt. Zum Bildhauer fühlte er sich berufen. In gewissen Perioden erwachte der Trieb. Dann räumte er sehr radikal mit dem Malgerät auf und griff zum Meißel ...»[5]

Latourettes, der ihn nach der Rückkehr aus Italien traf, erinnert sich, daß Modigliani, der früher in künstlerischen Fragen solche Zurückhaltung geübt hatte, unablässig über die Inspiration durch afrikanische Kunst und ihren befruchtenden Einfluß auf die Modernen sprach. Freilich stellte Latourettes auch fest, daß er über die Anstrengungen seiner Konkurrenten in dieser Richtung ungehalten war.

In jenem Jahr besichtigte Modigliani eine Ausstellung von Elie Nadelman, einem polnischen Bildhauer, dessen beunruhigende geometrische Darstellungen des menschlichen Körpers eine tiefe Wirkung auf Modigliani und andere moderne Künstler ausübten. Jahrelang hatte er davon geträumt, monumentale Skulpturen zu schaffen, nun begann er seine Pläne zu skizzieren. Das Thema der Karyatide, der weiblichen Figur als Lastenträgerin, verfolgte ihn. Er entwarf einen großen «Tempel der Schönheit», der Menschheit gewidmet, mit Hunderten von riesigen Figuren, die er «Säulen der Zärtlichkeit» nannte. Er zeichnete immer und immer wieder und vervollkommnete seine Skizzen von den Karyatiden, den Frauengestalten, die den Tempel der Schönheit aufrechterhielten. Die ersten Figuren, stilisierte, vereinfachte Zeichnungen, spielerisch und elegant, waren möglicherweise durch Figurinen von der Elfenbeinküste beeinflußt. Die späteren, anmutige, ovale Figuren, einschließlich einer Serie von Aquarellen, zählten manche Kritiker zu seinen besten Arbeiten, «eine verfeinerte und abgewandelte Version archaischer griechischer Motive mit Andeutungen gotischen Ebenmaßes».[6] Modigliani besaß von jeher ein enormes Einfühlungsvermögen sowie eine starke Affinität zu Frauen, und die Faszination des Themas von der Frau als Trägerin der Last dürfte in mancher Hinsicht auf seine eigenen Jugenderfahrungen zurückzuführen sein.

Karyatidenkopf

Als Künstler war er isolierter denn je. «Ich habe nur einen einzigen Käufer gefunden, und der ist blind», spöttelte Modigliani. Père Angely, pensionierter Angestellter einer Anwaltskanzlei, war so kurzsichtig, daß er an Bilder ganz dicht herangehen mußte, um überhaupt etwas erkennen zu können. Der alte Mann kaufte Werke junger Künstler, die er für vielversprechend hielt, zu Niedrigpreisen und hoffte, sie später einmal auf einer Auktion profitbringend versteigern zu können. Jean Alexandre, der Bruder von Paul, erwarb «Der Bettler» und «Die Bettlerin», und Paul sammelte weiterhin Modiglianis Bilder, aber im Vergleich zu anderen Malern, die mit Kunsthändlern arbeiteten, war er ein Niemand: Kubismus stand im Rampenlicht, und im Herbstsalon von 1909 wurden die kubistischen Maler vorrangig ausgestellt. Eine neue Gruppe von Modiglianis Landsleuten, die Futuristen, hatte den Bruch mit der Kunst der Vergangenheit vollzogen und verkündete in tönenden Worten die Kunst der Zukunft. Der italienische Dichter Filippo Tommaso Marinetti war der Wortführer und scharte eine Gruppe von Dichtern und Malern um sich. Ein in *Le Figaro* veröffentlichtes Manifest machte die Bewegung bekannt, und eine Gruppe italienischer Maler unter Führung von Umberto Boccioni, einem Studienkollegen Modiglianis in Venedig, beschloß, ihrerseits ein Manifest der futuristischen Maler zu publizieren. Im Februar 1910 verkündeten sie:

1. Daß alle Formen von Nachahmung verachtet und alle Formen von Eigenständigkeit gepriesen werden müssen.
2. Daß wir uns auflehnen müssen gegen die Tyrannei von Wörtern wie «Harmonie» und «guter Geschmack». Mit diesen allzu dehnbaren Begriffen wäre es ein leichtes, die Werke von Rembrandt, Goya und Rodin zunichte zu machen.
3. Daß Kunstkritik entweder zwecklos oder schädlich ist.
4. Daß mit allem Althergebrachten, Abgedroschenen aufgeräumt werden muß, um die Dynamik des modernen Le-

bens auszudrücken – eines Lebens voller Kraft, Erregung, Stolz und rasantem Tempo.
5. Daß die Verunglimpfung «Verrückte», mit der man Erneuerer mundtot zu machen gedenkt, als Ehrentitel gelten soll.

Die Erklärung enthielt zehn positive Punkte. Unter den negativen war einer, der Aktbilder verurteilte: (sie sind) «ebenso widerwärtig und langweilig wie der Ehebrecher in der Literatur». Die Futuristen erhoben ihre Einwände gegen Aktdarstellungen nicht aus sittlichen Bedenken, sondern weil ihrer Ansicht nach die Künstler, «besessen von dem Verlangen, die Körper ihrer Geliebten zur Schau zu stellen», die Salons zur Fleischbeschau vermarkten. Sie forderten ein zehnjähriges Verbot von Aktbildern.[7]

Im Laufe des Jahres 1909 wandte sich der Maler Gino Severini an Modigliani und drängte ihn, sich den Futuristen anzuschließen. Doch der empfand das Manifest als lächerlich und lehnte ab. Wieder einmal sah er sich als Außenseiter, als Reaktionär eingestuft. Aber bei ihm rangierte die Aktmalerei ganz oben, und er besuchte sein Leben lang einschlägige Zeichenkurse; er hatte in den Museen viel gelernt und wichtige Anregungen bekommen. Und bei aller Bewunderung für die Flieger, die in ihren windigen Apparaten den Eiffelturm umkreisten, waren Tempo und Maschinen, die Themen der Futuristen, nicht seine Welt.

Seit seinem Urlaub hatte seine Mutter ihre Briefe an «Amedeo Modigliani, Bildhauer» gerichtet und die zahlreichen Adressenänderungen sorgfältig registriert. «Dedo ist in Paris und voller Hoffnung», notierte sie Anfang 1910 in ihrem Tagebuch. In jenem Frühjahr reichte er seine Arbeiten wiederum im Salon des Indépendants ein. Es handelte sich um insgesamt sechs Exponate: «Der Cellist», «Lunaire», zwei Studien (eine von Bice Boralevi und eine von einem gewissen Piquemal), ferner «Der Bettler» und «Die Bettlerin». Paul Alexandre war von «Der Cellist» hellauf begeistert und versicherte ihm, dies sei «besser als Cézanne». Das Modell, ein Nachbar Modiglianis, kam in den Wintermonaten, um sich an seinem Ofen zu wärmen, und das Porträt offenbart Modiglianis Mitgefühl und Verständnis für den Musiker und seine Welt, wobei das Cello die komplexen, plastischen Formen des dunklen Bildes beherrscht.

Die Sensation des Salons von 1910 war ein Bild von einem gewissen Joachim Raphael Boronali mit dem Titel «Sonnenuntergang an der Adria». Der tatsächliche «Künstler» war jedoch Lolo, der Esel von Frédé, dem Besitzer des berühmten Lapin Agile. Zwei Witzbolde, der Dichter und Journalist Roland Dorgeles und André Warnod, hatten dem Esel einen Pinsel an den Schwanz gebunden und eine leere Leinwand dagegengehalten. Zunächst fütterten sie den Esel mit Hafer, dann drückten sie eine Farbtube nach der anderen auf der Leinwand aus, während der Esel heftig mit dem Schwanz peitschte. Das Ergebnis «zeitigte eine außergewöhnliche Mischung von Farbe und zauberischen Effekten» und zog die Massen an, zum Zorn der Kubisten. Sie bekamen dafür durch aufgeregte Pressebesprechungen Publizität. Modiglianis Name wurde einmal von Apollinaire erwähnt in einer der Kolumnen, die er täglich im *L'Intransigeant* schrieb. André Salmon, der sich später zu Modiglianis Fürsprecher machte, nannte ihn in einem anderthalb Seiten langen Artikel im Pariser *Journal* (18. März 1910) nur einmal. Der Kritiker Arsène Alexandre behauptete ebenfalls, Modiglianis Bilder im Salon des Indépendants gerühmt zu haben, was sich allerdings nicht mehr verifizieren ließ. Modigliani schickte die Ausschnitte nach Hause; immerhin war sein Name gedruckt. «Damit habe ich sie in einen Freudentaumel versetzt», berichtete er Latourettes. Insgeheim war er sich bewußt, daß er nach wie vor ums Überleben kämpfen mußte.

Paul Alexandre blieb weiterhin der einzige Käufer, mit dem er rechnen konnte. «In meinem Kopf male ich mindestens drei Bilder am Tag», entgegnete er einem Freund, der ihm Vorwürfe wegen seiner Trägheit machte. «Was hat es für einen Sinn, Leinwand zu verschwenden, wenn niemand sie kauft?» Tagelang schleppte Modigliani den Kunsthändlern seine Bilder an und ging dann, letzter Ausweg, in die Cafés. Doch er war beim Verkauf seiner Arbeiten stets widerborstig und konnte sich nicht

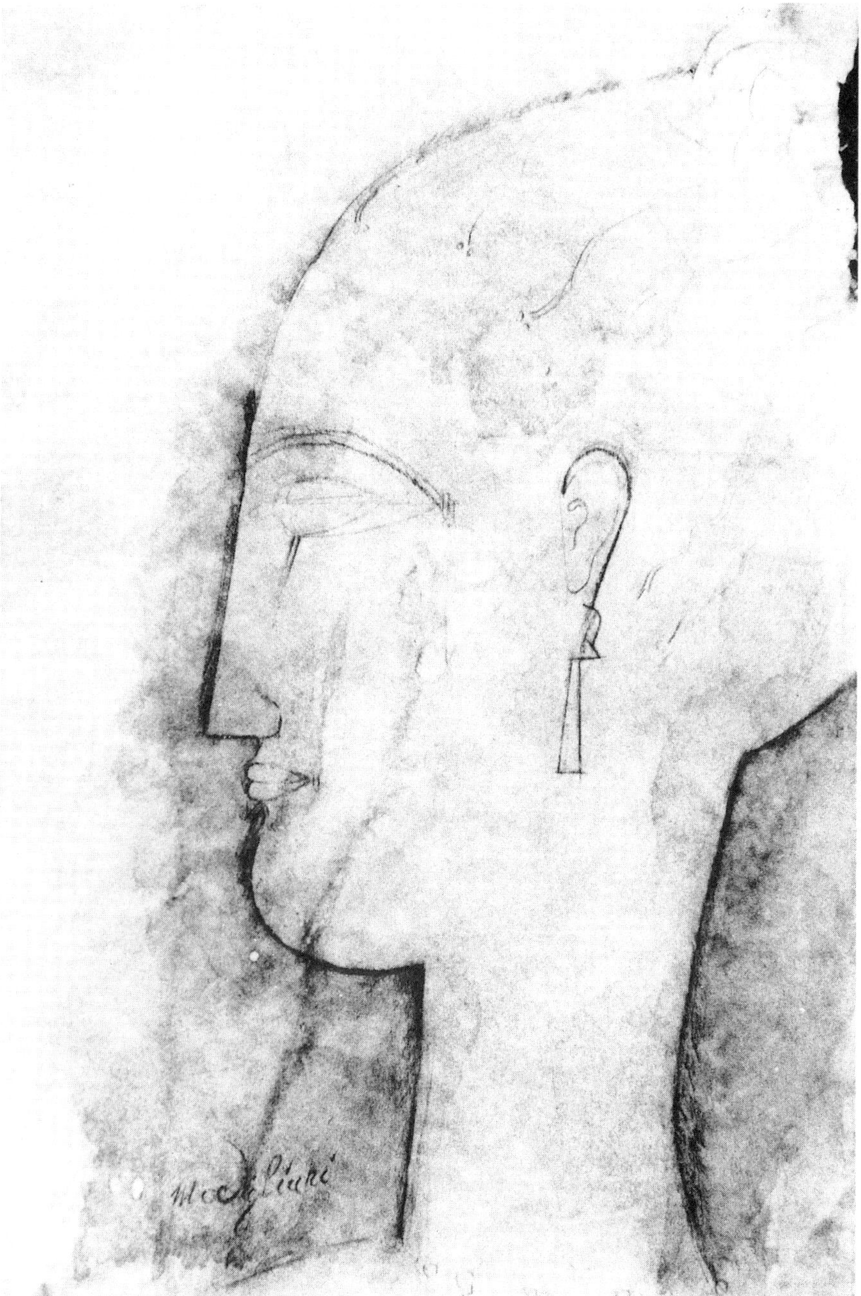

Karyatidenkopf, 1911

überwinden, potentiellen Kunden gegenüber verbindlich und liebenswürdig zu sein. Einmal wollte ein Händler einen Stoß Zeichnungen erwerben und versuchte, den ohnehin bescheidenen Preis noch herunterzuhandeln. Modigliani argumentierte zunächst ganz ruhig. Der Händler bot zehn Francs, reduzierte dann auf fünf. Modigliani weigerte sich zu feilschen. Er ergriff ein Messer, stieß damit ein Loch durch den Stapel, fädelte die Blätter dann an einem Bindfaden auf, verknotete ihn, marschierte nach hinten zum Abort und hängte die zarten Zeichnungen an den Haken neben dem Klosett.

Anekdoten aus Modiglianis Leben in Montparnasse scheinen oft in krassem Gegensatz zu der Schönheit von Bildern wie etwa «Der Cellist» zu stehen. Die russische Dichterin Anna Achmatowa, die Modigliani in den Jahren 1910 und 1911 kannte, wirkt dagegen so, als sei sie geradewegs einem seiner Gemälde entstiegen. Anna war 22, jungverheiratet, romantisch, rätselhaft und wunderschön. Jahre später erinnerte sie sich an Modigliani als einen Mann «inmitten eines Walls von Einsamkeit». Nie erwähnte er verflossene Liebesbeziehungen, den Namen eines Freundes, nie sprach er von profanen Dingen. Anna war bezaubert von dem ernsten Künstler mit den begnadeten Augen, der im Hof der Cité Falguière an seiner Skulptur arbeitete.

Vermutlich machte sie einer der russischen Künstler miteinander bekannt. Als er Anna in den Louvre begleitete, führte er sie geradewegs in die ägyptische Abteilung, tat die anderen Säle als unwichtig ab. Später machte er etwa zwanzig Zeichnungen von Anna als Nofretete. Nur eine Skizze ist erhalten geblieben, die übrigen sind verlorengegangen. Als sie an der Venus von Milo vorbeikamen, drehte sich Amedeo um und bemerkte: «Frauen, deren Schönheit es lohnt, auf der Leinwand oder in Stein festgehalten zu werden, scheinen oft durch ihre Kleider behindert zu sein.» An einem Sommerabend saßen die beiden im Jardin du Luxembourg auf einer Bank (Modigliani hatte nicht genug Geld, um Klappstühle zu mieten), und er rezitierte Verlaine, unter dem schützenden Dach seines schäbigen Regenschirms. Ein andermal kam sie zu seinem Atelier und fand ihn nicht vor. Sie warf die mitgebrachten roten Rosen durch das Oberlicht über der Eingangstür. Sie landeten so anmutig auf seinem Bett, daß er dachte, sie habe sie eigens für ihn arrangiert. Nachts hörte sie ihn durch die stille Straße laufen und sah seinen Schatten innehalten, wenn er an ihrem Fenster vorbeikam.

Während des Winters schrieb Modigliani ihr, doch diese Briefe sind bedauerlicherweise verlorengegangen. Anna hätte er vermutlich seine inneren Gefühle und Sehnsüchte ebenso anvertraut wie zehn Jahre zuvor Oscar. Als Künstler mit psychologischem Scharfblick begabt, war ihm die wahre Natur der Menschen, denen er begegnete, schmerzlich bewußt. Bei einem poetischen Wesen wie Anna hingegen konnte Modigliani ganz er selbst sein.

Er erzählte ihr, daß er Haschisch rauchte, um seine Sinneswahrnehmungen zu steigern; vielleicht machte es ihm auch Mut zur künstlerischen Entwicklung. Sie erinnerte sich seiner völligen Gleichgültigkeit gegenüber Modeströmungen. Der Kubismus war ihm fremd (obwohl er später gewisse kubistische Elemente in sein Schaffen einbezog), und er gestand Anna, daß er «eines der Opfer von Picasso» sei.[8] Dies ist ein Nachklang von André Salmons Bemerkungen über Modiglianis Bilder im Salon des Indépendants von 1910.

Er war zwar von Natur aus wahrheitsliebend, nahm es jedoch mit seinen Äußerungen nicht immer genau; deshalb gab es mitunter Überraschungen. Seiner Tante Laure, die versuchte, nach seiner Rückkehr aus Livorno den Kontakt aufrechtzuerhalten, war dieser Neffe nie ganz geheuer. Sie machte sich Sorgen, um seine Gesundheit, seine seltsamen Gewohnheiten und seinen merkwürdigen Umgang. Bei ihren Besuchen in Paris begleitete er sie höflich und rücksichtsvoll durch die Stadt und verblüffte sie mit einem phänomenalen Wissen über die Museen und Galerien. «Tante Nature», nannte er sie neckend, da sie keine Ahnung von Kunst hatte. Doch sie wußte nie, worauf sie sich gefaßt zu machen hatte. Als sie ihm einmal weitschweifig erzählte, daß es ihr gelungen sei, eine alte Frau gerade noch rechtzeitig am Überqueren der Straße zu hindern, damit sie nicht von einem herannahenden Auto überfahren wurde, musterte er sie spöttisch und sagte: «Du rettest also alte Damen...?»[9] Im August 1911 mietete Laure ein kleines Haus am Meer in Yport und wollte Amedeo überreden, Paris gemeinsam mit ihr zu verlassen. Seine Lungen waren immer noch angegriffen, er hatte einen bösen Husten, und sie dachte, die Seeluft würde ihm guttun, doch er zögerte und verschob seine Abreise zweimal. Eine glaubhafte Erklärung dafür wäre, daß am 21. August die sensationelle Nachricht vom Diebstahl der Mona Lisa aus dem Louvre die Kunstwelt elektrisierte. Apollinaire, der Kritiker und Schriftsteller, der damals gerade einige Bilder Modiglianis für ihn verkauft hatte, wurde am 7. September festgenommen und eine Woche später wieder entlassen. Picasso, der früher einmal bei einem Schelmenstreich aus dem Louvre entwendete Statuetten gekauft hatte, war ebenfalls verdächtig. Beide wurden schließlich entlastet. Auf die Künstler hatte die Affäre eine explosive Wirkung, so daß Modigliani zweifellos nicht gewillt war, Paris gerade jetzt zu verlassen.

Seine Tante Laure erinnerte sich an seine Ankunft in Yport Anfang September. Sie hatte ihm bereits dreimal das Geld für die Reisekosten gegeben: «Ich wußte genau, wofür er es in Paris verwendet hat; er hat Farben gekauft und kleine Schulden beglichen, und insoweit hatte ich Verständnis für sein Verhalten und billigte es. Was ich weder verstehen noch billigen konnte, war seine Ankunft in der Villa André – in einer offenen Kutsche, völlig durchnäßt. Er beschloß plötzlich, sich von dem bißchen, das ihm nach Bezahlung der Fahrtkosten übriggeblieben war, einen Ausflug nach Fécamp zu leisten. Er hatte von dem schönen Strand dort, ein paar Kilometer von Yport entfernt, gehört, den er nun unbedingt sofort besichtigen wollte.» Laure reagierte darauf etwas übertrieben: «Sie werden verstehen, welch eine Last er mir mit seinen irrsinnigen Einfällen auflud. Ich war überzeugt, einen Riesenfehler begangen zu haben, als ich einen Kranken, der sich seelenruhig jedem Wetter aussetzte, in ein derart feuchtes Klima verfrachtete. Ich wurde von der fürchterlichen Vorstellung ver-

Liegender Akt, 1918

André Derain, 1918

folgt, daß ich mich nicht in der Lage sehen würde, das Haus zu heizen, außerstande, einen Rückfall zu verhindern, in einem Dorf, wo ich niemanden kannte außer der Bäuerin, die ich als Mädchen für alles engagiert hatte. Nein! Es war völlig unmöglich, irgend etwas zu tun, um ihm zu helfen. Wir verließen Yport – Dedo dachte, es sei bloß eine Laune von mir –, ohne auch nur eine Woche miteinander verbracht zu haben, soweit ich mich erinnern kann.»

Modiglianis Rastlosigkeit manifestierte sich weiterhin in zahllosen Umzügen. Wo er gerade wohnte, wußte nicht einmal er selbst immer genau anzugeben. Zuweilen verbrachte er die ganze Nacht in einem Café oder auf dem Bahnhof und oft auch in den Ateliers von Freunden. Gelegentlich übernachtete er bei Adolph Basler, dem Kunsthändler: «Meine Frau und ich schliefen auf der einen Seite des Ateliers, und ihm stellte ich das andere Ende zur Verfügung. Es kostete jedesmal Mühe, ihn morgens zu wecken und zum Aufstehen zu bewegen, weil er gewöhnlich betrunken war.»[10] Ob betrunken oder nüchtern, Basler fand Modigliani jedenfalls charmant und bescheiden. Die Baslers hatten das große Selbstporträt Derains mit Pfeife in ihrem Atelier und waren der Ansicht, daß Modigliani damals stark von Derain beeinflußt wurde. Als er sich eines Morgens, noch halb im Schlaf, anzog, schaute er hoch und sagte lächelnd: «Ah, ah. Das da ist ein Maler, der Meisterwerke schafft.»

Zwischen 1910 und 1912 folgten neue Umzüge, manchmal zurück nach Montmartre, wo er eine Zeitlang in der Passage de L'Elysée des Beaux-Arts 39 wohnte. Ein leerstehendes Kloster in der Rue Douai wurde vorübergehend zur Bleibe, als er sich in eine junge Schauspielerin verliebte, die mit einer Künstlertruppe in den Klostergärten auftrat. Als er 1910 einige Bilder verkaufte, feierte er das Ereignis mit dem Erwerb von ein paar Möbeln für seine Behausung und lud alle seine Freunde zu einer Party ein. Der Hausbesitzer wurde mitten in der Nacht durch den Lärm geweckt. Wütend warf er die Gäste hinaus und verlangte die rückständige Miete, andernfalls werde er die Möbel beschlagnahmen.

Weiblicher Kopf, 1912

Frühmorgens schlichen sich die Freunde zurück und halfen mit vereinten Kräften, Modigliani mitsamt seinem neu erstandenen Mobiliar durch das Fenster hinauszuschmuggeln.[11]

Verständlicherweise ist er durch diese wilden Feste in Erinnerung geblieben, dennoch erscheint es merkwürdig, daß enge Freundschaften wie die mit Anna Achmatowa und Amedeo de Souza Cardoso erst vierzig Jahre nach seinem Tod ans Licht kamen, trotz der umfangreichen Literatur über ihn.

Cardoso, ein portugiesischer Künstler aus wohlhabendem Haus, kam im gleichen Jahr wie Modigliani nach Paris. Zunächst studierte er Architektur, beschloß jedoch bald, Maler zu werden.

1909 wohnte er in der Cité Falguière, auch bei anderen portugiesischen Künstlern ein beliebtes Logis. Die beiden haben sich vermutlich dort kennengelernt, vielleicht aber auch in irgendeiner Bar von Montparnasse, wo sie Max Jacob, ein gemeinsamer Freund, miteinander bekannt gemacht haben kann. In mancher Beziehung waren sie sich sehr ähnlich: gutaussehend, selbstbewußt, immer für verrückte Streiche zu haben, dabei freundlich und sensibel. Cardoso lebte wesentlich komfortabler als Modigliani, da seine Familie ihm einen großzügigen Wechsel gewähren konnte, und er war kein Alkoholiker. In künstlerischen Vorstellungen wie im Temperament stimmten die beiden Freunde weitgehend überein. «Nur durch die viel stärker farbig akzentuierte Zeichnung ... und durch die eher dekorative Bedeutung seiner Linienführung wird es möglich, die Werke Cardosos von denen Modiglianis zu unterscheiden ... Cardosos Linie ist eine Arabeske, ist Selbstzweck oder soll Farbe andeuten; bei Modigliani ist sie Kontur, durch die Volumen und Tiefe ausgedrückt werden sollen.»[12] Die beiden Künstler spornten sich gegenseitig an, und als Cardoso 1911 im Salon des Indépendants ausstellte, stand Modigliani lange vor den sechs Exponaten seines Freundes und betrachtete sie eingehend. «Ja, ja», rief er und wies aufgeregt auf die Bilder, «das ist beinahe grandios. Ihm fehlt nur ein Quentchen Mut, und dann kann er auf all diese Farbkleckser scheißen ...»[13]

In jenem Jahr, 1911, hatte Cardoso geheiratet und war in ein neues, geräumiges Atelier in einem imposanten Gebäude, Rue du Colonel Combes 3 beim Quai d'Orsay, umgezogen. Von den Galeristen ignoriert, beschlossen die zwei Amedeos, ihre eigene Ausstellung zu veranstalten, wahrscheinlich im Herbst.[14] Cardoso bot großzügig an, seine Räumlichkeiten mit Modigliani zu teilen, und sie verschickten Einladungen an ihre Freunde. Cardosos farbenfrohe Bilder und Zeichnungen sowie eine Anzahl von Modiglianis Karyatiden schmückten die Wände. Sieben von Modiglianis in Kalkstein modellierten geheimnisvollen Köpfen standen auf dem Fußboden. Die Gäste, unter ihnen Apollinaire, Max Jacob, Picasso und Ortiz de Zarate, besichtigten die Ausstellung und tranken ein Glas. Ihr Werk mochte zwar bei einzelnen urteilsfähigen Betrachtern Anerkennung und Bewunderung erweckt haben, die Kritik jedoch nahm von dem unerschrockenen Versuch keinerlei Notiz, und es wurde nichts verkauft.

Fast ein Jahr später, im Sommer 1912, kam der Bildhauer Jacob Epstein nach Paris, um die Arbeit an seinem Grabmal für Oscar Wilde auf dem Friedhof Père Lachaise zu vollenden. Als er eines Morgens erschien, um dem Kopf den letzten Schliff zu geben, fand er das Grabmal mit einer riesigen Plane verhüllt und von einem Gendarmen bewacht. Man habe sein Werk verboten, erfuhr er. Das prüde Paris nahm Anstoß an der Figur, die Kritiker in England mit Lobsprüchen bedacht hatten. Ein paar Tage später erschien Epstein in Begleitung einiger Künstler, um ihnen das Grabmal zu zeigen, und sowie sie die Plane wegzogen, eilte ein Gendarm herbei und bedeckte das Ganze wieder. Künstler und Schriftsteller erhoben gemeinsam in der Presse Protest und veröffentlichten ein Manifest.

Zu Epsteins ersten Freunden in Montparnasse gehörten Picasso, Ortiz de Zarate, Brancusi und Modigliani. Sein feuriges Temperament erregte Modiglianis Gefallen ebenso wie sein Talent. Die beiden wurden gute Freunde und wollten zusammenarbeiten. Sie suchten die ganze Butte Montmartre ab nach einem leerstehenden Schuppen und einem geeigneten Platz, wo sie miteinander im Freien modellieren konnten. Doch der Anblick der beiden wild dreinschauenden Künstler machte Hausbesitzer und Verwalter mißtrauisch, so daß sie sich nach einem erfolglosen Tag bei einer guten Mahlzeit in einem italienischen Restaurant trösteten.

In seinen Kreisen dagegen war Modigliani überall willkommen: «Die gesamte Pariser Boheme kannte ihn. Seine Freundlichkeit und sein Esprit waren sprichwörtlich.»[15] Ihr Stammlokal war bei Madame Rosalie, ein kleines italienisches Restaurant in der Rue Champagne Première mit vier Marmortischen, an denen ihnen Rosalie ein einfaches, kräftiges Mahl servierte – Spaghetti, Eintopfgerichte und scharfen Käse zu einem Spottpreis. Amedeo zählte zu ihren Lieblingen. Sie unterhielten sich lautstark auf italienisch, gestikulierten; und nur manchmal wetterte sie, wenn er andere Gäste beschimpfte. «Ein Beefsteak ist wichtiger als eine Zeichnung», pflegte Modigliani zu sagen. «Zeichnungen kann ich mühelos machen, aber kein Beefsteak.» Wenn ihn jemand erzürnte (und nach Epsteins Meinung waren Modiglianis Wutausbrüche stets wohlverdient), beschimpfte er ihn aus vollem Hals. «Im Gespräch mit Freunden war er charmant und witzig und ohne jede Pose.» Italienische Steinmetze aßen häufig bei Madame Rosalie, mit ihnen war Modigliani gern zusammen; vor Handwerkern hatte er Hochachtung. Sie wiederum akzeptierten ihn weitgehend, so daß er auf dem Bauplatz in einer ruhigen Ecke arbeiten durfte, wo sie ihm Werkzeuge liehen und Steine zuschanzten. Wenn das nicht möglich war, kaufte er sich für ein paar Francs einen gewöhnlichen Steinblock und karrte ihn nach Hause. Sein Atelier war «ein elendes Loch innerhalb eines Hofes», als Epstein es zu Gesicht bekam. Darin standen neun bis zehn langgestreckte Köpfe aus Stein, auf den ersten Blick afrikanischen Masken nachempfunden; erst später erkannte die Kunstkritik ihre völlige Eigenständigkeit und ihren unvergleichlichen Rang. «Nachts stellte er auf jeden eine Kerze», so Epstein, «und erzielte damit die Wirkung eines primitiven Tempels. Im Viertel ging die Legende um, daß

Weiblicher Kopf, 1912/13

Modigliani diese Skulpturen umarme, wenn er unter dem Einfluß von Haschisch stehe.»

Ebenso wie Anna Achmatowa bemerkte auch Epstein die nächtliche Unrast Modiglianis. «Ich erinnere mich, daß wir uns eines Nachts sehr spät getrennt hatten und er hinter uns hergelaufen kam, uns zurückrief wie ein verschrecktes Kind.» Kranke, die in ihrer Jugend lange Zeit bettlägerig waren, fürchten sich manchmal vor der Nacht. Und da Modiglianis Husten im Liegen schlimmer wurde, wird seine Flucht vor dem Schlaf um so verständlicher.

Ihn kannte die ganze Pariser Boheme als Original, während sein Œuvre nur den Künstlern vom Montparnasse bekannt war. Inzwischen machte er morgens Zeichnungen, die er nachts in den Cafés verkaufen wollte, um weiter arbeiten zu können. Die Arbeit strapazierte ihn, Angst und Isolation von den anerkannten Strömungen jener Jahre laugten ihn aus. Dennoch gaben ihm die Anstrengung, das Bezwingen des Steins ein Gefühl der Befriedigung und einer wenn auch seltenen Ruhe, dem nichts gleichkommen konnte. Seit seinem Besuch in den großen Kunststädten Italiens hatte Modigliani davon geträumt, eine in sich ruhende, lebensgroße Skulptur zu schaffen, die ihre Umgebung beherrschen sollte. «Die Köpfe in Stein und die vielen Zeichnungen für Karyatiden ... zeigen, welchen Stellenwert er der formalen Kraft der Skulptur beimaß», notierte Epstein.

«Du bist nicht lebendig, wenn du nicht weißt, daß du lebst», kritzelte er an eine Atelierwand. Um sich auf seine besondere Weise zum Künstler zu entwickeln, mußte er sich bewußt werden, wie verwundbar er war, und mußte über sich selbst hinausgehen. Er erzählte Epstein von einem Buch, das er bei sich trug, *Les Chants de Maldoror* (Gesänge des Maldoror), und gab eine vehemente Beschreibung davon. Der Autor, Isidore Ducasse, der das romantische Pseudonym Comte de Lautréamont annahm, wurde anfangs von der Kritik für geistesgestört gehalten; seine Prosadichtung wurde zwar zu seinen Lebzeiten veröffentlicht, jedoch aus Angst vor Strafverfolgung nie in den Buchhandlungen zum Kauf angeboten. Mit seinem Helden Maldoror wollte Lautréamont das Reich des Bösen erforschen und die Tabus der Gesellschaft brechen. In kraftvollen, bildhaften Sequenzen besucht Gott ein Bordell, wird ein wunderschönes junges Mädchen von einem Schäferhund vergewaltigt und paart sich Maldoror mit einem Hai. Maldoror irrt in einem von Schlaflosigkeit bewirkten Trancezustand durch diese Schreckenswelt. Offensichtlich fand Modigliani in dem Autor, der ins Unbewußte hinabtauchte, eine Art Spiegelbild seiner eigenen nächtlichen Unrast. Er sah Maldoror als befreiende Kraft, als ein Werk, das seine Imagination steigerte, und lieh es seinen Künstlerfreunden. Das Buch erregte André Gide «bis zum Wahnsinn», und in den zwanziger Jahren erklärten es die Surrealisten bezeichnenderweise zu ihrer Bibel. Modigliani äußerte sich Nina Hamnett gegenüber, Maldoror sei für ihn Chance oder Ruin gewesen. Zweifellos hatte das Buch eine tiefgreifende Wirkung auf ihn, doch der einzige Hinweis, daß es seine Arbeit beeinflußte, findet sich auf der Zeichnung einer Karyatide aus dem Jahr 1913 mit der Inschrift: «Maldoror an Madame».

Im Gegensatz zu den meisten anderen Künstlern in Paris hatte Modigliani in den acht Jahren, die er vor dem Ersten Weltkrieg dort verbrachte, weder eine Ehefrau noch eine feste Freundin. Bei seiner Anziehungskraft auf das weibliche Geschlecht rankten sich dennoch zahllose einschlägige Geschichten um ihn. Eines Abends saß er im Künstlercafé Closerie des Lilas, wo Paul Fort, zum «Prince des poètes» gekürt, hofhielt und Dichterlesungen veranstaltete, an einem Tisch und zeichnete, als die Frau eines reichen Geschäftsmannes ihn bemerkte. Daraufhin begann er, sie zu zeichnen, was sie derart faszinierte, daß sie ihn kennenlernen wollte. Er wurde an ihren Tisch geholt und erhielt den Auftrag, die elegante Frau zu malen. Die Sitzung fand in einem Gartenpavillon auf dem Anwesen des Geschäftsmannes statt. Der Ehemann war abwesend, vermutlich auf Geschäftsreise im Ausland, und Modigliani malte wie besessen. Eines Nachmittags tauchte der Gatte unverhofft auf und fand seine Frau als Modell vor –

nackt. Vor Eifersucht fast von Sinnen, wollte er sich auf sie stürzen und Modigliani hinauswerfen, doch der fiel mit solcher Wucht über ihn her, stieß derart laute Drohungen aus und knirschte so wild mit den Zähnen, daß der Hausherr erschrocken die Flucht ergriff. Ein Privatdetektiv wurde engagiert, um das Paar zu bewachen. Als Modigliani eines Nachmittags fortging, wurde die Frau entführt; bei seiner Rückkehr fand er in dem leeren Gartenpavillon nur noch seine Aktstudien. Der Legende zufolge soll Modigliani die Frau mit Drogen bekannt gemacht haben, und sie soll nach einer Weile in einer Privatklinik untergebracht worden sein, wo sie starb. Das ganze Drama wurde Modigliani zur Last gelegt.

Der englische Maler C. R. W. Nevinson teilte eine Zeitlang ein Atelier mit Modigliani und war mit ihm von 1911 bis zu seinem Tod befreundet. Er schilderte ihn so: «. . . ein ruhiger Mensch mit liebenswürdigen Umgangsformen . . . Ich kannte ihn ebenso gut, wenn nicht besser, als die meisten . . . Modigliani hätte Familienvater werden sollen. Er war freundlich, beständig, korrekt und taktvoll: ein jüdischer Bourgeois»; und er fügte hinzu: «Er liebte die Frauen, und die Frauen liebten ihn. Anscheinend erkannten sie instinktiv, daß sie sich in Gegenwart eines großen, obzwar armen Mannes befanden. Maler gab es wie Sand am Meer in Montparnasse, dennoch behandelten ihn selbst die geldgierigsten Frauen als den Malerfürsten schlechthin. Sie kümmerten sich um ihn, kochten für ihn, saßen ihm Modell; und bevor sie gingen, baten sie ihn, ein kleines Geschenk anzunehmen, ‹um der Kunst willen›.»[16]

Montparnasse schwelgte in Klatsch, und viele von denen, die später über Modigliani schrieben, schnappten ihr Halbwissen in den Cafés auf.

Schriftsteller und Journalisten verstanden es, aus spärlichsten Zutaten einen Festtagsschmaus zu zaubern. Gesicherte Fakten gab es in Modiglianis Leben nur wenige, und er war Selbstdarsteller genug, um den Narren Komödien vorzuspielen. Es war eine verrückte Gesellschaft. In den Cafés überboten sich Künstler und Dichter gegenseitig in exotischer Aufmachung: Cowboyhüte, Zylinder, Zipfelmützen, Strohhüte. Um auf der «Höhe der Zeit» zu sein, rauchten sie Opium, schluckten Haschischpillen und tranken billigen Rotwein in Strömen. Geld war Nebensache, dafür brauchte man um so notwendiger Witz mit einem guten Schuß Sarkasmus, wenn man sich behaupten wollte. Unter so vielen begabten, ehrgeizigen jungen Künstlern bestanden Rivalitäten, die später in ihren rühmenden Nachrufen längst vergessen waren.

Modigliani mußte sich nicht eigens herausstaffieren oder andere kopieren, um den Leuten aufzufallen. Dummheit pflegte er scharfzüngig zu geißeln, davon abgesehen aber war er ein wundervoller Gefährte, witzig, übersprudelnd, voll bizarrer Einfälle. Keiner seiner damaligen Bekannten hätte ihn in den tragischen Helden erkannt. Der Bildhauer Jacques Lipchitz lernte ihn im Sommer 1912 oder 1913 im Jardin du Luxembourg kennen. Max Jacob stellte sie einander vor. Modigliani begann, aus Dantes *Göttlicher Komödie* zu rezitieren, und das so ausdrucksvoll, daß Lipchitz hingerissen war, obwohl er kein Wort Italienisch verstand. Modigliani lud ihn in sein Atelier in der Cité Falguière ein. Als Lipchitz eines Nachmittags vorbeikam, arbeitete Modigliani gerade im Freien, damit beschäftigt, fünf Köpfe aus Kalkstein nebeneinander zu stellen. Modigliani war entzückt, seinen neuen Freund zu sehen, und erklärte ihm, daß die Köpfe in seiner Vorstellung ein Ganzes bildeten. Dann unterhielten sie sich über Skulptur. Wie Brancusi war auch Modigliani überzeugt, daß Rodin den Niedergang der zeitgenössischen Skulptur verschuldet habe. Die Bildhauer modellierten zuviel in Ton, «zuviel Schlamm», erläuterte er.[17] Die einzige Möglichkeit, die Kunst neu zu beleben, sei eine direkte Bearbeitung des Steins. Lipchitz war anderer Meinung, und sie stritten sich heftig. Modigliani beharrte darauf, daß die Beschaffenheit des Steins, ob hart oder weich, für das vollendete Werk so gut wie gar keine Rolle spiele. Es sei vielmehr der Bildhauer selbst, der dem Stein den harten Charakter verleihe, von innen heraus. Manche Bildhauer gaben

«Nein» (links) und «Ja» (rechts). Zwei Zeichnungen aus einer Serie von insgesamt sieben desselben Modells

ihrem Werk, ungeachtet des Materials, ein weiches Aussehen, während andere zwar die weichsten Steinsorten benutzen konnten, ihren Skulpturen aber trotzdem Härte verliehen. Ähnliches tat Modigliani: Er arbeitete in Kalkstein, dennoch vermitteln seine Köpfe und Figuren den Eindruck von Festigkeit. Die Kommentare waren bezeichnend: «Seine eigene Kunst war vom persönlichen Gefühl diktiert. Er arbeitete wie besessen, warf eine Zeichnung nach der anderen hin, ohne sich eine Pause zum Korrigieren oder Nachdenken zu gönnen.» Dieser Bericht von Lipchitz trug zur Legendenbildung bei, denn wenn Modigliani auch schnell arbeitete, so fertigte er doch Skizze um Skizze an, ehe er zufrieden war, und benutzte außerdem gelegentlich einen Radiergummi.

Die großen Steinköpfe, die Lipchitz bei Modigliani im Hof gesehen hatte, wurden vom Salon d'Automne angenommen und «abgestuft» wie Orgelpfeifen aufgestellt; unter dem Titel «Têtes, ensemble décoratif» (Köpfe, dekoratives Ensemble) beeindruckten sie eine Reihe von Künstlern stark. Von der Kritik jedoch wurde Modigliani ignoriert, das gewohnte enttäuschende Ergebnis, das einen bitteren Nachgeschmack hinterließ.

Vielleicht war es der kalten Witterung zuzuschreiben, daß er sich während des Winters 1912–13 kaum bildhauerisch betätigte. Die Freunde wurden zu Augenzeugen der trostlosen Verhältnisse. Als Brancusi ihn einmal in der Cité Falguière aufsuchte, fand er Modigliani zu seinem Schreck bewußtlos neben einem Steinblock liegen, den er bearbeitet hatte. Er war aus purer Erschöpfung umgefallen. Doch es gab auch Momente, in denen er allem trotzte. Eines Abends erschien Brancusi bei ihm mit einer Gruppe von Künstlern. Nachdem sie Unmengen von Rotwein getrunken hatten, beschlossen sie, in den Markthallen Zwiebelsuppe zu essen. Modigliani und Brancusi machten sich selbständig, schnappten sich Gemüsekörbe von den Ständen und verteilten den Inhalt an Passanten; auf dem Heimweg kletterten sie an Laternenpfählen hoch.[18]

In jenem Winter hauste Modigliani zeitweise in einer Bruchbude hinten im Garten des Hauses Boulevard Raspail 16, fast erstarrt vor Kälte, in der Hütte ein Tohuwabohu – Schutt, Steine, unvollendete Figuren. Als die Concierge entdeckte, daß er krank war, mußten die Sanitäter mit ihrer Tragbahre erst über Steine klettern, um Modigliani herauszuholen. Ortiz de Zarate, der treue Freund, war so besorgt, als er Modigliani ohnmächtig fand, daß er sofort Geld für seine Heimfahrt sammelte. Wenn man sich nach vielen Jahren an die Lebensgeschichte Modiglianis zurückerinnert, werden Daten und Schauplätze leicht von Gefühlen überlagert und geraten durcheinander. Doch Paul Alexandre, der Arzt, der weiterhin seine Werke kaufte, entsann sich zuverlässig, daß Modigliani ihm im April 1913 einen mit etwa zwanzig behauenen Steinen beladenen Handkarren zur Aufbewahrung brachte. Er war müde und völlig erschöpft und wollte in Italien Urlaub machen.

Modigliani hatte vier Jahre als Bildhauer gearbeitet und noch kein einziges Werk verkauft, bis der Maler und Radierer Augustus John mit seiner Frau Dorelia 1913 sein Atelier aufsuchte. John fand den Fußboden «vollgestellt mit Statuen, alle sehr ähnlich und unnatürlich lang und schmal» und erwarb zwei Köpfe für ein paar hundert Francs. Entzückt über den Verkauf, begleitete Modigliani das Ehepaar zurück nach Montparnasse, drängte seinem Wohltäter ein abgegriffenes Exemplar seiner heißgeliebten *Chants de Maldoror* auf und murmelte mit spöttischem Unterton: «Wie chic, mit dem Strom zu schwimmen.»[19] John reagierte teils amüsiert, teils irritiert auf Modigliani. Der war in nüchternem Zustand durchaus ein charmanter und bescheidener Gesellschafter; er bezeichnete sich dann gern als «Dekorateur», als Hersteller von Gartenbildwerken. Doch sobald er Haschisch genommen hatte, wurde er unerträglich, beleidigte die Leute.

Die von John erworbenen Steinköpfe hatten eine starke Wirkung auf ihn: «Die steinernen Köpfe berührten mich tief. Noch Tage später geschah es mir, daß ich auf der Straße Leute sah, die für sie Modell gestanden haben könnten, und ich hatte diese Halluzinationen, ohne daß ich unter dem Einfluß von Marihuana gestanden hätte. Sollte Modigliani einen neuen und geheimen Aspekt der Wirklichkeit entdeckt haben?» Seltsamerweise berührten seine Bilder Epstein auf ganz ähnliche Weise. «Wir waren in der Gaieté Montparnasse (einem kleinen Varieté), wo ich zu meiner Verblüffung neben uns eine junge Frau sah, die das Urbild seiner charakteristischen Figuren sein konnte, mit langem, ovalen Gesicht und überschlankem Hals. Ein lebender Modigliani.» Künstler mit hinreichend sensiblem Wahrnehmungsvermögen erkannten, daß Modigliani sich seine eigene Welt erschaffen hatte, und wurden durch seine Sicht beeinflußt, so daß sie mit seinen Augen zu sehen begannen. Seit der Abreise aus Livorno hatte er einige revolutionäre, wenngleich nicht anerkannte Skulpturen hervorgebracht und sich selbst fast bis zur Unkenntlichkeit verändert. Zu Hause konnte er nicht einmal mehr den Anschein von Angepaßtheit aufrechterhalten.

Im heißen Sommer 1913 kam er in Livorno an, krank und furchtbar aussehend. Rastloser denn je, stürmte er davon, um seine Freunde im Café Bardi aufzusuchen. Von Anfang an gab es Differenzen. Modigliani kam hereingestürzt und brüllte nach seinen alten Genossen von der Kunstakademie Micheli, Romiti und Natali – für die wohlerzogenen Provinzler ein ganz und gar unmögliches Benehmen. Und er sah wild aus, mit dem kahlgeschorenen Kopf, «wie ein entsprungener Sträfling», ohne Hemd, nur eine Weste unter der Leinenjacke, die Hosen mit Bindfaden befestigt, an den Füßen Leinenschuhe mit geflochtenen Sohlen, ein zweites Paar baumelte am Handgelenk. Er verkündete lautstark, daß er eigens nach Livorno zurückgekehrt sei, um sich diese bequemen Dinger zu kaufen, und fügte hinzu, er lechze geradezu nach einer *torta di ceci* (Törtchen mit Kichererbsen). Als er dann auch noch Absinth bestellte, waren selbst seine alten Kumpel überzeugt, daß Dedo ein Opfer der lockeren Pariser Lebensweise geworden war. Und als er darauf beharrte, nur über seine Bildhauerei zu sprechen und jede Diskussion über Malerei strikt ablehnte, reagierten sie bestürzt. Die Fotos von überlangen Köpfen mit ihrem «traurigen, verschlossenen Ausdruck», die er stolz vorzeigte, verwirrten die jungen Künstler vollends. In ihren Augen war er geradezu fanatisch besessen von primitiven Skulpturen, und ihm blieb wie üblich die Enttäuschung. «Ich sehe ihn immer noch vor mir, wie er diese Fotografien hervorholte, sie bewunderte und uns aufforderte, sie ebenfalls zu bewundern – während seine Melancholie sich ständig steigerte.»[20]

Die Ironie der Situation entging Modigliani nicht. Als Student hatte er den visuellen Bereich erforscht, seinen Freunden den Weg gewiesen, und nun wurde er hier wie in Paris als eigenbrötlerischer Spinner abgetan. Er sagte nichts mehr, bat sie lediglich, ihm bei der Suche nach einem Arbeitsraum behilflich zu sein und ihm ein paar Pflastersteine zu besorgen. Sie zögerten, doch als er nicht lockerließ, machten sie einen großen Lagerraum beim Markt für ihn ausfindig, wo Modigliani sich zum Arbeiten einschloß. Niemand wurde eingeladen, ihn in seinem Behelfsatelier zu besuchen.

Die Familie machte sich natürlich Sorgen über seinen verschlechterten Gesundheitszustand und hielt eine Rückkehr nach Paris für gefährlich. Zunächst bemühten sie sich, ein geeignetes Atelier in Livorno zu finden. Dann erfuhren sie von einem Objekt in Carrara, einem der berühmtesten Marmorbrüche der Welt. Amedeo fuhr mit seinem ältesten Bruder hin, um es sich anzuschauen. Emanuele fand das angebotene Atelier sehr schön – ein kleines Haus mit einem Garten voller Blumen, windgeschützt. Dort und am Strand lagen überall große Marmorplatten herum. Ein idealer Platz, erklärte Emanuele, doch Amedeo war nervös und reizbar. «Ja, ja», entgegnete er, «du hast recht, das stimmt alles, aber das hier ist nichts für mich, zu abgelegen. Das kann ich nicht ertragen. Ich brauche eine Großstadt, um arbeiten zu können.»[21] Er steigerte sich in eine so hochgradige Erregung hinein, daß sie unverzüglich abfuhren und nie wieder darüber sprachen.

Caterina wurde abermals geholt, um einen neuen Anzug für Dedo zu nähen, und er kehrte im Herbst nach Paris zurück. Vor seiner Abreise erkundigte er sich bei seinen Freunden aus der

Der Kanal in Livorno

Kunstakademie nach einem Platz, wo er seine Skulpturen aufbewahren könnte. Sie schüttelten nur die Köpfe, und als er sie weiter mit Fragen bombardierte, was er denn damit anfangen solle, antworteten sie im Chor: «Wirf sie in den Kanal.» Was tatsächlich aus den Skulpturen geworden ist, bleibt bis heute ein Geheimnis.

5

DIE TURBULENTEN JAHRE

Jeder in der Kunstszene von Montparnasse kannte Modigliani, trank mit ihm oder war von ihm gezeichnet worden. Als er im Spätsommer 1913 aus Livorno zurückkam, ging er geradewegs ins Café Rotonde, von den auf der Terrasse versammelten Kollegen und Modellen stürmisch begrüßt. Man ließ Getränke auffahren und feierte Modis Rückkehr. Er war in Hochform, liebenswürdig und witzig, die Fete ging über Mitternacht hinaus weiter, als Modigliani derart zu pöbeln begann, daß er hinausgeworfen wurde und die Nacht in Polizeigewahrsam verbringen mußte. Höhere Polizeibeamte profitierten von ihrem Häftling. Kommissar Descaves erwarb zehn Bilder auf einen Schlag, das Stück zu hundert Francs. Zamaron kaufte Modigliani und Utrillo Gemälde ab und ließ die beiden dann nach einer Nacht in der Ausnüchterungszelle laufen. Gelegentlich lud er die Künstler zu sich nach Hause ein.

Nach sieben Jahren in Paris hatte der 29jährige Modigliani, abgesehen von seinen notorischen zügellosen Ausfällen, wenig vorzuweisen. Seine wunderbaren Skulpturen wurden nicht beachtet, einige gingen verloren oder kaputt, andere blieben halb fertig; als Maler brachte er immer weniger zustande. Man sah ihn zwar nach wie vor nie ohne Skizzenblock, aber von den Zeichnungen, die er zu Hunderten anfertigte, verschenkte er viele oder verschleuderte sie für ein paar Francs. All seine Freunde und Altersgenossen stellten ihre Arbeiten aus und verkauften sie, manche standen sogar bei Händlern unter Vertrag. Kubismus war die große Mode, doch Modigliani blieb weiter auf Distanz. Als ihn Charles Beadle, ein in Paris lebender englischer Journalist, nach seiner Stilrichtung fragte, antwortete er von oben herab: «Modigliani. Wenn ein Künstler Etikettierung nötig hat, ist er verloren.»[1]

Doch sein Talent blieb nicht gänzlich unbeachtet. Einigen Kunsthändlern begann es zu dämmern, daß seine Bilder zu Kapitalanlagen für Spekulanten werden könnten. Der Markt für moderne Kunst hatte sich noch nicht etabliert, und zeitgenössische Maler brachten es nur selten zu einer Einzelausstellung. Paul Chéron, Modiglianis erster Kunsthändler, ein ehemaliger Buchmacher und Weinhändler aus Südfrankreich, war durch Heirat in das Metier eingestiegen. Sein Schwiegervater besaß eine der bekanntesten Pariser Galerien auf der Place Saint-Augustine. Chéron fehlte die Finesse der alteingesessenen Händler, dafür brachte er Energie und eine Nase für neue Talente mit. Seine wohlkalkulierte Geschäftspolitik zielte darauf ab, junge, unbekannte Künstler unter Vertrag zu nehmen, deren Werke Wertsteigerung verhießen. Als Anreiz für Interessenten veröffentlichte Chéron eine Broschüre, die seine potentiellen Kunden überzeugen sollte, daß sie das Fünf- bis Zehnfache des Kaufpreises erzielen könnten, wenn sie Bilder von jungen, vielversprechenden Malern sammelten, um sie dann zehn oder fünfzehn Jahre später wieder zu veräußern. Chéron, ein geborener Spieler, trieb sich in den Künstlercafés herum und hörte sich den Klatsch an. Foujita, ein japanischer Künstler, bezeugte, Chéron habe den Malern Getränke spendiert und ihnen, sobald sie betrunken waren, einen Vertrag zur Unterschrift vorgelegt. Modigliani und Utrillo waren auf diese Weise unschwer zu ködern. Chéron stellte auch sicher, daß seine Maler produzierten. Seiner Meinung nach verfuhr er mit Modigliani durchaus fair: «Er kam morgens gegen zehn in meinen Laden. Ich schloß ihn in meinem Keller ein, mit allem, was er zum Malen brauchte, und einer Flasche Kognak, und mein Dienstmädchen, ein sehr hübsches Ding, saß ihm Modell. Wenn er fertig war, trat er gegen die Tür, ich öffnete und gab ihm etwas zu essen. Und ein neues Meisterwerk war entstanden.» Aus Sparsamkeitsgründen schickte Chéron seine Frau als Modell zu Modigliani, doch der war wütend und scheuchte die Unglückliche wieder nach oben. Das Dienstmädchen, ein junges Ding vom Land, war ihm als Modell lieber, und Modigliani malte sie als «Das Mädchen mit den roten Händen».[2] Chéron zahlte Modigliani einen Louisdor, ein Goldstück im Werte von zwanzig Francs, für seine Tagesarbeit in seinem Laden in der Rue de la Boétie. Die Vereinbarung sicherte Modigliani Malutensilien, Essen und ein Modell, aber der Status als Lohnempfänger war demütigend und ihm verhaßt. Der Vertrag zwischen zwei Individuen mit derart entgegengesetzten Wertvorstellungen konnte offensichtlich nicht halten. Chéron prahlte mit Modiglianis Meisterwerken. Als dieser einmal ein Bild mit einem volkstümlichen Liedvers umklebte und so eine Collage in kubistischer Manier entstand, glaubte Chéron, das Niveau dadurch zu heben, daß er statt dessen ein Gedicht von Baudelaire einfügte. Entsetzt über die Grobschlächtigkeit und wütend über diesen willkürlichen Eingriff in sein Werk, beschimpfte Modigliani den Kunsthändler als Geizkragen und Banausen. Es gab einen Riesenkrach, und der Vertrag wurde gelöst. Chéron versteckte offenbar Modis Kleider, um ihn festzuhalten, denn Brancusi behauptete, er habe dem Maler eine Strickjacke nebst Hose gekauft, so daß er auf die Straße gehen konnte.[3]

Fast allen Porträts von Modigliani haftet etwas Geheimnisvolles an, das sie über die Alltagswelt hinaushebt. Das Bildnis von Chéron jedoch zeigt einen unbedeutenden kleinen Weichling mit Melone und Schnurrbart, der mit weit gespreizten Beinen wie auf einem Pferd dasitzt. Augen wie Stecknadelköpfe, fraglos die kleinsten, die Modigliani je einem seiner Porträts mitgegeben hat, als wolle er damit dessen völlig fehlendes Sehvermögen offenbaren. Das Bild ist zwar 1917 datiert, aber vermutlich früher entstanden, da die Kunsthändler es vorzogen, bei Modiglianis Werken die «gewinnbringenderen» Jahreszahlen anzugeben.

Es kam 1913 zu den üblichen Affären und zu wichtigen neuen Freundschaften. Gaby, eine hübsche Frau von dreißig, ebenso reizvoll wie erfahren, war ganz vernarrt in Modigliani. Die Liebesbeziehung gab ihm neuen Auftrieb, er sah besser aus, trank weniger und blieb den Cafés fern. Gaby teilte ihre Gunst zwischen ihm und ihrem «offiziellen» Liebhaber, einem Anwalt ohne Praxis. Als der von ihrer Liaison mit einem mittellosen Maler erfuhr, fühlte er sich in seiner Eitelkeit gekränkt und bestand auf «Genugtuung». Er forderte ein Gespräch mit Modigliani im Café Panthéon auf dem Boulevard Saint-Michel. Am vereinbarten Tag erschien Modigliani, der in seinem Kordanzug mit rotem Halstuch sehr selbstsicher wirkte; er bestellte eine gute Flasche Wein und begann von Gabys Schönheit und Charme zu schwärmen. Kein Mann von Qualitäten und erst recht kein Künstler könne sich ihren Reizen entziehen, beteuerte er. Der beleidigte Liebhaber versuchte, ihn mit dem Argument zu unterbrechen, daß sie schließlich von ihm ausgehalten werde und die jetzige Situation untragbar sei, worauf Modigliani konterte, er habe etliche Aktbilder von Madame gemalt, die eines Tages «Tausende» wert sein würden, und drängte dem Unglücklichen eins davon auf. Die Trinksprüche auf Gaby und die Proteste gingen weiter, und am Schluß schwankten die beiden um zwei Uhr früh Arm in Arm aus dem Café, schworen sich ewige Freundschaft. Ohne seine Liebe zu Frauen, die so oft auf Gegenseitigkeit beruhte, wäre Modigliani niemals in der Lage gewesen, die schönen weiblichen Aktbilder zu malen. Bezahlte Modelle verabscheute er, und daß er sie als erfolgreicher Liebhaber «gratis» bekam, machte seine Kollegen eifersüchtig.

Über seine Position als Außenseiter in Paris war er sich nach wie vor genauestens bewußt. Freunde und Geliebte ließ er nie im unklaren darüber, daß er Jude sei, vielleicht wollte er so jeder Zurückweisung zuvorkommen. Kritiker stellten fest, daß er zu den

Chaim Soutine, 1915

seltenen Künstlern gehörte, die sich ehrlich für neue Talente begeistern konnten. «Er machte sich nie Gedanken über eine Ausstellung seiner Arbeiten: Es kam ihm nie in den Sinn, andere zu plagiieren; er lebte ganz für sich und war sich selbst genug.»[4] Es mag übertrieben klingen, aber Modigliani zeigte sich jungen Talenten gegenüber tatsächlich außergewöhnlich aufgeschlossen. So erkannte er das schwierige Genie von Chaim Soutine Jahre früher als andere. Der linkische 20jährige Kunststudent aus Rußland mit dem kurzen, gekrümmten Hals, den wulstigen Lippen und den unsäglich schlechten Manieren wirkte auf die meisten zunächst abstoßend. Doch Modigliani sah die Qual in den tiefen, umschatteten Augen und bewunderte die Kraft und Phantasie seines Werkes. Dank der Freundschaft mit Modigliani wurde Soutine mit anderen jungen Künstlern bekannt und konnte sie in ihren Ateliers bei der Arbeit beobachten; Modigliani führte ihn durch den Louvre, zeigte ihm die italienischen Meister, die er verehrte, Giotto, Botticelli, Tintoretto.[5] Soutine sprach kaum ein Wort Französisch. Modigliani half ihm dabei und brachte ihm mit erstaunlicher Geduld bei, Messer und Gabel zu handhaben, sich in ein Taschentuch zu schneuzen und sich in Gesellschaft zu bewegen. Später beschuldigte man ihn, er habe Soutine zum Trinken verleitet, doch der war bereits bei seiner Ankunft in Paris dem Alkohol nicht abgeneigt. Sie unterschieden sich nur darin, daß Soutine sich beschämt davonschlich, wenn er betrunken war, während Modigliani dann hemmungslos wurde. In einer heißen Sommernacht 1913 erschien der Bildhauer Léon Indenbaum, ein russischer Jude, bei Soutine in der Cité Falguière. Die beiden Männer lagen ausgestreckt auf ihren Rollbetten und hatten überall Schüsseln voll Wasser als Insektenfallen aufgestellt. Modigliani las *Schuld und Sühne* bei Kerzenlicht und war so vertieft in die Lektüre, daß er den Besucher zunächst gar nicht wahrnahm. Dann blickte er auf, klappte das Buch zu und sagte: «Dostojewski, das war ein Mann.»[6]

Der starke Eindruck, den Modigliani bei seinen Künstlerfreunden hinterließ, bewirkte, zusammen mit der Resonanz der

Legenden, daß sich Anekdoten über ihn wie Zwischentitel in einem Film lesen. Der Bildhauer Ossip Zadkine, ebenfalls ein russischer Jude, erzählte wiederholt Geschichten von Begegnungen mit Modigliani, und zwar immer leicht abgewandelt: «Modiglianis Atelier war ein Glaskasten. Als ich näher kam, sah ich ihn auf einem winzigen Bett liegen. Sein herrlicher grauer Samtanzug schwamm verloren in einem wilden, aber erstarrten Meer und wartete auf das Erwachen. Überall, ringsumher, an den Wänden und auf dem Boden, lagen weiße Blätter voller Zeichnungen ... wie Schaumkronen der Wellenberge ...»[7] Und dann eine realistischere Schilderung von Modigliani über seine Arbeit: «Er erklärte nicht alles; wir redeten nicht über Bildhauerei an sich. Seine einzige Antwort auf meine professionellen Kommentare bestand in einem zufriedenen Lachen ...» Und Zadkine sprach von Modiglianis unvollendeten Köpfen, die draußen im Schmutz herumlagen, zumeist noch im Rohzustand.

Im Jahr 1912 kam Nina Hamnett, eine moderne, begabte junge Künstlerin aus England, zu einem kurzen Besuch nach Paris, wo sie Epstein und seine Frau kennenlernte. Seitdem sehnte sie sich danach, am pulsierenden Leben der Stadt teilzuhaben. Im Februar 1914 kratzte sie das Reisegeld zusammen und quartierte sich in Montparnasse am Boulevard Raspail in einem muffigen Zimmer ein. An ihrem ersten Abend ging sie zu Rosalie essen, das billige Restaurant, das Epstein ihr empfohlen hatte. Als sie in dem verrauchten kleinen Raum allein bei der Mahlzeit saß, kam ein hübscher Mann herein, mit lockigem schwarzen Haar und braunen Augen, Samtanzug und schwarzem Hut. Er marschierte geradewegs auf Nina zu, deutete sich auf die Brust und sagte: «Je suis Modigliani. Juif. Jude.» Dann öffnete er die zusammengerollte Zeitung, die er bei sich trug, und nahm seine Zeichnungen heraus – seltsame, langgestreckte Köpfe mit Augen ohne Pupillen, manche in blauer und roter Kreide. Er nannte ihr den Preis: fünf Francs. Nina fand sie sehr schön, sah sie sorgfältig durch, wählte einen mit Bleistift gezeichneten Kopf und bezahlte. Daraufhin setzte er sich zu ihr.

Karyatide, 1913

Sie versuchten sich zu verständigen, was trotz der Sprachschwierigkeiten recht gut gelang.

La Rotonde, das 1911 eröffnet hatte, war inzwischen zum Künstlertreffpunkt geworden, und Nina fand Modi jeden Vormittag dort, wo er seine Zeichnungen für fünf Francs verkaufte (bei schlechtem Geschäftsgang reduzierte er den Preis auf drei Francs). Bis zwölf Uhr hatte er gewöhnlich genug eingenommen, um den Tag davon leben zu können. «Er war dann ganz glücklich, weil das zum Arbeiten und Trinken reichte.» Modiglianis Atelier war am Boulevard Raspail, wo Nina wohnte. Wenn sie vorbeiging, konnte sie ihn durch die Glaswände erspähen; seine Uhr war an einen Baum genagelt, so daß er von überall sehen konnte, wie spät es war. Die Nachbarn fanden ihn höchst seltsam, weil er um zwei oder drei Uhr morgens, wenn er nach Hause kam, zu meißeln anfing. In einer heißen Nacht kehrte er betrunken heim und legte sich auf dem Blumenbeet im Garten, direkt vor seinem Atelier, nieder und schlief rasch ein. Plötzlich sprangen zwei Katzen vom Dach auf seinen nackten Körper und weckten ihn auf. Er rannte laut schreiend den Boulevard Raspail entlang und einem verblüfften Polizisten in die Arme.[8]

Zu der Zeit malte er fast gar nicht, sondern konzentrierte sich vorwiegend auf Zeichnen und Bildhauern. Wann immer sie es sich leisten konnte, versuchte Nina, eine seiner Zeichnungen zu kaufen, doch die meisten Leute fanden ihn einfach nur lästig und erklärten ihr, sie verschwende ihr Geld. Sie registrierte freilich, daß Picasso und die wirklich guten Künstler ihn für sehr begabt hielten und seine Arbeiten kauften. Modigliani trank Wein, berichtete sie, und Absinth, wenn er ihn sich leisten konnte; und er saß allnächtlich neben Nina in der Rotonde und zeichnete, wobei sie ihm zusah. Wenn er zu betrunken oder zu schläfrig war, um weiterzumachen, bettete er den Kopf an ihre Schulter und schlummerte ein. Sie blieb kerzengerade sitzen und kam sich dabei stolz, aber auch etwas töricht vor. Unmittelbar vor dem Ersten Weltkrieg herrschte eine freie, lebendige und sehr von der Jugend geprägte Atmosphäre. Im Atelier von Kees van Dongen veranstalteten am Donnerstag nachmittag schwarze Boxer Sparringskämpfe mit den Gästen, Kritiker kamen vorbei und tranken Likör, und Nina tanzte, nackt unter einem schwarzen Schleier. Alle zwei bis drei Wochen fanden Kostümfeste statt. Im Lauf des Abends beschloß Modigliani dann, sich auszuziehen, und begann, den langen, kunstvoll um die Taille geschlungenen roten Schal mit großer Geste zu lösen. Da die anderen genau wußten, was da bevorstand, packten sie ihn meist rechtzeitig, banden den roten Schal wieder fest und setzten ihn irgendwo hin. Samstag unternahm die Clique Streifzüge durch die Lokale bis in die frühen Morgenstunden. Eines Nachts gingen Zadkine, Modigliani, Nina und Marie Wassilieff in ein Café am Boulevard St. Michel, das von «aufgedonnerten Frauen, gelangweilten Studenten der Sorbonne und manchmal von Geschäftsleuten, die jedermann Getränke spendierten, frequentiert wurde. Wir tranken billigen Rotwein, schwatzten, lachten und sangen». Zadkine und Modigliani kauften Nina einen großen Rosenstrauß und begleiteten sie um halb acht nach einer zauberhaften Nacht zu ihrem Hotel zurück. Nina und Modigliani flirteten munter. Sie war an ihren leuchtend bunten Strümpfen zu erkennen, rote, gelbe und wie ein Schachbrett gemusterte. Nach Lokalschluß in der Rotonde jagte Modigliani in den frühen Morgenstunden hinter ihr her durch die Straßen. Einmal erwischte er sie um ein Haar, so daß sie an einem Laternenpfahl hochkletterte und wartete, bis er verschwand. Nächtelange Feste, Ninas Nackttänze, Modi, der schwer betrunken in den Zeichensaal schwankte, die wöchentlichen Besuche in der Gaieté Montparnasse, einem kleinen, verrufenen Varieté, wo sie oben auf der Galerie saßen, all das ergibt ein recht unbekümmertes Bild. In Ninas Geschichten ist es Modigliani, der hochgescheucht wurde, um für die ganze Gesellschaft das Bier zu holen. Ihr erschien er zumindest als fester Bestandteil des ausgelassenen Treibens, das er in vollen Zügen genoß.

Jacob Epstein hatte unwissentlich Nina Hamnett (in Montparnasse Miss «Hamlet» genannt) mit Modigliani zusammengebracht, als er ihr Rosalies Restaurant empfahl. Zufällig war es

Beatrice, 1915

ebenfalls Epstein, der Modiglianis Begegnung mit einer Schriftstellerin herbeiführte, die eine nachhaltige Wirkung auf sein Leben ausüben sollte – Beatrice Hastings. Auf einer Party in Soho im Jahre 1914 unterhielt sich Epstein mit Beatrice, die ihm klipp und klar mitteilte, daß sie in einer Krise stecke und nicht wisse, wie es weitergehen solle. «Fahren Sie nach Paris», riet er, «da gibt es einen Maler, ein schöner Mann und ein Genie – Modigliani.»[9]

Die 35jährige Beatrice war eine durch und durch moderne Frau, auch in ihrem Erscheinungsbild – hoch angesetzte Brüste, kleiner, beweglicher Kopf, schlanker Körper. Sie trug lose Reformkleider und Sandalen und rauchte auf der Straße, was als überaus kühn galt. Es hieß, daß sie für jeden neuen Liebhaber eine Kerbe an ihrem Bettpfosten anbringe.[10] Als Tochter eines Wollhändlers aus Hackney hatte Beatrice einen großen Teil ihres Lebens in Südafrika verbracht, wo sie einen Berufsboxer heiratete und sich dann wieder scheiden ließ. In London führte ihr intensives Interesse an Okkultismus und an der geheimnisumwitterten Madame Blavatsky zu einer Begegnung mit Alfred Richard Orage, Chefredakteur und Besitzer von *The New Age*, einer bedeutenden Wochenzeitschrift für Politik, Literatur und Kunst. Beatrice und Orage begannen ein Verhältnis, und sie arbeitete für die Zeitschrift, gewann redaktionell zunehmend Einfluß und schrieb bald etwa ein Drittel der Beiträge selber – Kritiken, Lyrik, Satiren; außerdem fungierte sie als literarische Beraterin. *The New Age* zählte Shaw, H. G. Wells, Chesterton und Belloc zu seinen Mitarbeitern, und zu den von beiden geförderten neuen Schriftstellern gehörten Katherine Mansfield, Wyndham Lewis und Herbert Read.

Als engagierte Frauenrechtlerin setzte sich Beatrice für die Abtreibung ein, und das zu einer Zeit, in der Geburtenkontrolle praktisch nicht existierte. Ihre exponierte Stellung verleitete sie zu Extremen, so daß sie manchmal unbegreiflich und geradezu hysterisch argumentierte. Sie hing leidenschaftlich an Wyndham Lewis und riet allen jungen Künstlern, «immer weiter zu saufen und Raubbau zu treiben», weil sie solche sonderbaren Geschöpfe seien.[11] «Männer haben es mit Moral zu tun», schrieb sie, «Frauen mit Konventionen. Anscheinend wäre es ein Verstoß gegen die Regeln der Schöpfung gewesen, die Frau mit Moral auszustatten. Konvention ist der Kultur weniger abträglich als die ungezügelte weibliche Natur . . .»[12]

Als sich ihre Beziehung zu Orage verschlechterte, nahm ihr Einfluß in der Zeitschrift ab. In ihren Artikeln äußerte sie sich schonungslos, vernichtend, und zudem stand sie in dem Ruf, auch vor physischer Gewalttätigkeit nicht zurückzuschrecken. 1914 bezeichnete sie ihre häuslichen Verhältnisse als «völlig unerträglich». Als sie im Mai 1914 in Paris eintraf, befand sie sich in einer gefährlichen Verfassung, aufsässig, rachsüchtig, begierig auf Abenteuer. Doch der Zauber der Stadt verfehlte seine Wirkung nicht, ihre Stimmung hob sich, und die ersten Eindrücke nach einer Nacht auf einem Künstlerball klangen recht munter: «Unmöglich, in der Morgendämmerung in Paris zu Fuß nach Hause zu gehen, nicht einmal zweihundert Meter. Sämtliche Straßen werden gerade gereinigt. Viel Gelächter, viel Beifall für dein Kleid, sofern es chic ist. Dreihundert Leute drinnen und draußen in der Rotonde, sehr lebhafter Betrieb! Modelle erschienen, tanzten zu zweit oder zu dritt über den Boulevard zum Ball und wurden in keiner Weise belästigt, ein Indianer in voller Kriegsbemalung, Spanier, Chinesen, Bacchus, alles, was man sich nur vorstellen kann. Keine alten dicken Männer, keine geschminkten Frauen: alle jung, angenehm und munter.»[13]

Sogar in dieser Gesellschaft wirkte Beatrice originell; manchmal trug sie einen offenen Weidenkorb mit einer lebenden Ente bei sich. Die Romanze zwischen Beatrice und Modigliani wird durch widerspruchsvolle Zeugenaussagen verworren. Nina und Zadkine erheben beide den Anspruch, sie miteinander bekannt gemacht zu haben. Und eine dritte Version weiß zu berichten, daß Beatrice herausfordernd an Modiglianis Tisch in der Rotonde vorbeigegangen sei. Er pfiff und schrie etwas Unflätiges, während Beatrice ihn von oben herab musterte und sich erkundigte, wer dieser aufgeblasene Sizilianer sei (natürlich eine Belei-

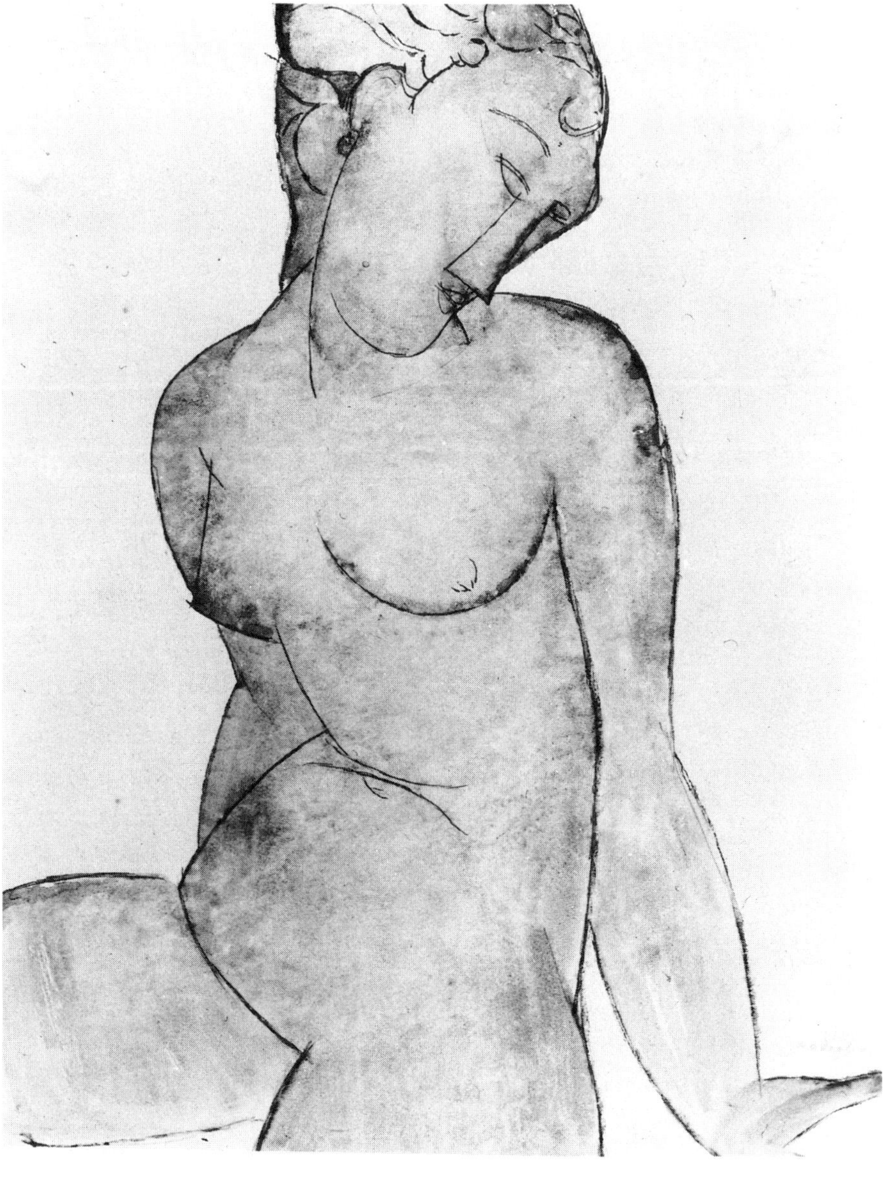

Weiblicher Akt

digung für einen Italiener). «Beatrice Hastings – Dichterin – Amedeo Modigliani – betrunken», erklärte Picasso lakonisch. Nach Beendigung der Affäre beschrieb Beatrice ihn grämlich: «Ein schwieriger Charakter. Ein widerlicher Kerl und ein Juwel. Begegnete ihm 1914 in einem Lokal (Rosalie). Ich saß ihm gegenüber. Haschisch und Kognak. Keineswegs beeindruckt. Wußte nicht, wer er war. Er sah häßlich aus, wild, gierig. Traf ihn wieder im Café Rotonde. Er war rasiert und charmant. Zog die Mütze mit einer liebenswürdigen Geste, errötete über und über und lud mich ein, seine Arbeiten zu besichtigen.» Im nachhinein erscheint Beatrices Bemerkung, sie sei keineswegs beeindruckt gewesen und habe nicht gewußt, wer er war, aufschlußreich. Sie hielt Ausschau nach ihrem Genie ...

In ihrer Kolumne, die sie quasi als Tagebuch benutzte, gibt sie eine reizvolle Schilderung der ersten Begegnungen. Im Juni 1914 saß sie der kalten Witterung wegen drinnen in der Rotonde und freute sich diebisch, «das wohlerzogene, typisch englische Bürgertöchterlein» in ihr dadurch zu schockieren, daß sie sich «mit dem schlimmen Bildhauer an ihrer Seite überaus wohl fühlte. Er hat die sonderbare Aufmachung von neulich ganz und gar abgelegt und ist komplett neu eingekleidet mit Mütze, Halstuch und Samtanzug. Die britische Rosenknospe war völlig erschüttert von dem bleichen, hinreißenden Schuft». (Nina Hamnett erwähnt, daß sich Modigliani einen blauen Anzug und eine gelbbraune Mütze – genau wie die von Picasso – von dem Erlös eines Kopfes gekauft habe. Danach fiel er in den Dreck ...)

Eine Woche später, am 11. Juni, ist ihre Kolumne voll von Anmerkungen über den Bildhauer, der eine solche Herausforderung für sie darstellt: «Sie sehen ja nur Paris ... kommen Sie in das echte *Pariii* ... weg von all diesen Leuten» (Modigliani ist entzückt, seinen Besuchern das *wahre* Paris zeigen zu können). «Ich dachte, es ist genau wie London, als wir im Kino saßen», fuhr sie fort. «‹Ah! j'adore ça›, sagte er und schaute kein einziges Bild an. ‹Sie dürfen nicht an meiner Schulter einschlafen›, protestierte ich. ‹Alle Welt kennt Sie.› – ‹Kein Mensch›, entgegnete er und winkte wieder jemandem zu. ‹Sie dürfen sich nicht in mich verlieben ... es hat keinen Sinn – ja, tun Sie's! Nein, lassen Sie's, es ist zwecklos.› – ‹Machen Sie sich doch nicht lächerlich›, sagte ich. ‹Für Sie gilt das viel eher.› – ‹Ah! Das ist alles längst passiert›, erwiderte er, ‹aber Sie sehen mich zustimmend an, wie meine erste Statue ...›»

Sie war so besessen von Modigliani, daß sie über gewichtigere Themen flüchtig hinwegging. Ein Kampf für das Frauenstimmrecht, den sie hätte beobachten können, fand in Paris nicht statt. Sie bemerkte bissig: «Die Frauen zählen den lieben langen Tag Geld und widmen sich am Sonntag dem Beischlaf...!» Aber wenn sie über sich schreibt, geschieht das in einem fast mädchenhaften Ton: «Romantische Leser haben sich anscheinend vorgestellt, ich hätte den Bildhauer in der vergangenen Woche geküßt. Gar keine Rede davon ...!»[14]

Am 9. Juli 1914 stellt Beatrice Hastings den Lesern von *The New Age* Modigliani zum erstenmal namentlich vor. Zweimal hatte sie sich zu einer Besichtigung von Rousseaus Bildern überwunden, die zwar viel Anklang fanden, ihr aber gründlich mißfielen. «Mir will es einfach nicht in den Kopf gehen, wenn ein unsentimentaler Künstler wie Modigliani über sie sagt: ‹Oui, très joli.› Einer von Modiglianis Steinköpfen stand auf einem Tisch unter dem Gemälde von Picasso, und der Gegensatz zwischen echt und lebenswahr hat mich beinahe zerrissen. Ich würde gern einen dieser Köpfe kaufen, bin aber sicher, die Herstellungskosten sind immens, und der Italiener ist imstande, einem alles zu schenken, woran man Interesse zeigt. Kein Wunder, daß er im Quartier das Lieblingskind ist, manchmal schon ein Enfant terrible, dem man freilich immer wieder verzeiht.» (Im Gegensatz zu Nina Hamnetts Aussage, daß ihn die meisten Menschen als schreckliche Landplage empfanden, dürfte bei Beatrice Hastings das Gefühl den Ausschlag gegeben haben.)

«‹Kein Problem›, sagt er, und prompt geht wieder eine Zeichnung für einen Pappenstiel oder gratis weg, während er verträumt irgendein Café ansteuert, um sich etwas Papier zu leihen. Er wird ‹in gutem Andenken› bleiben, wie mir ein Kunsthändler sagte. Es heißt hier, daß er solche fraglos klobigen Köpfe nicht mehr machen wird, da er in seinen Skizzen Bewegung und Unbewegtheit gegenüberzustellen beginnt. Er ist ein sehr schöner Mensch, wenn man ihn rasiert zu Gesicht bekommt, etwa 28 meiner Schätzung nach (er war genau 30, wie sie vermutlich wußte), lacht immer oder streitet sich im Rotonde herum ... manche englische Freunde erschreckt er, weil er alle zwei Stunden im Garten ein Bad nimmt und gelegentlich nach Mitternacht alles hell erleuchtet, offenbar als Hilfe für die bildhauerische Gestaltung von Babylon.» Alle frühen Anmerkungen über Modigliani sind in diesem lockeren, leicht sarkastischen Ton gehalten.

Mitte Juli verließ Beatrice Paris für eine kurze Reise nach England. Modigliani stoppte ihr Taxi, als es Montparnasse durchquerte, und flehte sie an, ihn mitzunehmen, und selbst das wurde ihren Lesern berichtet. «Auf dem Bahnhof erlitt Modi einen Schwächeanfall, prallte krachend gegen den Waggon, und alle Engländer starrten hin», schrieb sie fröhlich. «Modi stammelte: ‹Oh! Madame, fahren Sie nicht weg.› – ‹Modigliani›, sagte jemand, ‹Sie haben drei Jahre mit einer Grundform herumgespielt, und an den neuen Entwurf für Ihre Köpfe werden Sie weitere drei hängen.› – ‹Kretin›, funkelte er mich an, als hätte ich das geäußert. ‹Mais, ma petite, er hat recht. In der Zeit hätte ich ebensogut Spargel anbauen können.›»[15] Offensichtlich genoß es Beatrice, ihren Chefredakteur und ehemaligen Liebhaber Orage zu verspotten mit ihren ständigen Hinweisen auf einen anderen Mann.

In ihrer Kolumne in *The New Age* ist La Rotonde das von ihr bevorzugt erwähnte Café, obwohl Modi und die anderen Künstler natürlich oft das Café du Dôme gegenüber besuchten, das von Deutschen und Amerikanern favorisiert wurde, sowie Au Closerie des Lilas oder Le Petit Napolitain. Doch Libion, der dicke, gutmütige Besitzer von La Rotonde, verstand es, in dem kleinen Café, dessen Fußboden mit Sägemehl bestreut war, eine behagliche Atmosphäre zu schaffen. Jeder war hier willkommen, auch Prostituierte, denen er riet, lieber als Modell zu arbeiten,

Modigliani, Kisling und Soutine, 1914, Zeichnung von Marevna

sogar Drogenhändler, vorausgesetzt, sie betrieben ihre Geschäfte diskret, ebenso slawische Familien, russische Revolutionäre und die Künstler, Libions Lieblinge. Sie lungerten den ganzen Tag herum, hungrig und häufig einsam, genossen Wärme, Gesellschaft, Libions guten Kaffee, die frischen, heißen Croissants, Suppe und Schinkenbrote und Rotwein – alles, was sie für ihre Arbeiten eintauschen konnten. Die Kolonie, immer in Geldnöten, betrachtete Libion als eine Art Vater und das Café als ihr Eigentum.

Marevna (Maria Worobiew), eine begabte junge Kunststudentin aus Rußland, suchte im Café La Rotonde Trost und Geborgenheit, wenn sie Schwierigkeiten hatte. Sie war 1912 nach Paris gekommen und wurde bald zu einer guten Freundin von Soutine und einer bekannten Erscheinung in Montparnasse. Im Sommer 1914 machte Marevna eine Zeichnung von Modigliani, dem Maler Moise Kisling, einem polnischen Juden, und Chaim Soutine an einem Tisch. Kisling will Modi nachschenken. Modigliani, in ein Buch vertieft, wehrt mit einer verächtlichen Handbewegung ab, während Soutine, den Kopf aufgestützt, zutiefst verzweifelt wirkt.[16] Die Zeichnung entstand etwas früher als die wüsten Geschichten über Modiglianis Orgien, die ihn dann in den Augen der Leute zum notorischen Trunkenbold von Montparnasse stempelten. Sie bietet einen interessanten Kommentar zu der Legende. Die Künstler in Montparnasse waren alle jung, alle mehr oder weniger begabt, alle kämpften tapfer gegen die Gleichgültigkeit des Publikums an. Nach dem Krieg behaupteten die meisten, intime Freunde von Modigliani gewesen zu sein. Hier sollte vielleicht daran erinnert werden, daß sowohl Epstein wie die Achmatowa und Nevinson ihn auch als zurückhaltenden Einzelgänger kannten.

Vermutlich erschienen die Künstlerbälle, die Kostümfeste, die Feiern am 14. Juli jenes Sommers kurz vor Kriegsausbruch nur rückblickend in strahlenderem Licht. Nina Hamnett kostümierte sich als Pariser Apache – Arbeiterhosen, blaue Weste, Kordsamtjacke und Mütze, von Modigliani entliehen, und ein Spielzeugfleischermesser. Sie tanzte drei Tage und drei Nächte mit der Menge auf den Straßen. Modigliani erkannte sie nicht, als sie ihm begegnete und Ecke Rue Delambre und Boulevard Montparnasse ihr Messer schwenkte, sondern ergriff die Flucht.

Gut zwei Wochen später brach der Krieg aus, und die heitere Beschwingtheit verwandelte sich schlagartig in wütende Erregung. In der ersten Woche wurde eine deutsche Milchhandlung geplündert, zwei Deutsche wurden zusammengeschlagen, und ein österreichischer Student fand sich von einer feindseligen Menge eingekeilt, so daß der Verkehr beinahe zum Erliegen kam. Die kleineren Geschäfte schlossen, und es bildeten sich lange

Schlangen, die nach Lebensmitteln anstanden. Es wurden nur Gold- und Silbermünzen akzeptiert, keine Scheine. Ausländische Künstler suchten hektisch ihre Papiere und Pässe zusammen, und einige von ihnen, darunter Amedeo de Sousa Cardoso, beschlossen, Paris zu verlassen und nach Hause zu fahren. Modiglianis Familie drängte ihn ebenfalls, nach Livorno zurückzukehren, doch für ihn war jetzt Paris zum Mittelpunkt seines Lebens, seiner Arbeit geworden. Das gleiche galt für Beatrice.

Sie entschied sich fürs Ausharren und beantragte beim Polizeipräsidenten eine Aufenthaltsgenehmigung. Jeder glaubte, der Krieg würde binnen Monaten zu Ende sein. «Der Krieg beherrscht alles», berichtet sie Anfang August in ihrer Kolumne,[17] «und die Kunst bleibt auf der Strecke. Frische Nahrungsmittel werden in Montparnasse kaum noch angeliefert und Gäste mit Brot, Käse und Resten bewirtet.» Hungrige Bekannte in ein Restaurant einzuladen, war unmöglich.

Angesichts der drohenden Zerstörung ihrer Welt schlossen sich die ausländischen Künstler und Kunsthändler enger zusammen. Kurz nach Kriegsausbruch saßen Picasso, der Kunsthändler Rosenberg und Modigliani an einem Sonntagnachmittag im Dôme, als André Level, ein begeisterter junger Sammler moderner Kunst, sich zu ihnen gesellte. Er wurde mit Modigliani bekannt gemacht und zeigte sich beeindruckt von dem intelligenten, gutaussehenden jungen Mann.[18] Beim Verlassen des Cafés schlug Picasso den anderen beiden vor, in Modiglianis Atelier zu gehen und seine Arbeiten zu besichtigen. Level begeisterte sich für ein Aquarell von Modiglianis Karyatiden und wollte es erwerben. Doch diesmal war es Picasso, der den Preis festsetzte, da er sehr wohl wußte, daß Modigliani sich wieder unter seinem Wert verkaufen würde. Level zahlte fünfundzwanzig Francs und trug das schöne Bild unter dem Arm nach Hause. Es war einer der höchsten Preise, die Modigliani damals erzielte. Er hätte weitaus weniger verlangt. Modiglianis Stil unterschied sich so grundlegend von dem Picassos, daß von Konkurrenz zwischen den beiden nicht die Rede sein konnte. Was Picasso von Modiglianis Œuvre hielt, läßt sich daran ermessen, daß er seinen Kunsthändler zu einer Besichtigung mitnahm.

Bald danach kam Beatrice nach Paris zurück. Modigliani übersiedelte in ihr Atelier in der Rue de Montparnasse, wo dann seine großen Zeichnungen von den Karyatiden an den Wänden hingen. Zu der Zeit widmete er sich noch der Bildhauerei und meißelte weiterhin, bis 1915 oder 1916, an seinen wuchtigen Köpfen. Im Krieg wurde jedoch alles schwieriger: die Bautätigkeit stagnierte, die Baustellen waren geschlossen und die Arbeiter eingezogen, so daß der Zugang zu Steinen kaum noch möglich war.

Die körperliche Anstrengung beim Behauen des Steins löste zunehmend Hustenanfälle aus, und Beatrice ärgerte sich über den Schmutz. Es reizte ihn, sie zu malen. Er hielt sie in vielfältigen Posen und Stimmungen fest, die ihre facettenreiche Persönlichkeit widerspiegeln: als feine Dame mit Hut und Pelzkragen; als große Kurtisane – das Bild betitelte er «Madam Pompadour», vielleicht war die falsche Schreibweise beabsichtigt; dann in einem Korbsessel; oder ernst und gesetzt am Klavier. Und er machte ständig Skizzen von ihr, die er mit raschen Strichen hinwarf. Eine wunderschöne Zeichnung zeigt Beatrice nackt, erschöpft und durchnäßt hält sie sich ein Leintuch vor, das kaum das Schamhaar bedeckt. «Jemand hat eine reizende Zeichnung von mir gemacht. Ich sehe darauf aus wie die Jungfrau Maria in Reinkultur, sozusagen ohne irdisches Beiwerk», schrieb sie in *The New Age* vom 5. November. Für eine gewisse Zeit war Beatrice eine wunderbare Gefährtin; sie hatte Geschmack, Stil, Witz, verstand viel von Literatur und interessierte sich für Philosophie, genau wie Modigliani. Als Redakteurin in *The New Age* hatte sie neue Dichter und Schriftsteller angespornt und gefördert. Auf Modigliani dürfte sie mit Sicherheit stimulierend gewirkt haben, als Motor und Katalysator für seine Arbeit. Während sie in der Öffentlichkeit ausplaudern konnte, er habe drei Jahre an einem Entwurf herumgebastelt, so müssen ihre privaten Gespräche über sein Schaffen eher explosiv gewesen sein. Ihre Affäre, voller Leidenschaft, Esprit und literarischer Bildung, amüsierte und faszinierte anfangs ihre Freunde in einer Zeit, in der das Leben grau und düster war. Beatrices Kolumne registriert getreulich die Not und Verzweiflung unter den Künstlern. «Ausländer werden immer ärmer, sofern sie geblieben sind – und von denen gibt es kaum noch welche»,[19] schrieb sie im ersten Kriegsmonat. Die meisten Freunde Modiglianis waren eingezogen. Paul Alexandre, sein treuer verständnisvoller Gönner, wurde zum Sanitätsdienst einberufen. Kisling und Zadkine, die beiden Polen, traten in die Fremdenlegion ein. Modigliani bemühte sich ebenfalls darum, was er als «Preis» ansah, den er als in Frankreich lebender Ausländer zu zahlen hatte, und rechtfertigte diese Inkonsequenz mit den Worten: «Als überzeugter Revolutionär bin ich sogar bereit, Soldat zu werden und gegen meine eigenen antimilitaristischen Überzeugungen zu revoltieren. Ein wenig Verachtung für das Leben beim Kommiß macht das Ganze nur leichter ... Nichts kann ohne Widerspruchsgeist getan werden.»[20] Wie vorauszusehen, wurde er aus gesundheitlichen Gründen abgelehnt. Das löste eine Depression und eine Alkoholorgie aus. Auf die Frage eines Passanten, ob er angenommen worden sei, entgegnete er: «Ich vertrete Ihre Sache jeden Tag, mein Freund. Jetzt ist es an Ihnen, die meine zu vertreten. Schützen Sie den Louvre vor deutschen Bomben.» Diese in Beatrice Hastings' Kolumne in *The New Age* berichtete Anekdote scheint wahr zu sein. Während er sie als Modell benutzte, profitierte sie von ihm als Lieferanten von Klatsch.

Ende August bombardierten die ersten deutschen Flugzeuge Paris und warfen zugleich Flugblätter ab, in denen die Bevölkerung zur Kapitulation aufgefordert wurde: Die Deutschen sind im Anmarsch. Danach kamen die Bomber jede Nacht, die Stadt wurde verdunkelt, die Cafés schlossen um 20 Uhr, und es durfte kein Absinth mehr verkauft werden. Die Zeitungen stellten vorübergehend ihr Erscheinen ein, und vor den an den Mauern angeschlagenen amtlichen Verlautbarungen drängten sich die Massen, die Stadt wurde zur Gerüchteküche. Mit dem Leben, wie es die Künstler noch vor wenigen Wochen gekannt hatten, war es vorbei. Wie Beatrice anschaulich beschrieb, wurde «generell und

Marevna, 1919 (hier erstmals veröffentlicht)

systematisch alles abgeschafft, außer Leid ...» Kunstverkäufe waren schwierg, die Preise für Bilder und Skulpturen fielen. Ausländische Künstler versuchten verzweifelt, Arbeit zu finden, Gräben auszuheben, die Kühe im Bois de Boulogne zu hüten – alles, womit sie ein paar Francs verdienen konnten.

Unter dem Vorsitz einer reichen Amerikanerin wurde ein Komitee gegründet, um die notleidenden ausländischen Künstler vor dem Verhungern zu bewahren. Eine schnellstens eröffnete Kantine belieferte jeden Mittag zwei Ateliers mit Plätzen für jeweils sechzig Künstler und Modelle zu einem geringen Preis mit einer Mahlzeit. An den Abenden begann Marie Wassilieff, die aktive, junge russische Malerin, in dem neben ihrem Atelier in der Avenue du Maine gelegenen Hof ein Essen zu servieren. Sie beschwatzte ihre Freunde, Stühle, Hocker, Tische und sonstiges Mobiliar mitzubringen, und drei Künstler kochten erstaunlich gute Mahlzeiten. Für fünfzig, mit Zigarette sechzig Centimes bekamen die Gäste Suppe, Fleisch, Obst und Tee oder Kaffee. Als Beatrice im Oktober 1914 dort auftauchte, fand sie zwar weder Bier noch Wein vor, dafür aber eine internationale Atmosphäre: Belgier, Japaner, Russen, Tschechen, Italiener, Spanier, Argentinier, Schweizer und ein Finne aßen einträchtig miteinander. Von Besuchern wurde Vorauszahlung erwartet, doch bevorzugte Persönlichkeiten wie Modigliani oder Leo Trotzki bekamen jederzeit Kredit. Allabendlich fanden sich Gruppen zusammen, um über Politik oder neue Kunstformen zu streiten oder um «zu Zadkines verrückter Musik, dem ‹Kameltango›, zu tanzen». Die am Samstag nach dem Essen stattfindenden klassischen Konzerte waren so beliebt, daß die Künstler sich auf dem Boden oder auf den Tischen niederließen, um zuzuhören. Der russische Schriftsteller Ilja Ehrenburg erinnerte sich an Abende in der Kantine, an denen Modigliani auf der Treppe saß: «Manchmal deklamierte er Dante, manchmal sprach er vom Massentod auf den Schlachtfeldern, vom Ende der Zivilisation, von Dichtkunst, von allem, nur nicht von Bildern.»[21]

Modiglianis von Natur pessimistische Lebensanschauung erhielt durch den Krieg neue Nahrung. Er sprach mit Ehrenburg über die Prophezeiungen von Nostradamus und zitierte aus einem zerlesenen Buch: «Nostradamus sah das Militärflugwesen voraus. Bald wird man all diejenigen, die im falschen Moment lächeln oder weinen, verbannen ... ein grausamer Herrscher wird die Macht an sich reißen, jeder, der nicht lernt, den Mund zu halten, wird ins Gefängnis geworfen, und die Ausrottung der Menschheit wird beginnen.»

Im Quartier Montparnasse paßte man sich sehr schnell den Kriegszeiten an. Die deutschen Flieger kamen jeden Abend gegen sechs Uhr, doch niemand blieb im Haus. Und obwohl der Ausschank von Absinth verboten war, die Cafés zeitig schlossen und viele Bars ganz zumachten, gab es verschwiegene Clubs, in denen die ganze Nacht hindurch Alkohol und Unterhaltung geboten wurden. In der Zwei-Zimmer-Wohnung in der Rue de Montparnasse hatte Beatrice stets eine Flasche Kognak parat, die nie ganz voll und nie ganz leer war. Ihre englischen Leser bat sie ungeniert um Geld für die ausländischen Künstler: «Wenn jemand Geld schicken möchte, so verspreche ich ihm, bei der Verteilung striktestens diejenigen zu begünstigen, die wahrscheinlich eher betteln, als bei einer freien Mahlzeit die Gelbsucht riskieren und lieber einen Zwanzigfrancschein auf einmal hätten, als täglich Almosen zu erbitten.»[22] Sie hatte angekündigt, bis Oktober in Paris zu bleiben, aber im Oktober war sie so tief in ihre Affäre mit Modigliani verstrickt, daß sie sich nicht losreißen konnte, sondern eine neue Wohnung suchte.

Merkwürdigerweise fiel diese Zeit, in der Paris völlig vom Krieg in Anspruch genommen wurde und alles übrige stagnierte, für Modigliani mit einer Periode intensiver Entwicklung und Veränderung zusammen. Für irgendwelche Gruppenzugehörigkeit war er nicht geschaffen, dennoch hatte er sich damals einem Kreis angeschlossen, zu dem Max Jacob, Jean Cocteau, der Komponist Eric Satie, die Maler Juan Gris, Kisling, Foujita und – gelegentlich – Picasso zählten sowie die Bildhauer Archipenko, Zadkine und Lipchitz. Max Jacob und Modigliani wurden stets für gute Freunde gehalten, sie hatten vieles gemeinsam. Beide waren intellektuelle Juden mit profunden Kenntnissen in Literatur und Kunst und einem gewissen Hang zum Mystizismus und Okkultismus. Vom Temperament her waren sie jedoch grundverschieden. Max Jacob taktierte und lavierte, von einer tiefsitzenden Unruhe getrieben, jedermann zu gefallen und im Leben seiner Freunde Regie zu führen, während Modigliani geradeheraus und kompromißlos war und trotz seiner inneren Ängste stets seine Unabhängigkeit wahrte. Max Jacob war homosexuell, inständig bemüht, mit Abendanzug, Zylinder, Gamaschen und Monokel distinguiert zu wirken, während Modiglianis Weibergeschichten stadtbekannt waren. Ihm stand alles, was er auch anhatte, so daß die Frauen aufsprangen, wenn er ein Café betrat, um sich den Anblick dieses stattlichen Mannes nicht entgehen zu lassen. Die Beziehungen zwischen den beiden Männern waren kompliziert, während des Krieges standen sie sich eine Zeitlang besonders nahe. Nach Max Jacobs Überzeugung gebührte ausschließlich ihm das Verdienst, Modigliani zur Rückkehr zur Malerei bewogen zu haben.

Max, mit seiner spiegelnden Glatze, der großen Nase und dem breiten Mund, war ein gequälter, talentierter Mensch, ein begabter Literat, Maler und zugleich Astrologe, Chiromant und Altertumsforscher. Er kannte jeden, den zu kennen sich lohnte, und tat nichts lieber, als Verbindungen zu knüpfen. Er hatte Paul Guillaume, einem ehrgeizigen, versierten Kunsthändler, von Modigliani erzählt und gab sich große Mühe, eine Begegnung zu arrangieren. Guillaume hatte bereits einige Zeichnungen von Modigliani gekauft, doch als er sich eines Nachmittags zu Max Jacob und Modigliani auf die Terrasse der Rotonde setzte, wo der Maler wie üblich die dünnen Papierservietten mit Skizzen bedeckte, fragte er ihn, ob er eigentlich auch male. «Sag ja», flüsterte ihm Max ins Ohr, «du schaffst das schon.» Modigliani befolgte diesen Rat und murmelte: «Ja, ich male gelegentlich.» – «Dann bringen Sie mir Ihre Bilder vorbei», beschied ihn der junge Kunsthändler souverän und ging. Sobald er das Café verlassen

Paul Guillaume, 1916

hatte, brach ein erbitterter Streit los. «Du hast mich in eine unmögliche Situation gebracht», erklärte Modigliani wütend. «Du weißt doch, daß ich überhaupt nicht male.» – «Dann zeichnest du eben auf die Leinwand und füllst die Konturen mit Farbe aus»,[23] entgegnete Max. Als er seinem Freund später überschwenglich vorschwärmte, wie begeistert Guillaume von dessen Bildern sei, spuckte Modigliani gezielt auf Max Jacobs Schuhe. Von da an waren die Beziehungen zwischen den beiden gespannt. Max Jacobs Groll offenbarte sich Jahre später in Privatbriefen, während er sich öffentlich mit salbungsvoller Milde äußerte. Seiner Meinung nach hatte er einen entscheidenden Einfluß auf Modiglianis Entwicklung gehabt, auch wenn dieser zu selbstbewußt war, das zuzugeben. Später erhob Marie Wassilieff ebenfalls den Anspruch, Modigliani zur Wiederaufnahme der Malerei überredet zu haben.

Bis zu einem gewissen Grad war Max Jacobs Eingreifen hilfreich. Modigliani brauchte das Geld, da er infolge des Krieges keine Zuwendungen mehr von seiner Familie bekam. Und außerdem zwang ihn die Aussicht auf einen Käufer, sich zu konzentrieren. Im Lauf des Jahres 1914 wurden nur acht Porträts fertig, denn er rang darum, seinen Stil zu finden, und probierte die verschiedensten Möglichkeiten aus. Er arbeitete entweder in Beatrice Hastings' Wohnung oder in dem geräumigen Atelier des Malers Frank Burty Haviland in der Rue du Schoelcher – ganz in der Nähe von Picassos Atelier, dessen Schüler Frank war. Frank Haviland, genannt *le riche*, erregte den Neid der Künstler von Montparnasse – durch sein komfortables Leben, seine üppigen Mahlzeiten, seine elegante Kleidung, die Bilder und Negerskulpturen, die er sich leisten konnte. Fernande Olivier, Picassos Geliebte, schilderte ihn als geizig, doch Modigliani gegenüber erwies er sich als guter Freund, ermutigte ihn zu malen und lieh ihm Farben, Pinsel und Leinwand. Seine Liebe zur Kunst überwog bei weitem seine künstlerischen Fähigkeiten, und so wurde er später Kustos in einem Museum. Modigliani malte ihn mit kleinen, zarten Pinselstrichen in kraftvollen Rot- und Blautönen, die an den Stil des Divisionismus erinnerten, als wolle er die Rückkehr zu den Farben des Spektrums feiern. Dennoch gelang es Modigliani, etwas von den Sehnsüchten und der Trauer in seinem Innern einzufangen.

Ilja Ehrenburg, der Modigliani besser kannte als die meisten anderen, sagte: «Natürlich hätte er Bilder malen können, mit denen er vielleicht bei Kritikern und Käufern gut angekommen wäre ... Aber Modigliani verstand sich weder aufs Lügen noch auf Anpassung; jeder, der ihn kennenlernte, weiß, wie offen und ehrlich er war.»[24] Alle Menschen, die er malte und die Ehrenburg kannte, glichen ihren Porträts: «Ungewöhnlich dabei ist, daß Modiglianis Porträts einander ähnlich sehen; das ist keine Sache eines adaptierten Stils oder irgendeines maltechnischen Kniffs, sondern hat mit dem Weltbild des Künstlers zu tun ... Ich glaube, daß die Welt Modigliani wie ein riesiger Kindergarten erschien, der von herzlosen Erwachsenen betrieben wird.» Und Modiglianis Bilder glichen nicht nur ihren Modellen, fügte Ehrenburg hinzu, sie enthüllten überdies das innere Wesen des Dargestellten: «Diego Rivera beispielsweise ist breit und massig, fast wild ...»

Diego Rivera, der nach seiner Rückkehr ins heimatliche Mexiko zum weltberühmten Freskenmaler wurde, kam 1914 als 28jähriger nach Paris, politisch wie künstlerisch ein Rebell und genau der richtige Gefährte für Modigliani. Ein dunkelhaariger, bärtiger Koloß mit einem mächtigen Bauch, der aus dem blauen Kattunzeug herausquoll, entwickelte der «freundliche Kannibale» einen unersättlichen Appetit auf Frauen und Alkohol. 1914 lebte er mit Angela Beloff zusammen, einer russischen Graveurin, etliche Jahre älter als er, mit der er ein Kind hatte. Ein weiteres bekam er von Marevna (Maria Worobiew); beide Frauen ließ er sitzen, als er 1921 nach Mexiko abreiste. Schlagfertig, explosiv, ein profunder Kunstkenner, war Rivera selbst in dem exotischen Milieu von Montparnasse eine ungewöhnliche Erscheinung, die Modigliani brennend gern porträtiert hätte. Er überredete den Mexikaner, mit ihm zusammenzuziehen, zumindest solange er an

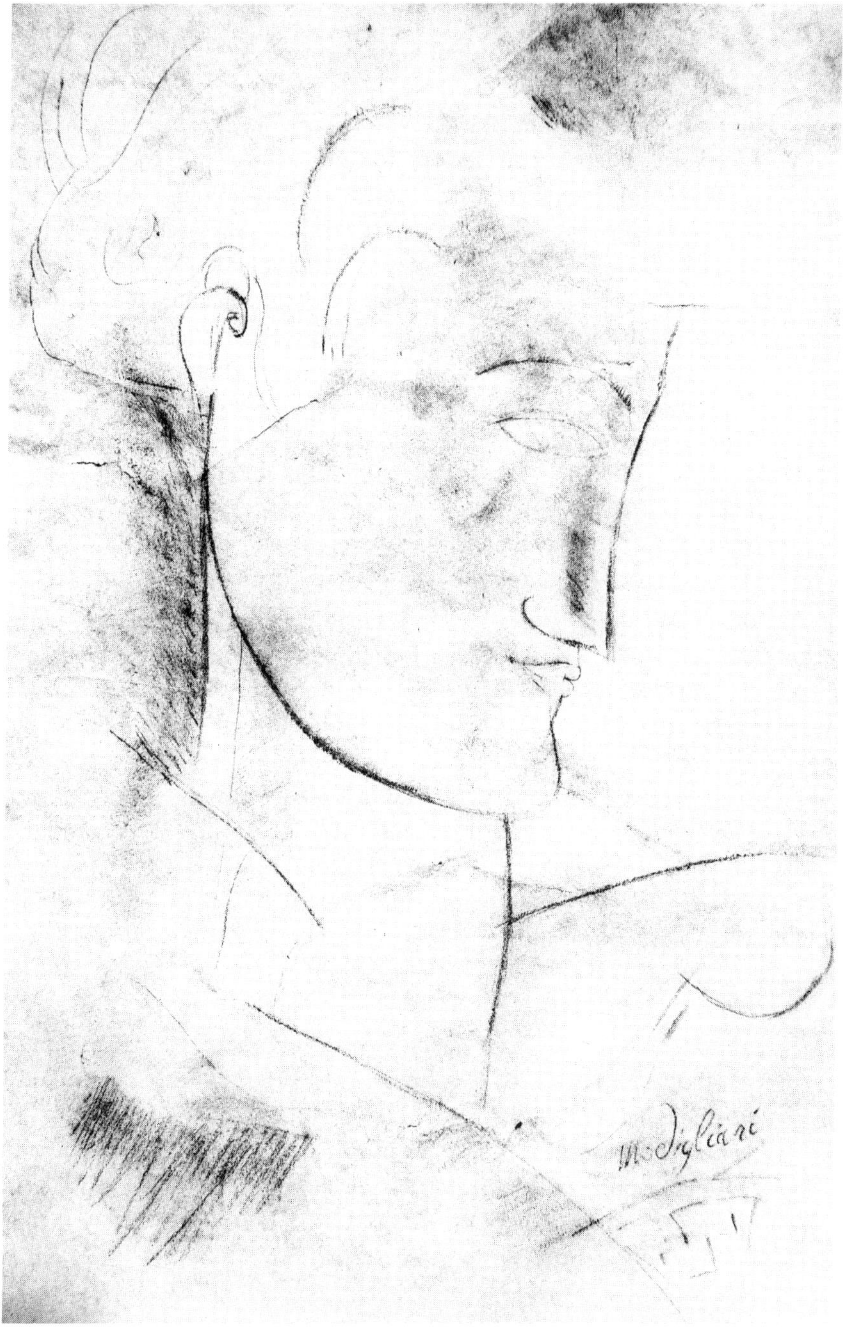

Männerkopf, 1915

dem Bild malte. Léon Indenbaum erinnerte sich, Modigliani bei einem abendlichen Besuch vergnügt am Boden sitzen gesehen zu haben, während er Skizzen von Rivera machte. Für sein faszinierendes Porträt von Rivera fertigte Modigliani zwei Zeichnungen und noch eine Skizze in Öl an. Der massige Mann mit dem verhangenen Blick und den dicken Lippen strahlt eine körperhaft wirkende geheimnisvolle Sinnlichkeit aus. Aus einer Kaskade dunkler Farbtupfer leuchtet das bacchantische Antlitz hervor, während der rahmensprengende Rumpf lediglich angedeutet wird. Auf diesem Bild beschwor Modigliani Kraft und Ungestüm seines Modells in einer Art und Weise, die dessen Innenleben bewundernswert anschaulich widerspiegelte. Er war damals 30 Jahre alt, nunmehr ganz ohne Schutz und liebevolle Fürsorge der Familie. Vielleicht ist es kein Zufall, daß er jetzt endlich seine wahre Identität als Maler entdeckte, wenn auch der Traum von der Bildhauerei ihn nach wie vor verfolgte. 1915 tauchte er eines Tages in der Galerie von Berthe Weill auf und bat sie, seine Steinköpfe zu besichtigen. Er war so betrunken, daß er sie beinahe umgerissen hätte. Sie wich gerade noch rechtzeitig zurück und lehnte die Einladung ab. «Wie traurig, so ein schöner, kultivierter Mensch mit diesem herrlichen Kopf», schrieb sie später. «Ist er tatsächlich Alkoholiker?»[25] Seine Freunde waren sich darin uneins. «Wir alle (tranken), er und ich und die anderen», schrieb der Dichter und Kritiker Charles-Albert Cingria, ein enger Freund. «Ich meine, eben dafür ist der Wein auch bestimmt ... Was nun Modiglianis schreckliche Sauferei angeht, so hat es da eine Menge Klatsch gegeben. Das wurde alles übertrieben ... Wer trinkt, muß ja nicht gleich Alkoholiker sein.»[26] Der Maler de Vlaminck beharrte darauf, daß Modigliani nie das Maß verloren habe: «Ich kannte Modigliani gut. Ich habe ihn betrunken gesehen. Ich habe ihn gesehen, wenn er Geld hatte. Ich habe ihn ohne gesehen. Niemals habe ich eine Spur von niedriger Gesinnung entdeckt. Aber ich habe ihn wütend erlebt, gereizt, weil das von ihm so verachtete Geld Macht über seinen Willen und seinen Stolz besaß.»[27] Sein persönliches Leben war in den Jahren mit Beatrice gar nicht so wild verlaufen.

«Da unten hocktest du auf einer Stufe, laut schreiend wie ein Unglücksbote ...»[28] schrieb Ehrenburg Anfang 1915 in einem Gedicht. An guten Tagen fand Ehrenburg ihn ruhig, höflich, glattrasiert, sanft und liebenswürdig. An schlechten Tagen war er völlig außer sich, sein Gesicht mit schwarzen Bartstoppeln übersät, er kreischte schrill, so daß man nichts verstehen konnte. Die vielversprechende Idylle mit Beatrice artete nach und nach zum Dauerkrach aus; ihre Beziehung litt unter nächtlichen Bombenabwürfen, kriegsbedingter Nervenanspannung, unter dem Vormarsch der deutschen Truppen auf Paris. Sie stritten sich über alles und jedes: Spiritismus, Kunst, Philosophie und Dichtung. Keiner wollte nachgeben, und beide waren Hitzköpfe. Modigliani kam betrunken nach Hause. Beatrice trank ebenfalls; von ihrem Exmann, dem Boxer, hatte sie zweifellos ein paar Tricks gelernt und konnte sich energisch zur Wehr setzen. Blaise Cendrars wurde Zeuge eines Kampfes, in dem sie die Oberhand behielt. Die Concierge horchte an der Tür und gab laufend Kommentare ab: «Der Italiener ist stockbesoffen», oder: «Die Engländerin scheint zu gewinnen.» Die Geschichten wurden beim Herumerzählen mehr und mehr dramatisiert, und die Zeugen waren zu etwa gleichen Teilen gespalten in der Frage, ob Beatrice nun Modi zu Ausschweifungen trieb oder ob er provozierte. Einmal klopfte die Concierge, durch den Tumult alarmiert, spät in der Nacht an die Wohnungstür und erkundigte sich, was denn los sei. «Ich versichere Ihnen, Madame, es geschieht nichts Unrechtes», erwiderte Modigliani mit ausgesuchter Höflichkeit. «Ich hacke lediglich Brennholz im Salon und verprügele meine Geliebte wie ein Gentleman.» Lipchitz verbreitete eine Geschichte, wonach er sich bitter darüber beklagte, daß Beatrice «ihn in die Eier gebissen» habe.

Beatrice liefert in ihrer Kolumne einen verschlüsselten Leitfaden zu der Affäre. Gelegentlich diente sie ihr als Unterstützung für ihre Auseinandersetzungen mit Modigliani. Dann wieder vertrat sie anscheinend seine Belange. In *The New Age* vom 5. November beklagte sie beispielsweise den Einfluß von *Les Chants de Maldoror* (das Buch, das Modigliani ständig bei sich führte): «Niemand kann bestreiten, daß in den letzten Jahren durch Maldoror Unheil angerichtet wurde.» Nach den Worten von Beatrice wurde das Buch von Dichtern und Malern wie Opium oder Kokain benutzt als «Schutz vor dem modernen Leben, diesem hochmodernen Leben voll Lärm und Reklame, das sie erklärtermaßen realer finden als Ruhm und Größe früherer Kulturen ...»

Beatrices eigener Eskapismus nahm viele Formen an: Sie schrieb unter verschiedenen Namen, in ihren «Impressionen aus Paris» immer als Alice Morning, aber sie zeichnete auch als Robert West, Cynicus, Beatrice Tina, Robert A. Field, T. K. L., Minnie Pinnikin und gelegentlich mit ihrem richtigen Namen. Im Geist sah sie sich als Jüngerin des Bacchus im Goldenen Zeitalter der Griechen, wie diese Auszüge aus ihrem Gedicht «Die verlorene Bacchantin» offenbaren. Geschrieben wurde es ursprünglich 1910 und im Februar 1941 wieder veröffentlicht in *The Democrat*, einem von einer Frau herausgegebenen Blatt mit vier Seiten Umfang, das es fertigbrachte, antisemitisch und antikatholisch zugleich zu sein:

Entreißen will ich mein Gewand den Tigerpranken
Und dann mein rotes Haar umwinden
Mit einem Band aus frischen Rebenranken
Dazu noch einen Schmuck aus Trauben finden.

Und weiter heißt es da:

Ins scheue Herz der Maid will wirken ich mit Zauberhand
Daß ihre kleine Brust zur Reife wird erkoren
Bis dann ihr Liebster keucht – doch nicht erkennt, was er umspannt
Statt einer Sterblichen eine Bacchantin, die verloren.

Mochte sein Geschmack auch noch so «dekadent» sein, Modigliani achtete auf literarisches Niveau – Dante, Lautréamont, d'Annunzio. Beatrice sah ihn *Gefährliche Liebschaften* lesen und machte das Buch ebenfalls herunter; es handle sich um einen schwülstigen Liebesroman, den sich die Mütter in Frankreich zu eigen gemacht hätten «und der weitgehend für die heutige Strenge gegenüber jugendlichen Töchtern verantwortlich sein soll». Aus ihrer Kolumne lassen sich Beatrices Absichten schwer erkennen. Nur wenige ihrer Leser dürften die fraglichen Bücher gelesen haben und konnten sie sich im Krieg wahrscheinlich auch gar nicht beschaffen. Vielleicht wollte sie ihrem Liebhaber lediglich Punkte abjagen. In einer anderen Kolumne scheint dann wieder Modigliani federführend gewesen zu sein, als sie die Frage der türkischen Juden in Frankreich behandelte, die das Land verlassen mußten. «Frieden für die Juden ist für die Zivilisation nicht weniger wichtig, weil sie unter alle Völker zerstreut wurden, und dem Katholizismus mit seinem permanenten Haß wird wohl auf blutige Weise beigebracht werden müssen, daß er Verfolgung und Ermordung derjenigen, deren Leben sowieso durch Vorurteile erschwert wird, nicht noch provoziert.» Beatrice wies darauf hin, daß christliche Türken, orthodoxe Türken und armenische Türken im Land bleiben durften. In späteren Jahren sympathisierte sie dann mit dem Faschismus.[29]

Der Antisemitismus nahm im Krieg zu; Ilja Ehrenburg erinnerte sich an einen Vorfall in einem Café am Boulevard Pasteur, wobei Modigliani einer Kartenspielerrunde am Nebentisch, die antisemitische Bemerkungen machte, entgegentrat und sie durch seine abgrundtiefe Verachtung zum Schweigen brachte. Modigliani las Ehrenburg Sonette von Emmanuele Romano, einem italienischen Juden aus dem 14. Jahrhundert, vor, «spöttische, bittere Gedichte, die trotzdem voller Liebe zum Leben waren». Dann erzählte er Ehrenburg, wie die Römer früher zur Feier des Karnevals die jüdische Gemeinde gezwungen hatten, einen jüdischen Läufer zu wählen, der dreimal nackt die Stadt umrunden mußte, während sich die feingekleideten Zuschauer –

Bildnis einer Frau – Louisa, 1915

Bischöfe, Gesandte, Damen der Gesellschaft – prächtig amüsierten.[30]

Es ist nicht ohne Reiz, sich vorzustellen, daß Modigliani in jenen Jahren des Zusammenlebens mit Beatrice die Rolle des Läufers spielte. Die Atmosphäre war gekennzeichnet durch Unruhe, Ungeduld und das damals aufkommende Modewort «verrückt». Zu Weinachten gab Beatrice aus Protest gegen die allgemeine düstere Stimmung eine Party. «Sie sollte nicht irgendwie verrückt ausarten, tat es aber; es zeigte sich nämlich, daß die eine Hälfte der Gäste die andere nicht ausstehen konnte, und so mußte sich jeder heftig anstrengen, das Ganze in Gang zu halten. Wir gaben uns die erdenklichste Mühe; wir spielten und sangen einander vor; wir improvisierten, wir sausten los und holten Gitarren, wir tanzten ... Und dann erschien Sylvia mit vielen Entschuldigungen und dem unvermeidlichen grünen Hut, und wir dämpften die Beleuchtung, während sie Alfred de Mussets ‹Nuit de Mai› rezitierte. Und ich weinte beinahe. Aber was für ein Gedicht. So schreibt heutzutage keiner mehr ...»[31]

Beatrice hatte einen wunderbar flüssigen, mit französischen Ausdrücken gewürzten Stil und erfaßte die rasanten Elemente in ihrem Zusammenleben während jener ersten Kriegsmonate treffend. Doch Alkohol, Drogen und gereizte Auseinandersetzungen brachten das fragile Gefüge ihrer Beziehung zum Einsturz. Die beiderseitige Verstrickung hielt zwar an, doch der anfängliche Zauber war verflogen.

6

WIRD ER SICH ENTFALTEN?

Beatrice vermochte es mehr als jede andere Frau, der Modigliani begegnet war, an seinem Leben teilzuhaben, und unter ihrer Ägide vollzog sich in seinem Schaffen eine dramatische Veränderung. 1915 hatte Modigliani begonnen, jene Porträts zu malen, von denen sich Reproduktionen in unzähligen Kunstbänden finden: Paul Guillaume, seinen Kunsthändler; den Maler Moise Kisling; das dicke Kind; Braut und Bräutigam etc. Seine Jahre als Bildhauer hatten ihn gelehrt, die menschliche Gestalt in fester, dreidimensionaler Form zu sehen, und seine Figuren haben nun säulenartige Hälse, ovale oder langgezogene Gesichter und scharfkantige Nasen, wie eingemeißelt in die Gesichtsfläche. Er fing bei jedem Porträt mit den Augen an.[1] Und die Augen halten den Schlüssel zu der psychologisch aufgeladenen Atmosphäre. Selbst wenn sie leer sind, blicklos wie bei Skulpturen, ziehen sie die Aufmerksamkeit hypnotisch auf sich. Begonnen hatte er mit einigen Porträts, bei denen er das eine Auge «blind», das andere «sehend» malte. «Mit einem Auge blickt man hinaus in die Welt, mit dem anderen in sich hinein», lautete Modiglianis Erklärung des Phänomens.[2]

Doch selbst wenn sie der Norm entsprechend gemalt sind, nuanciert er sie im Ausdruck, als wolle er damit die Dualität seines

Modells dokumentieren. 1915 experimentierte er noch mit verschiedenen Stilarten. Seine Bilder zeigten rechteckige Formen, wobei insbesondere die Nase im Anklang an den Kubismus auf die Leinwand geklebt zu sein schien. Die Linienführung seiner späteren Bilder ist noch nicht vorhanden, doch inzwischen erkennt man die eigene, unverwechselbare Handschrift Modiglianis.

Sein Leben mit Beatrice verlief so turbulent wie eh und je. Obwohl er einen Schlüssel zu ihrer Wohnung besaß und sie auch einmal auszusperren versuchte, als sie den ihren verloren hatte[3], war er nicht ständig bei ihr. Häufig arbeitete er im Atelier eines Freundes und aß bei Rosalie, wo er als Gegenleistung für die Mahlzeiten Kartoffeln schälte oder abwusch. Ein Künstler dürfte nicht Hunger leiden, erklärte er ihr. Wenn er bei Beatrice am Boulevard Montparnasse 53 schlief, erschien er oft am nächsten Morgen bei Indenbaum, noch euphorisiert durch die Nachwirkungen einer Droge, meist wohl Haschisch. Indenbaum erinnerte sich, daß er sanft, mit glückseligem Lächeln darum bat, ihm etwas auf dem Harmonium vorzuspielen.[4] Manchmal sahen sich die Liebenden tage- und nächtelang nicht, und wenn sie dann zusammenkamen, gerieten sie sich oft in die Haare. Zuerst gab es Wortgefechte, die sich beim Trinken dann zum handfesten Krach steigerten. Sie waren beide Träumer und wurden unsanft geweckt, wenn sie einander real sahen. Anzeichen von Beatrices Ernüchterung lassen sich in ihrer Kolumne in *The New Age* nachlesen. Sie macht ihrer schlechten Laune Luft – über den Krieg, die Verdunkelung, die Zeppeline, derentwegen man abends unbedingt die Fensterläden schließen mußte; über die Lebensmittelpreise, die engstirnigen Spießbürger, die Hauswirte und Concierge. Das «verrückte» Quartier von Montparnasse, wo verbotene Drogen so billig zu haben waren, überschüttet sie besonders mit Verachtung. In ihren Artikeln rühmt sie sich, nicht im geringsten anfällig für Drogen zu sein, sie habe sogar Angst davor, «einen normalen, aufmunternden Schnaps» anzurühren.[5] Doch ihre Bemerkungen über ihr eigenes Verhalten sind verschwommen und manchmal völlig irreführend. In jenem Winter ging Beatrice häufig in die Rotonde oder die Closerie des Lilas, um dort zu trinken. Max Jacob war entzückt, «eine englische Dichterin zu entdecken, die sich allein mit einer Flasche Whisky betrinkt».[6] Die beiden müssen heftig zusammen gezecht haben. In der folgenden Woche macht Beatrice dann die Leser in ihrer Kolumne bekannt mit einem «bezaubernden bretonischen Gedichtband von Max Jacob», übersetzt eines davon und bezeichnet den Autor als «einen der wenigen klassischen Kritiker der Welt».

Sie schwärmte für Berühmtheiten und hoffte, Picasso durch Jacob kennenzulernen. Picasso arbeitete nachts und schlief tagsüber, während Max in einem Warenhaus die Miete verdiente. Picasso fand keinen Gefallen an Beatrice, ihre Kolumne indes zog zwei Wochen später Nutzen aus der Begegnung: «M. Picasso malt ein Porträt von M. Max Jacob in einem Stil, der bereits als bloßes Gerücht all die kleinen Männer dazu veranlaßt, als neue Version zu verbreiten, daß der Kubismus auf seine Weise ja gut und recht, doch niemals mehr als ein Experiment war. Dem Vernehmen nach soll der Stil sehr realistisch, jedenfalls sehr einfach und streng sein.»[7] Max Jacob zeigte sich nicht begeistert von dem Porträt, auf dem er wie «der typische alte Bauer» aussah.

Die wachsende Vertrautheit zwischen Beatrice und Jacob machte Modigliani zutiefst unglücklich und mißtrauisch. Er wußte zwar, daß der homosexuelle Max niemals mit ihr ins Bett gehen würde, aber dafür war er boshaft und ein großes Klatschmaul. Wenn Max über Modiglianis Privatleben Bescheid wußte, dann würde sich bald ganz Montparnasse an den Geschichten weiden. Modigliani tratschte nicht, er war anderweitig viel zu beschäftigt und in seinen Liebesaffären stets diskret.

Beatrices Kolumne vom 22. Februar 1915 gibt faszinierende Aufschlüsse über ihre komplizierte Beziehung. Sie habe in letzter Zeit nicht viel von Montparnasse zu Gesicht bekommen, gesteht sie ihren Lesern, sondern sei zu Hause geblieben, um «eine kranke Wespe zu pflegen und einen heiteren Liebesroman zu schreiben. Die Wespe schwirrt herein, nascht ein bißchen Honig, wärmt sich auf, versucht zu stechen und macht sich davon zu irgendeiner winterlichen Veranstaltung. Ich vermute, sie ist eher müde als krank.» Der Hinweis auf ihren unzulänglichen Liebhaber ist deutlich. Doch in derselben Kolumne beschwert sich Beatrice, daß ihre Wohnung beinahe abgebrannt wäre, nach einer Randbemerkung, daß Künstler selten zwischen ihren guten und schlechten Werken unterscheiden könnten und daher nur Kritiker in der Lage seien, ein Werturteil abzugeben. Plötzlich brach ein Feuer aus. (Die logische Folgerung: Modigliani entfachte den Brand – oder den Streit.) Und dann: «Ich besitze einen Steinkopf von Modigliani, den ich selbst in dieser Krise nicht einmal für hundert Pfund hergeben würde. Den grub ich unter dem seit Jahrhunderten in einem Winkel aufgehäuften Krimskrams hervor und wurde dumm genannt wegen meiner Bemühungen, ihn fortzuschaffen. Nichts Menschliches, außer dem Niedrigen, Gemeinen, fehlt an diesem Stein. Über dem rechten Auge klafft ein furchtbarer Riß, aber davon kann er einige aushalten. Man sagt mir, er sei nie vollendet worden, werde auch nie vollendet, sei es nicht wert, vollendet zu werden. Da gibt es nichts, was unbedingt vollendet werden müßte! Der ganze Kopf lächelt gelassen beim Nachsinnen über Wissen und Erfahrung; über die Narrheit von Anstand und Gefühl; über die Torheit von Wollust; über Illusionen und Enttäuschungen – all dies sicher verwahrt zu fortgesetzter Meditation. Er ist ebenso lesenswert wie der Prediger Salomo und zudem tröstlicher, denn in diesem strahlenden, offenen Lächeln klugen Abwägens gibt es keinen wehmütigen Blick zurück. Welchen Nutzen hat der Künstler, wenn er ein solches Werk brandmarkt? Man antwortet, daß man davon zehren kann wie von großer Literatur. Ich werde ihn niemals hergeben, es sei denn, einem Dichter. Er wird dasselbe sehen wie ich, und dem unglücklichen Künstler wird im Hinblick auf seine Unsterblichkeit keine andere Wahl bleiben. Doch ich glaube nicht, daß Künstler viel von Unsterblichkeit verstehen oder sich überhaupt damit befassen (Ich hoffe, jetzt keinen flammenden Zorn auf mich zu laden!).»

Künstler haben keinerlei Grundsätze, verallgemeinert Beatrice emphatisch. Sie greifen nolens volens zu allerlei Tricks, um die für ihre Arbeit benötigten Materialien zu kaufen; sie sind eitel, mißgünstig und in Gegnerschaft zu Schriftstellern, «die in Wirklichkeit ihre besten Freunde sind, die das Publikum steuern und dessen kulturelles Niveau zu heben versuchen, womit den Künstlern starke Motive für ihre Arbeit geliefert werden ...» Dies scheint der Kernpunkt für den Streit zwischen Modigliani und Beatrice gewesen zu sein, ein Kampf zweier Egos, ihre Entschlossenheit, ihn zu begönnern, und seine Wut über ihre Anmaßung. Auch wenn Beatrices Achtung vor ihrem Liebhaber abgenommen hatte, so galt das nicht für ihre Bewunderung seiner Kunst. Ihre phantasievolle, generöse Aufgeschlossenheit für seinen Steinkopf zu einer Zeit, da seine Skulpturen kaum geschätzt oder verkauft wurden, zeigt sie als Frau mit Geschmack und Mut.

Als Max Jacob einer von Beatrices Günstlingen wurde, tauchte sein Name öfter in *The New Age* auf. Im März 1915 beschloß Beatrice, Montparnasse zu verlassen und nach Montmartre am rechten Seine-Ufer überzusiedeln. Sie zog in ein kleines Haus mit vier Zimmern und Garten in der Rue Norvins 13, das einst Emile Zola bewohnt hatte. Max Jacob war ihr beim Umzug behilflich, informiert sie ihre Leser. Sie fand ihn in häuslichen Dingen weitaus nützlicher und zuverlässiger als Modigliani. Eine Woche nach ihrem Einzug kam die Schriftstellerin Katherine Mansfield zu Besuch. Anfang des Jahres hatte Katherine auf dem Weg zu einem Stelldichein mit dem Schriftsteller Francis Carco in Gray, einer militärischen Sperrzone, in Paris Station gemacht und sich mit Beatrice betrunken. Die beiden kannten einander aus London und vom *New Age*. Als junge Autorin war Katherine von Beatrice angespornt und protegiert worden; sie bildete sie in «Aufmüpfigkeit und Angeberei» aus. Katherine, die von Beatrice nahezu hypnotisiert und zugleich eingeschüchtert war, bezeichnete sie hinter ihrem Rücken mit dem Spitznamen «Biggy B.». Da beide bisexuell veranlagt waren, standen ihre Begegnungen unter Hochspannung.

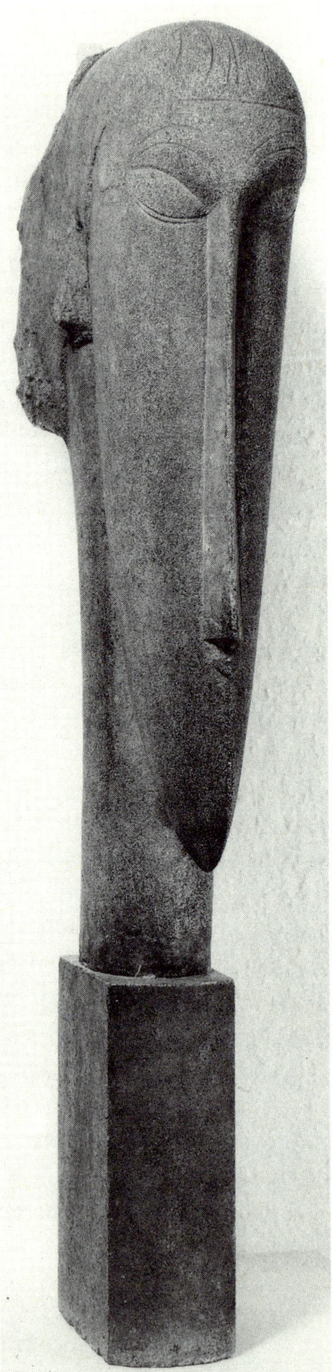

Kopf, 1911

Am 20. März aßen Beatrice und Katherine in der Closerie des Lilas zu Abend. Katherine besichtigte die «sehr hübsche» neue Wohnung und beschrieb sie detailliert: «Vier Zimmer, Küche, eine geräumige Diele, ein Abstellraum und ein Wintergarten. Zwei Zimmer haben Gartenblick. Die Räume werden von einem großen Porzellanofen im Eßzimmer beheizt. Das gesamte Mobiliar ist alt gekauft und recht nett. Der treue M. (Max Jacob) begleitet sie zum Einkaufen. Ihr Zimmer – grauer, einfarbiger Teppich, bauchige Lampen mit chinesischen Schirmen, ein Klavier, zwei Sofas, zwei Lehnsessel, Bücher, Blumen, ein hell flackerndes Kaminfeuer – war ganz untypisch für Paris und sehr reizend. Das Haus jedoch finde ich abscheulich. Man kriecht dauernd treppauf, treppab. Sie hat D. (Dedo) fallengelassen und ihr jungfräuliches Herz weitergeschenkt an P., der in der Nähe wohnt (Alfredo Pina, ein italienischer Bildhauer). Eigenartig und wirklich bildschön, mit der gleichen zauberhaften Ausstrahlung und diesem hübschen kleinen Kopf voller Anmut, ist sie trotzdem ruiniert. Daran besteht kein Zweifel. Ich liebe sie, habe aber ein starkes, sachliches Interesse daran, die Anzeichen zu registrieren. Sie sagt: ‹Es ist nicht gut für mich, eine Menge Leute um mich zu haben. Wenn es mehr als vier sind, gehe ich zur Kredenz und trinke Kognaks, bis ich völlig hinüber bin, meine Liebe›, oder: ‹Vorigen Sonntag hatte ich eine fürchterliche Krise. Ich habe mich allein in der Rotonde mit Rum betrunken und rannte dann die Straßen auf und ab, läutete an den Häusern und sagte: ‹Retten Sie mich vor diesem Mann!› Es war überhaupt keiner da. Und dann erklärt sie mit einem leisen Anflug von Wichtigtuerei: ‹Natürlich lieben mich die Menschen hier einfach dafür. Seit dem Krieg hat es hier keine echte Frau mit Gefühl gegeben ...›»

Die Trennung von Dedo war vorübergehend; die Affäre mit Pina erfunden. Sporadische Äußerungen von Katherine Mansfield geben die Stimmungsschwankungen in der komfortablen Wohnung wieder, und Beatrice tritt darin als desillusionierte und ziemlich klägliche Exhibitionistin auf. Katherine schilderte die Schrecken des Krieges im Jahre 1915, die Alarm blasenden

Trompeten, die den Himmel absuchenden Scheinwerfer, die dahingleitenden Zeppeline, die Bomben. Sie ging zum Tee zu Beatrice und empfand die Atmosphäre als nahezu dramatisch: «Bei B. erschienen am Nachmittag etliche Gäste, darunter eine sehr reizende junge Frau, verheiratet und neugierig – und blond – und leidenschaftlich. Wir tanzten miteinander. Ich war trotzdem so wütend über die schrecklichen Zustände ... Ich kann heute abend nicht über die Teegesellschaft reden. Auf jeden Fall ist sie das auch gar nicht wert. Sie endete mit einem Riesenkrach. Ich genoß das irgendwie, aber B. war absolut unmöglich – sie muß fast eine ganze Flasche Brandy getrunken haben, und dann ging ich um 21 Uhr und lehnte es ab, länger zu bleiben oder dort zu übernachten. Sie bekam einen Wutanfall, und wir trennten uns wieder einmal für immer ... B. macht mich heute abend traurig. Ich habe nichts außer Sodawasser angerührt, und so realisierte ich, wie andere ihre Trunkenheit ausnutzten, und sie war so ... halbwegs charmant und eine solche Närrin.»[8] Im Mai kam Katherine nach Paris zurück, um zu schreiben. Sie blieb bei ihrem Vorsatz, Beatrice nicht mehr zu sehen, verriet sich aber in einem Brief an Middleton Murry, ihren späteren Ehemann: «Ich frage mich, ob Beatrice Hastings immer noch ihren maximalen Jacobiner hat oder ob sie mit ihrem Dedo nach Italien geflohen ist. Ich bin nicht wirklich neugierig und werde nie versuchen, es zu erfahren.»[9] Abgesehen von Beatrices Kolumne in *The New Age* ist dies der deutlichste Hinweis, daß Beatrice Max gegen Modigliani ausspielte.

Sie bat Jacob, in einem Schuppen hinten im Garten zu schlafen, um sie vor Modiglianis gewalttätigen Übergriffen zu schützen. «Wenn sie ihm nicht die Tür öffnete, zertrümmerte er die Fensterscheiben ... Hatte er sich schließlich Zugang verschafft, setzte es Szenen mit Revolvern und Rumflaschen», erklärte Max Jacob, ihr Nachtwächter.[10] Beatrice schilderte seine Attacken auf ihre gewandte, prätentiöse Weise, jene Nächte, in denen Modigliani betrunken nach Hause kam: «Wenn ich gerade ebenfalls betrunken war, gab es eine große Szene! Doch gewöhnlich schrieb ich, immer mit der Zwangsvorstellung, ihn läuten zu hören. War Max anwesend, wenn Dedo auftauchte, bestanden immerhin gewisse Aussichten auf eine friedliche Unterhaltung und den eleganten Rückzug Modiglianis in sein nahe gelegenes Atelier . . .» Beatrice klagte über ihre allmählich zerrüttete Gesundheit und die aufkommende Furcht vor «dem Überfall des Assyrers auf meine Klause».[11] Bei einem ihrer Zweikämpfe jagten sie sich gegenseitig zehnmal im Haus auf und ab, Beatrice mit einem langen Strohbesen, Modigliani mit einem Kochtopf bewaffnet. Selbstverständlich darf man Beatrices Berichte nicht für bare Münze nehmen. Doch es besteht kein Zweifel daran, daß Modigliani sich in ihrer Gesellschaft wild, übererregbar und furchteinflößend aufführte. Augenzeugen ihrer stürmischen Partys erlebten ihn in seiner Unrast und Rage.

Ilja Ehrenburg war eines Abends bei einer solchen Gesellschaft in einem mit Kehricht übersäten Atelier. Beatrice wiederholte unentwegt mit betont britischem Akzent: «‹Modigliani, vergiß nicht, daß du ein Gentleman bist. Deine Mutter ist eine Dame von höchstem Rang und Ansehen.› Diese Worte wirkten auf Modigliani wie ein Zauberspruch. Er saß lange Zeit stumm da. Dann konnte er es nicht mehr aushalten und schickte sich an, die Wand einzureißen. Zuerst kratzte er den Mörtel ab, versuchte dann, die Ziegel herauszuziehen. Seine Finger waren blutig, und in seinen Augen lag eine solche Verzweiflung, daß ich es nicht ertragen konnte und in den schmutzigen Hof hinausging.»[12] Ilja erkannte ebenso wie Beatrice, daß man Modigliani am sichersten verletzen konnte, wenn man ihn in seinem Familienstolz traf, ihn mit seiner Mutter köderte. Egal, wie lange er schon in Paris lebte oder wie ungezügelt sein Dasein verlief, er bewahrte sich die Liebe zu Eugenia und den Sinn für Familienehre, die sich nur schwer mit der lockeren Moral der Gesellschaft in Einklang bringen ließen. Beatrice wußte das und ärgerte sich heftig über den Einfluß ihrer größten Rivalin, seiner Mutter. Vielleicht handelte es sich um eben diese Party, auf der Marevna, die bis zur Morgendämmerung blieb, Modigliani und Beatrice erbittert miteinander kämpfen sah, bis Modigliani sie packte und durch ein geschlossenes Fenster schleuderte. Später trug man Beatrice hinein und bettete sie auf das Sofa, von dem Schock nüchtern geworden, die Brüste blutverschmiert. «Sie weinte, während Modigliani immerzu wiederholte: ‹Non mea culpa, non mea culpa.›» Und als Marevna schließlich bei Tagesanbruch heimging: «Max Jacob stand da, in der Hand ein Meßbuch, und Modigliani war immer noch auf den Füßen, riß methodisch die restliche Tapete von der Wand und sang ein italienisches Lied.»[13] Es kursierten allzu viele Geschichten dieser Art, und in jenem Jahr wurde Modigliani abgestempelt, weit über seine Lebenszeit hinaus.

Charles Beadle, ein heruntergekommener Journalist, der in der Nachbarschaft wohnte, war ein ebenso leidenschaftlicher Gärtner wie Beatrice. Er trug alles zusammen, was er an wüstem Klatsch und Halbwahrheiten, hauptsächlich von Beatrice, in Erfahrung bringen konnte, und schickte es zur Bearbeitung an Charles Goldring (sein Pseudonym lautete Charles Douglas), der dann das Buch *Artist Quarter*[14] verfaßte, die erste ausführliche Biographie Modiglianis in englischer Sprache. Sie wurde 1941 veröffentlicht und beeinflußte viele Biographen.

Trotz seiner stürmischen Nächte vollendete Modigliani im Verlauf des Jahres 1915 sechsunddreißig Ölgemälde und Gouachen, in etwa drei Bilder monatlich, abgesehen von den Vorstudien und den Skizzenblöcken voller Zeichnungen. In jenem Jahr eröffnete Paul Guillaume, der junge Kunsthändler, der Interesse an seinem Œuvre bekundet hatte, eine eigene Galerie, und Modigliani war hocherfreut, endlich einen professionellen Kunsthändler zu haben. Beatrice, ebenfalls sehr zufrieden, lud Guillaume zum Tee ein. Beide verhielten sich bei der Gelegenheit untadelig. Paul Guillaume kam öfter wieder, um sich porträtieren zu lassen – im dezenten dunklen Anzug, mit steifem Kragen und Krawatte, flottem Schlapphut, eine Zigarette lässig in der behandschuhten Hand und die Lippen leicht geöffnet, als wolle er sagen: «Ich bin ein Mann von exquisitem Geschmack.» Guillaume betätigte sich als Pionier beim Ankauf von Werken der neuen Maler, der «Radikalen», Picasso, Matisse, Derain, Chirico und Modigliani, und besaß außerdem eine schöne Sammlung von Negerplastiken. Modigliani schrieb die Worte «Nova Pilota» und «Stella Maris» auf sein Porträt: Er fühlte sich nicht länger reinem Profitstreben ausgeliefert, sondern bei einem Mann mit Phantasie und Weitblick aufgehoben.

Als er Modigliani häufiger aufsuchte, wurde Paul Guillaume klar, wie chaotisch dessen häusliche Verhältnisse waren. Als er eines Abends die Straße entlangging, hörte er Schreie und laute Geräusche aus Beatrices Haus. Sobald er den Garten betreten hatte, sah er, wie die beiden mit Stühlen aufeinander eindroschen. «Die Frau schlug fester zu und behielt die Oberhand.»[15] Guillaume, ein vorsichtiger, besonnener Mensch, war insgeheim entsetzt. Es gelang ihm, Modiglianis Bilder im Laufe des Jahres 1915 an André Level, einen bekannten Sammler, zu verkaufen, für 25 bis 60 Francs. Er glaubte an Modiglianis Begabung und war fest überzeugt, daß die Preise für seine Werke steigen würden, allerdings nur, wenn er sich in Ruhe und Frieden entfalten könnte. Man sagte Guillaume nach, daß er über eine wohldosierte Mischung aus Gefühl und Geschäftssinn verfüge und den Preis eines Bildes mit dem gleichen Ausdruck scheuer Ehrerbietung verrate, mit dem er das Alter einer Dame nannte. Er mietete 1915 ein Atelier für Modigliani im Bateau Lavoir. Die Investition war zwar bescheiden, aber zugleich ein Beweis für seinen Glauben an den Maler zu einem Zeitpunkt, als Modigliani die Stütze dringend brauchte.

Fast sämtliche Zeugnisse für Modiglianis Verhalten in den Jahren mit Beatrice stammen entweder von ihr oder von Außenstehenden. Ein Versuch, seinen Gemütszustand zu enträtseln, läßt sich nur aus der Stimmung seiner Bilder ableiten und aus den mysteriösen Anmerkungen, Wahlsprüchen, Inschriften, Aphorismen, Zitaten von Dante und anderen Dichtern in Französisch, Italienisch oder Lateinisch, mit denen er in jener Zeit seine Werke versehen hat. «Sage nicht: ‹Tu das nicht›; sage: ‹Tu das›»; «Die Leere sucht die Fülle, und die Fülle sucht die Leere»;

«Nein. Ehrlichkeit lügt nicht auf diese Weise»; «Was wahr ist, ist gleichermaßen wahr in drei Welten». Auf eine Zeichnung schrieb er: «Der Flammenstil», unterstrich es und vermerkte darunter: «3 Entwürfe; 3 Welten; 3 Dimensionen». Auf einem Bild porträtierte er sich als Pierrot und versah es mit der italienischen Inschrift: «Wird er sich entfalten?» Paul Guillaume sah Modigliani sowohl als Dichter wie als Maler und erinnerte sich an zwei Stegreifverse:

Il y a dans le corridor
Un homme qui m'en veut à mort.
(Im Flur steht ein Mann, der mich tödlich haßt.)

Hier handelte es sich vielleicht um einen Hinweis auf die Krankheit, die sich heranschlich. Und:

Ma plus belle maîtresse
C'est la paresse.
(Die Faulheit ist meine schönste Geliebte.)

Auf manchen Zeichnungen gibt es Figuren und Symbole, die man für kabbalistischen Ursprungs hält. Den Davidsstern zeichnete er mehrmals, und nach Paul Guillaumes Aussage schätzte es Modigliani, wenn sein Werk als jüdisch galt.[16] Die Frage seiner Abstammung beschäftigte ihn stark in jenen Jahren. Sein Freund Max Jacob wollte gerade zum Katholizismus konvertieren, als er in die Angelegenheiten von Modigliani und Beatrice hineingezogen wurde. Als Sohn eines jüdischen Schneiders und Antiquitätenhändlers in der Bretagne geboren, hatte Max Jacob an der Wand seines kleinen Zimmers in der Rue Ravignan eine Erscheinung gesehen, Jesus Christus. Nach langwieriger Belehrung und erheblicher Skepsis auf seiten seiner Freunde, als Max von Frömmigkeit und dem Verlangen nach einem mönchischen Leben zu Drogenkonsum und Ausschweifung überging, fand er in Montparnasse einen Priester, der bereit war, ihn zu taufen. Bei der Zeremonie fungierte Picasso als Pate. Er schenkte Max Jacob eine gebundene Ausgabe von *Die Nachfolge Christi* mit der Widmung: «Für meinen Bruder Cyprien Max Jacob zur Erinnerung an seine Taufe, Donnerstag, 18. Februar 1915. Pablo.» Die Konversion löste unter den Künstlern teils Erheiterung, teils Erstaunen aus. Beatrice Hastings gab dazu in ihrer Kolumne einen versteckten Kommentar ab[17], und dem Bildhauer Jacques Lipchitz, der Max Jacob und Modigliani zum Mittagessen einzuladen pflegte, wenn er es sich leisten konnte, wurde wärmstens geraten, sich zum «wahren» Glauben zu bekehren. «Tritt einfach in die Kirche ein», drängte ihn Jacob, «dann bist du alle deine Sorgen los.»[18] Modigliani dagegen zeigte sich verstärkt an den Riten und Ritualen des Judentums interessiert und stellte ständig Fragen, während Max Jacob mit ungeduldiger Geste abwinkte.

Siebzig Jahre lang hat man Max Jacob als Modiglianis besten Freund angesehen. In der Öffentlichkeit erwies er Modigliani großzügig Reverenz, doch in Wirklichkeit waren ihre persönlichen Beziehungen viel komplexer. Während des Jahres 1915 kam Modigliani zu der Überzeugung, daß Max ihn durch seine Parteinahme für Beatrice verraten habe. «Anfangs liebte und bewunderte er Max, aber als Jacob versuchte, ihm Beatrice Hastings wegzunehmen, wollte Modigliani ihn umbringen.»[19] Die Konversion von Max muß ihm als zweiter Verrat erschienen sein.

Max Jacob glaubte als Astrologe, daß ihnen beiden das gleiche Schicksal bestimmt sei, da sie beide im Sternzeichen Krebs geboren und somit hypersensibel waren: Modigliani am 12., Max am 13. Juli. Eine Zeitlang sahen sie sich täglich. Modigliani widmete Jacob eine Zeichnung *«très tendrement, comme un frère»*, und Jacob schrieb ein Gedicht: «Für M. Modigliani zum Beweis, daß ich ein Poet bin»; darin vertrat er die Auffassung, in der Religion sei eher Geborgenheit zu finden als in den Armen einer Frau. «Die Juden erwarten von mir Befriedigung ihres Rassenstolzes», beschwerte sich Jacob verbittert und fügte hinzu, daß sie «sich für überlegen halten und alle anderen ignorieren»; dies schrieb er in einem Buch über «Verzückungen, Gewissensqual, Visionen, Gebete, Gedichte und Meditationen eines konvertierten Juden» mit dem Titel *La Défense de Tartuffe*.[20]

Modigliani praktizierte seinen Glauben nie. Für ihn handelte es sich mehr um eine Frage der Identität als der Konfession, und zumal in einer Zeit mit wachsendem Antisemitismus vermochte er weder seine Herkunft zu verleugnen noch seinen Namen zu ändern. Wie schmerzhaft der Bruch zwischen den beiden war, offenbart ein Brief, den Max Jacob im Januar 1943 schrieb, ein Jahr vor seinem grausamen Ende in der Gaskammer. «Modigliani war der unangenehmste Mensch, den ich kannte. Hochmütig, finster, gefühllos, niederträchtig und recht dumm, zynisch und narzißtisch.»[21] Der Ton dieser ungewöhnlich scharfen Ausfälle, dreißig Jahre nach seiner engen Freundschaft mit Modigliani, läßt eher auf die Enttäuschung eines verschmähten Liebenden als auf einen desillusionierten Freund schließen.

Die kleine Kolonie von talentierten Ausländern und für den Wehrdienst untauglichen französischen Künstlern in Montmartre wurde während des Ersten Weltkrieges von der übrigen Gesellschaft gemieden, denn damals war Xenophobie weit verbreitet, und Männern, die keine Uniform trugen, galt die allgemeine Verachtung. Schriftsteller und Maler, die sich vor dem Krieg keines Blickes gewürdigt hätten, lebten notgedrungen, wenn auch als zerstrittene Künstlerfamilie zusammen. Vielleicht war es diese Atmosphäre, zusammen mit Max Jacobs penetrantem Katholizismus, die Modigliani veranlaßten, seinen Ursprüngen nachzuspüren. Chana Orloff, die begabte Bildhauerin aus Palästina, mochte Modigliani nicht besonders; er stieß sie ab, weil er ständig nach Alkohol roch. Sobald er ihrer ansichtig wurde, bat er sie, ihm die Bibel zu erklären, und über die Zeichnung, die er von ihr machte, schrieb er ihren Namen – Chana, Tochter des Raphael – in hebräischen Lettern. «Ich bin nicht religiös», erklärte er ihr, «aber wenn ich es wäre, dann würde ich den alten jüdischen Glauben meiner Vorfahren praktizieren.»[22]

Modigliani bat Lipchitz 1915, ihn mit der kleinen Gruppe jüdischer Künstler bekannt zu machen, die in La Ruche wohnten, dem bienenkorbförmigen Gebäude mit den kleinen Ateliers in der Passage Dantzig. Sie waren begeistert und arrangierten einen Empfang für ihn in einem früher von Chagall bewohnten Studio. Chagall war vor dem Krieg nach Rußland zurückgekehrt, um dort zu heiraten, und hatte vorsorglich den Türgriff mit dickem Draht gesichert, um die drinnen verbliebenen 150 Bilder zu schützen. Als er im Frühjahr 1923 zurückkam, fand er ein neues Türschloß, einen neuen Bewohner und kein einziges Gemälde mehr vor.

1915 lebte ein Retuscheur namens Maisel in dem Atelier, und die jüdischen Künstler, die Modiglianis Œuvre kannten, versammelten sich dort zu seiner Begrüßung. Sie offerierten ihm Glühwein, umringten ihn und redeten lebhaft drauflos in einer Mischung aus Russisch, Französisch und Jiddisch. Modigliani, hingerissen von der herzlichen, aufrichtigen Atmosphäre, erneuerte seine Freundschaft mit Soutine und Indenbaum. Pinchas Kremegne und Chaim Soutine wurden zu seinen ständigen Gefährten. Sie stammten beide aus einem kleinen litauischen Dorf und brachten dem attraktiven Italiener mit seiner Liebe zum Alkohol und zu Frauen eine Art Heldenverehrung entgegen. In ihrer Heimat war Trinken stets gepaart mit Brutalität der Kosaken, wenn die berittenen Horden nach Ostern über die jüdischen *schtetl* herfielen und die Bevölkerung terrorisierten. Das Verhältnis zu Frauen in dieser Gesellschaft war kompliziert, und Ehen wurden über einen Vermittler arrangiert. Modigliani aber kannte keine derartigen Tabus und gebärdete sich wie ein neuzeitlicher König David. Wenn er sprach, lauschten sie respektvoll seinen Rezitationen oder seinen sachkundigen Ausführungen über Malerei. Sie bewunderten das Geschick, mit dem er eine lästige Rechnung im Café handhabte oder sich ein Nachtquartier verschaffte. Soutine versuchte, hinter das Geheimnis von Modiglianis Stil zu kommen, indem er dessen Modelle nahm. Doch Modigliani durchschaute diese verkrampften Ansätze und redete ihm zu, seinen eigenen Weg zu gehen. «Er gab mir Selbstvertrauen», gestand Soutine.[23] Modigliani, der selber Ermutigung brauchte, genoß die Bewunderung der beiden und schenkte ihnen abgelegte Sachen, wann immer er konnte. Unter seiner Anleitung machte sich die kleine Gruppe seine besondere Vorliebe für Rembrandt zu eigen, der jüdische Gesichter aus dem Amsterdamer Getto derart liebevoll gemalt hatte, daß Modigliani steif und fest behauptete, er müsse Jude gewesen sein.

Der Gegensatz zwischen der mondänen Welt der Beatrice Hastings und dem Getto der jüdischen Maler aus Osteuropa hätte kaum größer sein können, und Beatrice brachte wenig Geduld auf für Modiglianis linkische, naive Freunde. Im Juni 1915 reiste sie nach Italien, freilich nicht mit Modigliani, wie Katherine Mansfield angenommen hatte. Vielleicht fuhr sie heimlich doch mit Alfredo Pina, dem gutaussehenden, aber recht langweiligen italienischen Bildhauer. «Liebe ist einer der Wege zur Vollkommenheit», schrieb sie im Juli 1915, «eine Stimme nur, ein Mittel, die Menschen weiterzubringen ... Liebe ... hat nichts zu tun mit sexuellen Beziehungen. Sie ist ein Höhenflug des Individuums, eine große, seltene Gabe eines großen und seltenen, kraftspendenden Traums. Zu manchen Menschen kommt sie nie, zu anderen viele, viele Male ... Der Rest sind die großen Künstler, deren Werke ganz aus Liebe bestehen, auch wenn sie dies durch keines der üblichen Zeichen kundtun mögen.» Dies ist eine der empfindsamsten, zartesten Aussagen von Beatrice, es erscheint geradezu unmöglich, daß sie dabei nicht an Modigliani gedacht hat.

Bei all ihrer ärgerlichen Affektiertheit besaß sie eine echte Begabung, nämlich Qualität intuitiv zu erkennen – in der Literatur ebenso wie in der bildenden Kunst. Modigliani bewunderte ihr Gespür für Stil nach wie vor. Es machte ihr Spaß, Montparnasse mit ihrer Originalität zu verblüffen; manchmal trug sie lange, wallende Schleier, gewöhnlich erschien sie in den gesmokten Reformkleidern, die gut zu ihrem kecken, mädchenhaften Typ paßten. Eines Abends planten sie einen Ballbesuch. Es handelte sich nur um eine kleine Veranstaltung in einem Atelier, was freilich im Krieg schon ein großes Ereignis war. Beatrice erklärte betrübt, sie habe nichts anzuziehen, was die Leute nicht schon in- und auswendig kannten. Modigliani riet ihr zu einem hautengen schwarzen Seidenkleid. «Aber das ist doch uralt», protestierte sie, «das haben alle schon mal an mir gesehen.» – «Tu, was ich dir sage», entgegnete er, «dann mache ich dich zur bestangezogenen, schönsten Frau auf dem Ball.» Neugierig geworden, gehorchte sie. Modigliani musterte sie kritisch und holte die Schachtel mit den Pastellstiften. Zunächst skizzierte er mit einem Arabeskenmuster

Parade, Rue de la Gaieté, Paris. Modigliani, Soutine, Rivera, Marevna, Woloschin, Ehrenburg, Picasso und Max Jacob (von links nach rechts). Zeichnung von Marevna

in Weiß den Ausschnitt, bedeckte dann das ganze Kleid mit prachtvollen bunten Blüten und besprühte am Schluß das Kunstwerk mit Fixativ. Sobald das Kleid getrocknet war, mußte Beatrice auf sein Geheiß das weiß markierte Dekolleté ausschneiden. Alles holte tief Luft, als Beatrice den Raum betrat. Da Modigliani nicht tanzte, begnügte er sich damit, ihr und ihren zahlreichen Verehrern beim Tango zuzuschauen. Dann begann sie, etwas zu heftig zu flirten, so daß er wutentbrannt aufbrach, um sich zu betrinken. Eines Abends tauchte sie im Café Dôme auf, das schöne Kleid völlig zerfetzt. «Modi war ungezogen», erklärte sie strahlend. Ein andermal hatte sie ein paar Freunde, darunter Juan Gris mit seiner Frau, zum Abendessen eingeladen; Modi, betrunken und verdreckt, erschien spät. «Geh und wasch dich», sagte sie angewidert, «du siehst ja aus wie ein Kutscher.» – «Vielleicht seh ich aus wie ein Kutscher», konterte er, «aber im Salon bin ich der Charme in Person.»[24]

Modiglianis Gesundheit verschlechterte sich, er trank und rauchte mehr, nahm überdies Haschisch, so daß er seinen angeschlagenen Zustand nicht länger mit gutem Aussehen und fröhlichem Gebaren kaschieren konnte. Obzwar Kriegsgegner, der mit seinem pazifistischen Engagement bei Fremden in jenen Jahren manchmal Anstoß erregte, bedeutete es für einen stolzen, beherzten Mann wie ihn dennoch eine Erniedrigung, als Schwächling abgelehnt zu werden. Zum erstenmal zeigte sich 1915 ein Anflug von Zynismus in seinen Bildern. Er skizzierte ein Paar in mittleren Jahren, für den Abend gekleidet, das vermutlich zu später Stunde in der Rotonde aufgetaucht war. Der aufgeblasene Fatzke, der seine Frau turmhoch überragte, lag ihm offensichtlich nicht. Die elegante Erscheinung der Frau mit den Ohrreifen ist sorgfältig wiedergegeben, aber die beiden starren ausdruckslos von der Leinwand herunter, auf ihren Gesichtern hat sich nichts eingegraben, weder Schmerz noch Leidenschaft, und Modigliani bleibt unberührt, wiewohl leicht amüsiert von ihrer ehrbaren Fassade. In der Darstellung der Gesichter finden sich Spuren von kubistischer Flächenstrukturierung; diesmal experimentierte Modigliani mit der Technik, anstatt dem Geheimnis der Persönlichkeit nachzuspüren.

Raymond Radiguet war zwölf Jahre alt, als Modigliani ihn malte, ein ausgezeichneter Schüler, der ein Stipendium an einem Pariser Gymnasium gewonnen hatte und nun täglich aus seinem Vorort in die Stadt kam. Sein Vater, ein freischaffender Künstler, gab ihm oft seine Karikaturen und satirischen Zeichnungen mit, die er in den Zeitungsredaktionen abliefern sollte. Raymond war originell und witzig und wurde von Zeit zu Zeit in den Künstlercafés zu einer Tasse Kaffee eingeladen. Er fand die Gespräche im Dôme und in der Rotonde weitaus unterhaltender als den Schulunterricht und verließ denn auch bald das Gymnasium. Mit 18 Jahren hatte er seinen Bestseller geschrieben, *Le Diable au Corps*, einen aufsehenerregenden, originellen Roman über Liebe und Untreue. Modigliani muß die eigenartige Persönlichkeit des Jungen schon in dem Alter gespürt haben; vielleicht fand er darin etwas von sich selbst wieder. Er malte Raymond als rätselhaften, sensiblen jungen Mann mit einem außergewöhnlich hellsichtigen Ausdruck in dem noch ungeformten Gesicht. Das Bild ist beschrieben worden als das «Meisterwerk unter Modiglianis kubistischen Experimenten ... (der) kleine Kopf ist in zwei klar abgegrenzte Zonen gegliedert, von denen jede ihre eigene Perspektive besitzt». Im linken Bildbereich werden die Gesichtszüge nahezu realistisch dargestellt und «zum Betrachter hin orientiert. In der anderen Bildhälfte ist die Schulterlinie schräg zu uns geneigt ... und das Gesicht tritt zurück und wirkt maskenhaft, wie eine Wand», schrieb John Russell.[25] Auf der maskenhaften Bildseite blickt das eine Auge Raymonds leer in sich hinein. Modigliani erkannte die Möglichkeiten des Jungen, der ironischerweise wenige Jahre später Beatrices Liebhaber wurde, er 18 und sie über 40. Nach einem stürmischen Erfolg starb Raymond 20jährig an Typhus, der nach dem Verzehr von Austern ausbrach.

Modigliani hatte keinen ordnungsgemäßen Vertrag mit seinem Kunsthändler. «Ihn zu bitten, einen rechtsgültigen Vertrag zu unterzeichnen, war sinnlos»,[26] sagte Paul Guillaume, der den Umgang mit ihm schwierig fand. Wenn er mit einem Käufer einen Preis ausmachte und dieser dann um Modiglianis Adresse bat, gab der Maler wahrscheinlich sein Werk billiger her oder verschenkte es, falls der Käufer schlau genug war, ihm ein Essen und ein paar Gläser zu spendieren. Über Modiglianis Version der Geschichte ist leider nichts verbürgt. Er blieb bitterarm und von halsstarrigem Stolz. Er machte sich nicht das geringste daraus, Malutensilien oder Alkohol auf Pump zu kaufen, bewahrte sich aber dabei sein ganz individuelles Ehrgefühl. Als er in Montparnasse wohnte, hatte der Bildhauer Léon Indenbaum von Modigliani einen Kopf erworben, da er gerade gut bei Kasse war. Die schwere Plastik verblieb in Modiglianis unordentlichem Atelier, bis dieser eines Tages in der Rotonde auf Indenbaum zuging und ihm rundweg mitteilte: «Ich habe deinen Kopf verkauft.» – «Du hast recht daran getan», antwortete der Bildhauer großzügig. Modi indes vergaß die Sache nicht, und als Indenbaum ihn 1915 blaß und unrasiert in Montparnasse traf, kam Modigliani auf ihn zu und sagte mit heiserer Stimme: «Ich werde ein Porträt von dir malen.» Indenbaum nahm das Angebot nicht ernst, das Modigliani seiner Meinung nach am nächsten Morgen bereits vergessen hätte, doch Modigliani beharrte darauf und fragte Indenbaum, ob er Leinwand und Farbe zu Hause habe. Schließlich verabredeten sie sich für den folgenden Tag um neun Uhr früh, doch Indenbaum war nach wie vor überzeugt, daß Modigliani nicht erscheinen würde. Am nächsten Morgen läutete Modigliani, glattrasiert, das Haar sorgfältig gebürstet, an Indenbaums Wohnungstür. «Ich merkte genau, daß er noch nichts getrunken hatte, und wunderte mich doppelt über seine offenbar gute Laune.» Indenbaum bot ihm eine Auswahl von alten Bildern zum Übermalen, prüfte sie alle sorgsam, um nur ja keines auszusuchen, das auch nur eine Spur von Talent verriet. Schließlich fanden sie eine Leinwand, und Modi plazierte Indenbaum am einen Ende des langen, schmalen Ateliers, während er sich am anderen niederließ. Modigliani sah sein Modell beim Malen kaum an, «oder wenn, dann bloß zwecks Vergleich mit seinem Porträt. Er hatte sich im Innern ein Bild von mir gemacht und überprüfte das jetzt nur anhand meiner äußeren Erscheinung». Bis zur Fertigstellung waren drei Sitzungen erforderlich, und Modigliani erschien zu Indenbaums Überraschung jedesmal glattrasiert und proper und verhielt sich bescheiden, fast schüchtern. Als er das Porträt vollendet hatte, betrachtete er es befrie-

Rothaarige Frau, 1915

digt und sagte zu Indenbaum: «Da – das ist für dich.»[27] Indenbaum wußte, wie dringend Modigliani Geld brauchte, also versuchte er, ihm für das wunderbare Bild einen für ihn erschwinglichen Betrag anzubieten, worauf Modigliani jedoch beleidigt reagierte und Indenbaum nötigte, das Porträt als Geschenk anzunehmen.

Wenn er ernsthaft arbeitete, konnte Modigliani seinen Alkoholkonsum unter Kontrolle halten und maßvoller leben, indem er sich von Beatrices hektischen Partys fernhielt. Ganz Montparnasse wußte, daß Beatrice während ihrer Beziehung zu Modigliani andere Liebhaber hatte. Doch es gibt keinerlei Andeutung, daß Modigliani, der Frauenheld, ihr je untreu war.

Im September 1915 hatte sich der Ton ihrer Beiträge in *The New Age* völlig gewandelt; keine unbekümmerten, witzigen Notizen in Ichform mehr, kein lockerer Gesprächsstil oder scharfe Sarkasmen. Statt dessen zog sich Beatrice zurück auf lange Übersetzungen französischer Dichtung und akademische literarische Diskussion, was fast den Anschein erweckte, als sei ein Teil von ihr erstorben. Ihr Nachbar Charles Beadle erzählt viele Geschichten von Modigliani, der im Alkohol- und Drogenrausch Streit anfing, wenn er sich mit Beatrice im Garten harmlos über Pflanzen unterhielt; von Modigliani, der auf den Friedhof ging, weil «der Tod nicht mehr fern war» («Wäre es nicht fabelhaft», sagte er zu Beadle, «wenn wir unsere eigenen Gebeine betrachten könnten?»); von einem Modigliani, der an den Gräbern Lautréamont deklamierte, nach Drogen süchtig, sämtliche männlichen Freunde Beatrices beargwöhnend. Modiglianis älterer Bruder, der Politiker Emanuele, der 1914 Paris besuchte, war über die Affäre genau im Bilde. Ihm zufolge war Beatrice so eifersüchtig, daß sie Modigliani im Haus einsperrte, damit er nicht mit einer anderen durchbrannte. Was immer daran wahr sein mag, Ende des Jahres scheint Modigliani dem ewigen Gezänk und Druck den Rücken gekehrt zu haben.

Am 9. November 1916 schickte er seiner Mutter eine Postkarte:

Sitzende mit gefalteten Händen, 1916

Meine liebe Mutter,

Ich bin ein Verbrecher, daß ich Dich so lange ohne Nachrichten ließ. Doch war so vieles ... vor allem die Änderung der Adresse. Neue Adresse: 13, Place Emile Goudeau, XVIII. Aber trotz allen diesen Aufregungen bin ich ziemlich zufrieden. Ich male wieder, und ich verkaufe auch. Das ist schon viel. Ich bin sehr froh, daß mein Bruder (Umberto) in der Munition arbeitet. Was Laure anbelangt, meine ich, daß, wenn sie sich ihre Intelligenz erhalten kann, und ich möchte sagen, ihre wundervolle Intelligenz, so ist das schon viel. Ich bin gerührt, daß sie noch an mich denkt, sich meiner erinnert, sich für mich interessiert und dies im Zustand des Vergessens aller menschlichen Dinge, in dem sie sich befindet. Es scheint mir unmöglich, daß man ein solches Wesen nicht dem Leben, dem menschlichen Leben, zurückgeben kann. Umarme innig meinen Vater für mich, wenn Du ihm schreibst. Ich und die Briefe, wir sind einander ein wenig feindlich gesinnt, aber ich glaube nicht, daß ich Dich und die anderen vergesse.

Ich umarme Dich innig.

Dedo[28]

Laure, seine Lieblingstante, hatte einen schweren Zusammenbruch erlitten. Ihre Schwester Gabrielle Garsin, in Dedos Kindheit eine Hausgenossin der Familie, hatte Selbstmord begangen, indem sie sich eine steile Treppe hinunterstürzte. Laures desolater Zustand ging offensichtlich auf den Suizid ihrer Schwester zurück. Modigliani erwähnte Beatrice mit keiner Silbe; höchstwahrscheinlich dürfte Eugenia von ihm nie etwas über die Affäre erfahren haben, jeder Anteil an seinem Leben blieb ihr verschlossen.

7

AUF DEM WEG ZUM INTENSIVEN LEBEN

«Picasso nimmt mich ständig in die Rotonde mit», schrieb der aufstrebende junge Dichter Jean Cocteau 1916 an einen Freund. «Handschuhe, Stock und Kragen setzen diese Künstler in Hemdsärmeln in Erstaunen – sie haben sie stets als Kennzeichen von Schwachsinn betrachtet . . ., dennoch ist es herrlich, sich mitten in den Wortgefechten großer Kunst zu finden.»[1] In jenem Jahr arbeitete der 25jährige Cocteau an dem Libretto zu *Parade*, dem neuen, umstrittenen Ballett von Diaghilew, das den progressiven Geist in den Künsten zum Ausdruck bringen sollte, mit der Musik von Eric Satie und kubistischen Kostümen und Bühnenbildern von Picasso. «Ich war unterwegs zum intensiven Leben», schrieb Cocteau, «zu Picasso – zu Modigliani – zu Satie.» Cocteau, ein aufgehender Stern, hatte sehr viel von einem Dandy an sich, hochelegant und sich des Eindrucks, den er machte, vollauf bewußt. Er war so fixiert auf den «Internationalismus der Kunst» (er erzählte die Geschichte selbst), daß er auf die Frage eines Journalisten, wer die großen französischen Künstler seien, antwortete: «Nun, Picasso, Modigliani, Lipchitz, Strawinsky» – ein Spanier, ein Italiener und zwei Russen.[2]

Mit dem größten Vergnügen hätte er Modigliani in seine Welt der neuen Couturiers und der *Ballets Russes* von Diaghilew eingeführt, um ihm damit zu einer Karriere als Porträtmaler der Elite zu verhelfen. Und das hat er offenbar auch versucht. Doch Modigliani in seiner Unbestechlichkeit und Lauterkeit, die sie alle nach seinem Tod rühmten, beharrte darauf, seinen eigenen Weg zu gehen. Er verachtete die *snobs d'art*, wie er sie nannte, und all das hochtrabende Geschwätz über Kunst. «Wir schaffenden Künstler leiden unter ihnen», sagte er einmal zu Epstein.[3]

Man sah ihn immer noch gelegentlich mit der «exzentrischen Engländerin», 1916 indes war die Affäre effektiv beendet. Anfangs war es für beide ein wunderbares Erlebnis, die sexuelle Anziehungskraft, gesteigert durch geistige Auseinandersetzung. Doch die Kräche und Handgreiflichkeiten und die gegenseitigen Beschuldigungen hinterher hatten ihre Gefühle füreinander irreparabel beschädigt. Modigliani lebte und arbeitete nun in seiner eigenen Behausung, wo er etwa vier Bilder im Monat fertigstellte. Sie erzielten 1917 die höchsten Preise zu seinen Lebzeiten; in jenem Jahr werden ihm insgesamt 125 Gemälde zugeschrieben, also alle drei Tage eines. Seine Tochter freilich deutet an, daß die für die nach 1916 entstandenen Werke gezahlten hohen Preise sich auf die chronologische Zuordnung ausgewirkt haben könnten.[4] Das erscheint glaubhaft, da Modigliani zwar schnell arbeitete, andererseits alle seine Modelle von zwei bis drei Tage dauernden Sitzungen sprechen. Als er bei Beatrice wohnte, die er mindestens vierzehnmal malte, konnte er natürlich die Sitzungen mehr oder weniger nach Belieben anberaumen.

Kisling, der in der Fremdenlegion gedient hatte, wurde 1916 verwundet entlassen und arbeitete nun in einem Atelier in der Rue Joseph Bara 3, häufig gemeinsam mit Modigliani. Kisling, ein unbeschwerter, gutmütiger Mensch von kräftiger Konstitution, genoß das ungezwungene Leben mit seinen «Zufallsromanzen, Tanzvergnügen, Saufgelagen, Sangesfreuden, Krakeel und Wortgefechten», von keinerlei Schuldgefühlen oder Kränklichkeit getrübt. Wann immer er ins Bett kam, am nächsten Morgen stand er frühzeitig wieder an seiner Staffelei und malte gefällige, nostalgische Frauenporträts. Kisling schwärmte für Frauen und

Jacques Lipchitz und seine Frau, 1917

Moise Kisling

kam leicht mit ihnen zurecht, Vitalität und Sinnenfreude standen ihm ins Gesicht geschrieben. Geldsorgen kannte er nicht, vielmehr verstand er es geschickt, sich die erforderlichen Mittel zu beschaffen, die er dann großzügig ausgab. Die hundert Francs, die er für ein Bild bekommen hatte, verschwendete er am gleichen Tag wieder, indem er allen vorbeigehenden Frauen Blumen schenkte – mit einer Geste, die Modigliani sehr bewunderte. Doch als er Beatrice Hastings zu Anfang ihrer Affäre aufforderte, ihm für ein Aktbild Modell zu stehen, erhob Modigliani Einspruch, und sie erschien nicht zum vereinbarten Zeitpunkt. Das wiederholte sich zweimal. Als Kisling sich bei Beatrice erkundigte, weshalb sie nicht gekommen sei, erwiderte Modigliani: «Ich bin schuld. Wenn eine Frau für dich posiert, gibt sie sich dir hin.»[5] Kisling erlaubte Modigliani nicht nur, sein Atelier zu benutzen, er lieh ihm häufig Pinsel und Farben und behandelte ihn mit unbekümmerter Großzügigkeit, doch die beiden besaßen ein zu unterschiedliches Temperament, um wirklich enge Freunde zu werden. Modigliani schätzte Kisling als das, was er war – als freundlichen, feurigen, sinnlichen jungen Mann.

Jean Cocteau kam in Kislings Atelier, um sich porträtieren zu lassen, und Kisling sowie Modigliani malten ihn, Seite an Seite. Zweifellos war Kisling durch Picasso auf Modiglianis Talent aufmerksam gemacht worden. Der Dichter Pierre Reverdy saß ebenfalls in dem geräumigen Atelier und beobachtete die beiden Künstler bei der Arbeit. Cocteau redete unaufhörlich. Seine Wortkaskaden vermischten sich zu Modiglianis stummer Verzweiflung mit dem auf das Oberlicht niederprasselnden Dauerregen zu einem nicht enden wollenden Zwiegesang. In Kislings Atelier, wo stets ein bis zwei offene Flaschen herumstanden, schrieb Modigliani auf eine seiner Bleistiftstudien: «Ich, der Unterzeichnete, schwöre, mich für die Dauer des Krieges nie mehr zu betrinken.» Auf Kislings Porträt erscheint Cocteau als kleine, feinnervige, verträumte Gestalt, die in dem riesigen Raum mit Tisch und Stühlen, geöffnetem Fenster, blauem Himmel und einer Katze fast verloren wirkt. Modigliani dagegen ließ alles Beiwerk weg und malte Cocteau in einem hochlehnigen Stuhl, jeder Zoll ein Pfau, eckig und dominierend. Der Anblick des fertigen Bildes erschütterte Cocteau, und er beschrieb es im privaten Kreis als «boshaft»[6]. Es sei ein Beweis dafür, daß Modigliani ihn verabscheue. Cocteau war scharfsinnig, und dennoch hatte das übertrieben dargestellte Porträt eine merkwürdig prophetische Qualität. 1956, als Sechzigjähriger, war Cocteau dem Bild geradezu unheimlich ähnlich geworden.[7] Trotz seiner unausgesprochenen Antipathie zögerte Modigliani, ein Honorar für seine Arbeit anzunehmen. Als Cocteau darauf bestand, setzte Modigliani seinen Preis fest: fünf Francs. Das Gemälde war etwas zu groß, um es zu tragen, und da Cocteau kein Geld für eine Kutsche hatte, blieb es jahrelang in der Rotonde. An Modiglianis Bildern war immer deutlich abzulesen, was der Maler von seinem Modell hielt. Bei der Mehrzahl seiner Werke offenbart er eine innere Anteilnahme, die bis zum Wesenskern vordringt. Cocteau jedoch fand er unerträglich snobistisch mit seinem Instinkt für Eigenwerbung und Publikumswirksamkeit. Möglicherweise fühlte sich Modigliani durch Cocteaus übertriebene, affektierte Art in seiner Sexualität bedroht. Obwohl er eindeutig heterosexuell war, hatte er eine ungewöhnlich sensible, fast feminine Seite. Und dann wiederum ging Modiglianis Gereiztheit vielleicht zum Teil auch darauf zurück, daß er diesem geistreichen jungen Mann gegenüber so etwas wie Neid empfand.

Dadurch daß er sich bewußt von dem neuen Geist in der Kunst abwendete, fand sich Modigliani weitgehend ausgeschlossen von dem regen Betrieb, der sich trotz des Krieges überall entfaltete. Picasso und Matisse übernahmen die Schirmherrschaft bei einem 1916 stattfindenden Konzert von Granados und Satie, einem exklusiven Ereignis mit ausgewähltem Publikum. Im gleichen Jahr fand später im Palais d'Orléans am Boulevard du Maine ein großes Bankett zu Ehren von Apollinaire statt, der mit einer Kopfverletzung aus dem Krieg zurückkam. Neunzig Gäste, darunter André Gide, Picasso, Max Jacob, Matisse, de Vlaminck und Cocteau, ließen sich zu einem phantasievollen Mahl nieder. Die zwölf Gänge enthielten: *Hors d'œuvres cubistes, orphistes, futuristes: Méditations esthétiques en salade: Café des Soirées de Paris; Alcools.*[8] Der Abend endete mit Krawall zwischen den verschiedenen Fraktionen des Kubismus, brachte aber trotzdem einen Augenblick des Glanzes in die düstere Kriegsatmosphäre.

Doch gehörte Modigliani viel zu sehr zum Leben von Montparnasse, war zu verbunden mit den führenden Köpfen der «neuen Kunst», um völlig ins Abseits zu geraten. 1914 hatte er in der Künstlerkantine in der Avenue du Maine Hans Arp kennengelernt, den deutsch-französischen Schriftsteller, Bildhauer und Maler, der in der neuen Dada-Bewegung eine herausragende Rolle spielen sollte. Zwei Jahre später lebte Arp in Zürich als Mitglied einer Gruppe hochbegabter Künstler, die des Krieges wegen aus ihren Heimatländern emigriert waren. Bei sporadischen Zusammenkünften in Cafés hatten sie sich zu einer Protestbewegung zusammengeschlossen – gegen den Krieg mit seinen sinnlosen Zerstörungen, gegen Nationalismus und gegen alle konventionellen, schwülstigen oder faden Elemente in der bürgerlichen Kunst der westlichen Welt. Da das Bürgertum in ihren Augen schuld am Krieg war, taten sie alles, um es zu schockieren. In New York verzierte Marcel Duchamps die Mona Lisa mit einem Schnurrbart, und Francis Picabia malte absurde Maschinen, mit denen er Technik und materialistisches Nützlichkeitsprinzip verhöhnte. Der Startschuß fiel allerdings in Zürich, wo das Cabaret Voltaire im Februar 1916 zur Experimentierbühne für die Probleme der modernen Kunst wurde. Zu den Hauptvertretern der dadaistischen Bewegung zählten der deutsche Schriftsteller Hugo Ball, Hans Arp, der in Rumänien geborene Tristan Tzara und der deutsche Schriftsteller Richard Huelsenbeck. «Wir wollten das Cabaret Voltaire zum Brennpunkt der ‹neuesten Kunst› machen, wobei wir freilich nicht versäumten, den fetten, völlig verständnislosen Zürcher Spießbürgern ab und an unter die Nase zu reiben, daß wir sie für Schweine und den deutschen Kaiser für den Kriegstreiber hielten ... Alle Mitglieder der Gruppe waren Künstler in dem Sinne, daß sie ein ausgeprägtes Sensorium für neu entwickelte künstlerische Ausdrucksmöglichkeiten besaßen ... In der Zeit, in der wir im Cabaret Voltaire tanzten, sangen und rezitierten, war abstrakte Kunst für uns gleichbedeutend mit dem Absoluten schlechthin. Naturalismus war eine psychologische Durchdringung der Motive des Spießbürgers, in dem wir

Lunia, 1918

unseren Todfeind sahen, und psychologische Durchdringung zeitigt, trotz aller Gegenwehr, eine Identifikation mit den verschiedenen Regeln bürgerlicher Moral ... Dada sollte ein Sammelpunkt sein für abstrakte Energien und ein dauerhaftes Katapult für die großen internationalen künstlerischen Bewegungen.»[9] Modigliani sympathisierte mit den Idealen der Bewegung – Internationalismus, Abscheu vor Krieg und Kriegsgewinnlern und Aufgeschlossenheit für neue Ausdrucksmöglichkeiten in der Kunst, wenngleich die Hervorhebung der abstrakten Kunst sich nicht in sein Kredo einfügte. Doch zu Anfang war sich Modigliani nicht im klaren über Sinn und Zweck der neuen Bewegung, die auch sonst anscheinend niemand kannte. «Die Dadaisten sprachen mit psychologischer Finesse über Energie und Willen und versicherten aller Welt, daß sie fabelhafte Pläne hätten. Aber wie diese genau aussahen, darüber gab es keinerlei Information.»

Als die Dada-Broschüre *Cabaret Voltaire* im Juni 1916 erschien, war sie «ein Sammelbehälter für die verschiedensten Kunstrichtungen, die damals für uns ‹Dada› ausmachten». Den Umschlag hatte Arp entworfen, andere Beiträge stammten von Picasso, Kandinsky und Modigliani sowie von den Exponenten der Bewegung. Modigliani hatte ein Porträt von Arp beigesteuert. Höchstwahrscheinlich gab er Arp die Zeichnung, der sie dann mit Modiglianis Einverständnis publizierte. Sein Werk wurde 1917 auch in der Galerie Dada gezeigt, zusammen mit Arbeiten von Picasso, Arp, de Chirico, Paul Klee und Oskar Kokoschka.

Für Modigliani war es wichtig, außerhalb Frankreichs in internationalem Rahmen ausgestellt zu werden. Er galt inzwischen als Symbolfigur für das «Abenteuer Montparnasse» und strahlte selbst in seinen schlimmsten Momenten noch Zauber und Intensität aus, die Neid und Bewunderung erregten. Jean Cocteau erkannte das, obwohl sie einander persönlich nicht mochten und er sich stark für die Avantgarde engagierte. In der Rue Huyghens 6 hatte der Schweizer Maler Lejeune ein schäbiges, schlecht geheiztes Atelier, in dem während des Krieges Ausstellungen moderner Kunst, Dichterlesungen und Aufführungen neuer Musik stattfanden. Die Kunstausstellungen arrangierte Paul Guillaume. Gelegentlich fand eine «simultane Darbietung» statt, der neueste Schrei, wobei ein elegantes Publikum gleichzeitig mit bildender Kunst, Dichterlesungen und Musik von höchster Qualität konfrontiert wurde und sich unter die Künstler mischen konnte. Modigliani gehörte zu den Malern, die ihre Werke 1916 in dem Atelier ausstellten. Besucher konnten dort einen Gesamteindruck von seinem Œuvre gewinnen.

Eines Abends besichtigte der polnische Dichter Leopold Zborowski die Ausstellung und war sofort fasziniert von Modiglianis ungewöhnlichem Talent. Zborowski war vor dem Krieg nach Paris gekommen, um mit einem staatlichen Stipendium Literatur zu studieren. Nach dessen Auslaufen versuchte Zbo, wie er genannt wurde, sich seinen Lebensunterhalt mit dem Verkauf von Büchern und Drucken an den Kaianlagen zu verdienen, wobei er sich allmählich auf den Handel mit Bildern moderner, noch nicht anerkannter Maler spezialisierte. Zborowski, ein Spieler und Träumer mit leidenschaftlicher, intuitiver Kunstbegeisterung, und Modigliani empfanden sofort Anerkennung und Verständnis füreinander. Seit der Unterstützung durch Paul Alexandre vor acht Jahren hatte niemand mehr ein derart starkes Interesse an seiner Arbeit bekundet. «Er ist ein großer Künstler», sagte Zborowski zu Lunia Czechowska, «eine Schande, daß er seine Arbeiten auf Caféterrassen verkaufen muß.» Lunia Czechowska stammte aus einer bekannten polnischen Intellektuellenfamilie. Zborowski hatte sie zusammen mit ihrem Mann Kasimir, der auf Fronturlaub war, für den Abend eingeladen und führte das Ehepaar nach der Ausstellung in die nur ein paar Schritte entfernte Rotonde. Als sie auf der Terrasse bei einem Glas Wein saßen, bemerkte Lunia einen attraktiven jungen Mann im Samtanzug, mit großem schwarzen Filzhut und rotem Halstuch, der den Boulevard Montparnasse überquerte. Unter dem Arm trug er eine umfängliche Mappe, und seine Tasche steckte voller Bleistifte. Lunia war eine bildschöne junge Frau, die überaus distinguiert wirkte. Natürlich erspähte Modigliani sie sofort und ließ sich am Nebentisch nieder. Sie war entzückt von dem Künstler, von seinem hervorragenden Äußeren, «seiner Ausstrahlung und der Schönheit seiner Augen. Er war gleichzeitig sehr einfach und sehr nobel. Wie er noch die kleinste Bewegung zu nuancieren wußte, bis hin zum Händeschütteln».[10] Während sie sich unterhielten, begann Modigliani, eine Skizze von ihr zu machen. In Gegenwart einer hübschen Frau ließ er sich hinreißen, so daß er Lunia die fertige Zeichnung schenkte, ihren Mann dabei völlig ignorierte und sie einlud, mit ihm auszugehen. Madame Czechowska geriet außer Fassung, und Zborowski rettete die Situation. Sie hätten bereits Pläne für den Abend, erklärte er, und lud Modigliani höflich ein, sich ihnen anzuschließen. Der lehnte das ebenso höflich ab, schlug jedoch Lunia vor, sie solle am folgenden Tag in sein Atelier kommen und ihm Modell stehen. Nach behutsamem Taktieren einigte man sich auf einen Mittelweg, so daß Lunia nicht kompromittiert wurde, während Modigliani sie am nächsten Tag im Sunny Hotel am Boulevard de Port-Royal porträtieren sollte, der kleinen Pension, in der Zborowski mit seiner hübschen und etwas überheblichen Frau Anna (Hanka) in Konsensehe lebte. Zborowski bewunderte nicht nur die Begabung Modiglianis, sondern sah in ihm auch eine romantische Figur, die ein Leben führte, wie er es auch gern getan hätte. Er setzte sich bereits für eine Anzahl junger Maler ein, darunter Kisling, Hayden und Kremegne, und war fest entschlossen, auch Modigliani zu fördern. Ihm selber fehlten dazu zwar die Mittel, was jedoch seine leidenschaftliche Überzeugung nicht schmälerte, daß Modigliani einen Gönner verdiente. Er wurde der einzige Kunsthändler, der sich auf Dauer für ihn engagierte, und somit Teil der Legende. Die erste Begegnung beschrieb er mit dichterischer Freiheit:

> Auf offener Straße gegen Abend im Juli,
> die Vagabundenschar abgehärmt und bedrückt;
> sie brauchen Wärme, diese Männer,
> neuen Schwung.
> Zu beiden Seiten ein Café.

Ein junger Mann am Nebentisch steht auf, macht ein paar Schritte und hält inne mitten auf der Fahrbahn.
Er achtet nicht auf Autos noch auf Straßenbahnen – der junge Mann nimmt seine Mappe in die Hand, öffnet den blauen Dekkel – die losen Blätter flattern auf das warme Pflaster.
Etwas wie Ohnmacht,
ein Gebet zur Nacht.
Kommt, laßt ihn uns nach Hause bringen.
Schutzmann.
Freunde.
Die Tür fällt zu, wie's müde Lider tun des Abends.
So band in einer Julinacht mein Leben ich an Modiglianis.[11]

Es schmeichelte Lunia, von einem begabten Künstler porträtiert zu werden, doch anfangs fühlte sie sich ziemlich eingeschüchtert. Modigliani malte wie ein Wilder drauflos, in Hemdsärmeln, das Haar völlig zerzaust. Von Zeit zu Zeit streckte er die Hand nach einer Flasche mit Fusel aus und nahm einen Schluck. «Ich konnte beobachten, wie der Alkohol zu wirken anfing; er wurde so erregt, daß er mit mir Italienisch zu reden begann. Er malte mit solcher Versessenheit, daß ihm das Bild auf den Kopf fiel, als er sich vorbeugte, um mich besser zu sehen. Ich geriet in Panik. Beschämt, mich erschreckt zu haben, sah er mich freundlich an und sang italienische Lieder, um mich den Zwischenfall vergessen zu lassen.»[14] Inwieweit Modiglianis Gesang Trost spendete, bleibt zweifelhaft. Er sang «fürchterlich falsch» und hatte ein sehr begrenztes Repertoire. Oft schmetterte er ein livornesisches Lied mit dem Text: «Ich arbeite für hundert Lire im Monat. Meine Frau trägt ein Kostüm aus Seide ... und einen schwarzen Federhut.»

Seine Sprechstimme dagegen war angenehm, seine Diktion im Französischen wie im Italienischen ausgezeichnet. Wenn er etwas nachdrücklich betonen wollte, rollte er die R's. «Her-r-vor-r-ragend», pflegte er dann zu sagen.[13]

Als Lunia achtzig war, hatte sich bei ihr die Erinnerung an ihre erste Begegnung mit Modigliani leicht verschoben.[14] Nach diesem Bericht bemerkte er ihre Scheu und tat so, als sehe er sie gar nicht an, was höchst unwahrscheinlich klingt. Während der Sitzungen an insgesamt drei Nachmittagen trank er Grappa und rezitierte Dante. Da er sie alles in allem vierzehnmal malte, könnte bei dieser Angabe auch etwas durcheinandergeraten sein. Die Freundschaft mit Modigliani war ihr indes noch lebhaft im Gedächtnis. Sie schlenderten gemeinsam durch Paris, nachdem ihr Mann an die Front zurückgekehrt war. Lunia bestand darauf, daß Modigliani nicht unmäßig trank, und sie bekräftigte stets, daß die Geschichten über seinen Alkohol- und Drogenkonsum stark übertrieben seien. Er tränke nur, wenn er Kummer hätte, behauptete sie, dann würde er streitsüchtig, doch niemals seinen Freunden gegenüber. In einer Gesellschaft, in der er sich wohl fühlte und ganz er selbst sein konnte – etwa bei Paul Alexandre, Anna Achmatowa, Lunia Czechowska –, benahm sich Modigliani nach wie vor wie der wohlerzogene, höfliche junge Mann, der seinerzeit Paris bezaubert hatte. Sein stark ausgeprägtes Einfühlungsvermögen beeinflußte sein Verhalten und machte ihn zu einem temperamentvollen, wenn auch unberechenbaren Gefährten.

Am 7. Juli teilte Modigliani seiner Mutter auf einer Postkarte ziemlich knapp mit, er habe nun, da Italien sich im Krieg befinde, damit gerechnet, zum Militärdienst zurückgerufen zu werden, auch wenn er untauglich sei und nur geringe Lust verspüre, nach Italien zurückzukehren. «Aber – ich bin immer noch hier.» Die neue Hoffnung, daß Zborowski seine Bilder verkaufen und seine Angelegenheiten regeln könnte, dürfte seine Entscheidung, in Paris zu bleiben, beeinflußt haben. Als erstes mußte er sein Abkommen mit Paul Guillaume aufkündigen.

Guillaume ließ Modigliani ohne großes Bedauern gehen. «Der junge Mann hat wirklich Talent», teilte er Zborowski gönnerhaft mit. «Ein Jammer, daß er nicht ein bißchen mehr von einem Franzosen an sich hat.» Guillaume hätte sich Modiglianis Arbeiten kubistischer gewünscht, mehr *à la mode*. Außerdem störte ihn

Modi unberechenbares, gegen alle Geschäftspraktiken verstoßendes Verhalten: «Der bloße Gedanke, ihn um eine Unterschrift zu bitten, die eine Beziehung rechtsgültig gemacht hätte, erschien mir lachhaft.» So stand das Abkommen auf schwachen Füßen, und Modigliani offenbarte seine Gefühle gegenüber seinem Kunsthändler in dem Porträt von 1916, das Paul als überlegen dreinblickenden, unbeteiligten, ironischen Mann von Welt zeigt. Guillaume begriff, daß Zborowski, «der ein Leben wie Modigliani führte, mit ihm in den Cafés herumhockte»,[15] der weitaus geeignetere Partner wäre. Bedauerlicherweise erkrankte Zborowski in jenem Sommer und fuhr zur Erholung nach Südfrankreich. Modigliani suchte Arbeit, wo immer er welche finden konnte. Als André Warnod auf Heimaturlaub kam, fragte er ihn höflich, ob er sich in Uniform porträtieren lassen wolle. Warnod mußte ablehnen, was er später bereute. Jacques Lipchitz hingegen, der kürzlich geheiratet hatte, beschloß, Modigliani den Auftrag für ein Hochzeitsbild zu geben. Lipchitz war jetzt bei Léonce Rosenberg, Picassos Kunsthändler, unter Vertrag und fühlte sich dadurch finanziell besser abgesichert.

Auf seine Frage nach Modiglianis Preis bekam er zur Antwort: «Den kennst du doch. Zehn Francs für jede Sitzung und ein bißchen Alkohol.» Am folgenden Tag erschien er bei Lipchitz im Atelier, wo er rasch und präzise eine Reihe von Vorstudien anfertigte. Gemeinsam mit dem Ehepaar erörterte er die Pose für das Bild, und Lipchitz holte das Hochzeitsfoto, um Modigliani die Entscheidung zu erleichtern. Die Sitzungen begannen am nächsten Tag um ein Uhr mittags. Modigliani erschien mit einem Farbkasten und einer Leinwand, an der er bereits gearbeitet hatte. Er malte lieber auf dichtem Gewebe und breitete manchmal nach Beendigung der Arbeit ein Blatt Papier über die frische Farbe, um sie verschmelzen zu lassen. Er benutzte keine Staffelei und kam mit einem Minimum an Aufwand aus, stellte die Leinwand auf einen Stuhl und malte ruhig, «unterbrach nur hie und da, um sich einen Schluck aus der Flasche zu genehmigen. Von Zeit zu Zeit stand er auf, begutachtete sein Werk kritisch und sah seine Modelle an. Am Ende des Tages sagte er: ‹Nun, ich denke, es ist fertig.›» Trotzdem widerstrebte es Lipchitz, Modigliani so wenig für seine Arbeit zu zahlen, deshalb erfand er Gründe für weitere Sitzungen. «Kannst du nicht noch ein wenig daran arbeiten?» fragte er ihn. «Du weißt doch, wir Bildhauer haben's gern etwas plastischer, substantieller.» Modigliani willigte zögernd ein: «Wenn du von mir verlangst, es zu ruinieren, kann ich ja weitermachen.»[16] Modigliani arbeitete fast zwei Wochen hindurch weiter an dem Bild, für ihn eine ungewöhnlich lange Zeit und vielleicht das einzige Mal, daß er sich mit einer solchen Prozedur einverstanden erklärte. Als es dann fertig und mit Sicherheit nicht «ruiniert» war, gab Lipchitz ironischerweise den Zeichnungen den Vorzug vor dem Gemälde, das er in einem Schrank abstellte. Bald nach Modiglianis Tod überließ Lipchitz das Porträt seinem Kunsthändler im Rücktausch gegen zwei seiner eigenen Steinköpfe.

Lipchitz war ein freundlicher Mensch und stammte aus einem kleinen jüdischen Dorf in Rußland. Seine Herkunft hatte ihn Vernunft, Sparsamkeit und Systematik gelehrt. Er konnte Modiglianis Gleichgültigkeit seiner Gesundheit wie seinen Finanzen gegenüber nicht begreifen und empfand sie als haarsträubend. Er machte sich nicht nur wegen Modiglianis Trinken Sorgen, sondern übte auch Kritik daran, daß er sein Essen so stark würzte und sich haufenweise Salz und Pfeffer auf den Teller tat. Überdies schätzte Modigliani in Knoblauch geschmorte Speisen: «Wenn ich Knoblauch esse, ist das so, als ob ich die Frau, die ich liebe, auf den Mund küsse.» Lipchitz war überzeugt, daß er es als Reizmittel für seinen abgestumpften Gaumen benutzte. Er fühlte sich verpflichtet, seinem Freund Vorwürfe wegen seiner Exzesse zu machen, was Modigliani wiederum in Rage versetzte. «Du redest genauso wie meine Familie», erwiderte er. «Aber du verkürzt dir damit das Leben», erklärte Lipchitz geduldig. «Na wenn schon», gab Modigliani zurück. «Ich möchte kurz, aber dafür intensiv leben.»[17] Biographen haben diesen Ausspruch immer so gedeutet, daß Modigliani an Selbstmord dachte. Im Zusammenhang war es

Simone, 1918

wohl eher seine ungeduldige Reaktion auf die wohlmeinende Bevormundung durch Lipchitz.

Vor allem Frauen fühlten sich häufig versucht, Modigliani zu bemuttern. Marie Wassilieff, die Leiterin der Künstlerkantine, gewährte ihm kostenlose Verpflegung und überschüttete ihn mit guten Ratschlägen. Eine junge Frau namens Simone Thiroux hatte Modigliani lange Zeit genau beobachtet. Sie war eine begüterte Frankokanadierin, die in Paris bei ihrer Tante wohnte. Eine hübsche, dickliche Blondine, die sich in Montparnasse vergnügte und begeistert mit Künstlern herumzog, für sie Modell stand, ihnen half, Farben und Zigaretten zu kaufen, sporadisch an der Sorbonne studierte, bis sie ihr Erbe größtenteils verpulvert hatte und die Studiengebühren nicht mehr aufbringen konnte. In Rosalies kleinem Lokal sah Simone dem attraktiven Modigliani zu, wenn er ein Bild malte, oder in der Rotonde, wenn er schöne Frauen zeichnete, und sie war, ebenso wie ihre Freundinnen, hingerissen von ihm. Sie sehnte sich danach, ihm nahezukommen, und geleitete ihn, wenn er volltrunken war, behutsam in sein Zimmer und half ihm ins Bett, in das sie dann eines Nachts selbst stieg. Manche sagten ihr nach, sie gehe auf Männerfang aus und führe eine «Abschußliste», doch die meisten waren sich einig, daß sie aufrichtig an Modigliani hing und daß ihr Interesse mehr dem Mann als dem Künstler galt. Modigliani fand ihre Beflissenheit lästig; er spielte gern den Werbenden und lehnte jeden Rollentausch ab. Obwohl Simone in seinem Leben eine Zeitlang als ständige Begleiterin fungierte, nahm er die Affäre niemals ernst. Wenn es kalt war, kaufte ihm Simone Schals und warme Sachen. Bei Regenwetter erschien sie in den Cafés und brachte ihm Galoschen. Lipchitz erinnerte sich, daß sie als Zuschauerin auftauchte, als Modigliani das Hochzeitsbild malte. Er fand ihre Fürsorge rührend, doch Modigliani tat sie verächtlich als Klette ab.

Während Zborowski noch in Südfrankreich weilte, traf Modigliani seine Frau zufällig auf der Straße und bat sie, für ihn zu posieren. Seine Beziehung zu ihr war förmlich und distanziert, und sie betrachtete Maler eindeutig als notwendiges Übel, das

Hanka Zborowska

sich aus dem Umfeld ihres Mannes ergab. Sie war eine hübsche Frau und sehr tatkräftig, und Modigliani überredete sie, ihm für ein Aktbild Modell zu stehen. Während seiner chaotischen Pariser Jahre hatte er zwar weiterhin Kurse für Aktzeichnen besucht, die fünf Francs Stundenhonorar für ein Modell konnte er sich indes nicht leisten und hatte daher nur selten Gelegenheit, ein Aktbild zu malen – außer von seinen Freundinnen, und das war nicht minder kostspielig, wie ihm allmählich klar wurde. Anna Zborowska stand ihm für zwei Aktbilder Modell, die er mutmaßlich in ihren Räumen im Sunny Hotel malte, mit Lunia als Anstandsdame. Beide Bilder verkaufte er sofort an einen Herrenfriseur in der Gegend, dem es mehr auf den nackten Frauenkörper ankam als auf die prachtvolle Malerei. Das dritte Bild versprach er Madame Zborowska zum Dank für ihre Bereitschaft, ihm Modell zu stehen. Da es noch nicht ganz trocken war, nahm er es mit nach Hause, und als unverhofft ein Käufer auftauchte und ihm zehn Francs dafür bot, steckte er das Geld ein. Beschämt entschuldigte er sich bei Hanka Zborowska, die ihr Geschenk abholen wollte, doch sie wollte keine Zeit mit langen Erklärungen verlieren.

Sie waren alle knapp bei Kasse. Hanka verschaffte sich das Geld für Zbos Rückfahrkarte nach Paris durch den Verkauf von Bildern Derains und einer Studie von Kisling. Nach seiner Rückkehr hatte Zborowski eine Glückssträhne. Er veräußerte ein Gemälde von Derain für tausend Francs an einen norwegischen Kunsthändler und konnte nun Modigliani einen Vertrag anbieten. Im Gegensatz zu Guillaume war Zborowski kein versierter Kaufmann und ein miserabler Buchhalter, glaubte aber unerschütterlich an Modiglianis Talent. Ab Herbst benutzte Modigliani einen Raum in Zborowskis Hotelappartement als Atelier, bis sie Ende des Jahres in eine Wohnung in der Rue Joseph Bara umzogen. In einem kahlen, schmalen Raum, der Zbo auch als «Galerie» diente, arbeitete Modigliani für fünfzehn Francs am Tag. Zborowski sorgte für Kohlen, Farben, Leinwand und Pinsel; außerdem engagierte er die Modelle (Modigliani bestand darauf, daß sie ein Stundenhonorar von drei bis fünf Francs zu bekommen hätten) und beschaffte jedes gewünschte Zubehör. Anfangs rechtfertigte Modigliani seinen schlechten Ruf in keiner Weise, sondern verhielt sich einwandfrei. Nie kam er betrunken an und arbeitete zum erstenmal seit Jahren fast nach Stundenplan: spät aufstehen, Mittagessen bei Rosalie und dann durchgehend von 14 bis 18 Uhr. Im Laufe eines Nachmittags schaffte er es gewöhnlich, ein Bild mittleren Formats fertigzustellen, während er für größere Bilder zwei bis drei Sitzungen benötigte. Er rauchte dabei die ihm laut Vertrag zustehenden Zigaretten und leerte eine Flasche Wein.[18] Mittlerweile brauchte er ein Quantum von zwei bis drei Gläsern, um überhaupt arbeiten zu können. «Nach dem ersten klappte gar nichts; nach dem zweiten wurde es etwas besser; nach dem dritten ging es ihm wie von selbst von der Hand.»[19] Erstaunlich wenig genügte, ihn betrunken zu machen, der Alkohol schien aber zugleich innere Kräfte freizusetzen. Alle seine Freunde registrierten, daß seine Hand auch in noch so alkoholisiertem Zustand fest blieb und er mit verblüffendem Geschick und Feingefühl zu zeichnen vermochte. Maurice Utrillo wurde damals wegen seiner Trunksucht in eine Irrenanstalt eingeliefert, wo ihn Lunia und die Zborowskis täglich besuchten. Am qualvollsten empfand Modigliani solche Besuche; es entsetzte ihn, seinen alten Freund in einer derart trostlosen, schmutzigen Um-

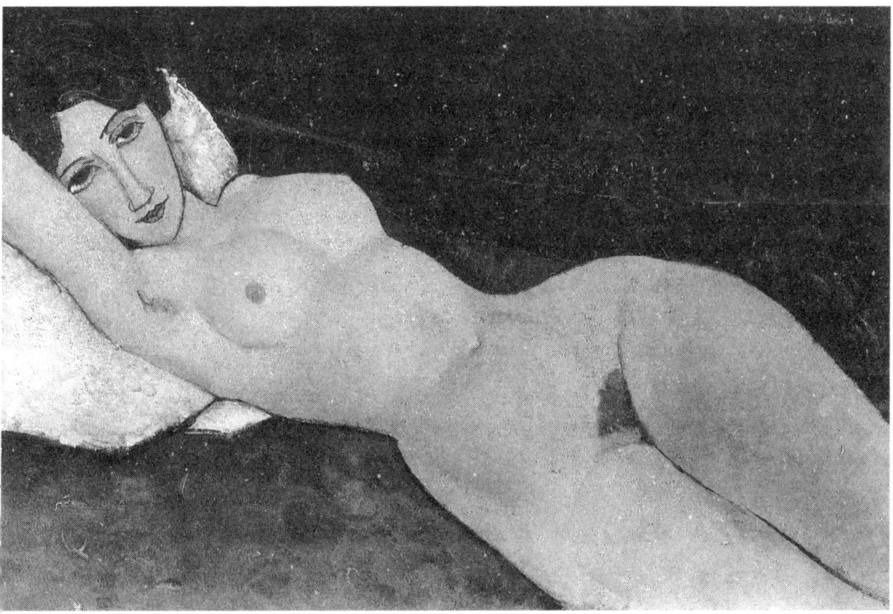

Liegender Akt, 1917

gebung zu sehen, eingeschüchtert und gedemütigt. Sie kauften ihm Leinwand und Farben, und Maurice malte weiter nach Postkarten. Manchmal gelang es ihnen, auf Utrillos flehentliche Bitten hin eine kleine Flasche Pfefferminzlikör einzuschmuggeln. Modigliani bat Lunia oft, ihn zu begleiten, wenn er Utrillo spazierenführte. Utrillo bekam regelmäßig ein paar Tage Urlaub, und manchmal entfloh er auch. Dann stöberte er zielstrebig Modigliani auf, wo immer der steckte, und sie betranken sich die ganze Nacht über sinnlos, bis sie auf dem Polizeirevier landeten und verprügelt wurden.

Zborowski bemühte sich zwar angestrengt, seine Werke zu verkaufen, doch Modiglianis Existenz blieb äußerst unsicher. Kisling, Lipchitz, Utrillo, alle seine Freunde verkauften, und er mußte die bittere Pille schlucken, daß sein Werk noch nicht marktgängig, nicht nach dem Geschmack des Publikums war. In den seltenen Fällen, in denen Zborowski ein Abschluß geglückt war, ließ er das Licht brennen. Häufiger jedoch schaltete Hanka Zborowska die Beleuchtung aus, als ob sie nicht zu Hause wären, damit Modigliani nicht heraufkam und um Vorschuß für den folgenden Tag bat. Wenn er mittags zur Arbeit erschien, war seine erste Frage: «Wie steht's? Haben Sie was verkauft?» Doch abgesehen von gelegentlichen Interessenten, blieben Modiglianis Bilder in einer Ecke der Wohnung gestapelt, und der Preis war bedrückend niedrig. Für die Graphik dagegen hatte Zborowski einen Käufer in Gestalt von Lucien Descaves, dem Bruder des Polizeipräsidenten, der sie en gros abnahm. Zu Zborowskis Ärger blieb Modigliani in den Cafés seiner alten Gewohnheit treu, Dutzende von Skizzen zu machen, die er dann entweder verschenkte oder verschleuderte, um sich für den Erlös ein paar Gläser zu genehmigen. Als sie eines Abends in einem Café saßen, riß Modigliani nach Fertigstellung einer Zeichnung das Blatt aus seinem Skizzenblock. In der Annahme, er wolle es wegwerfen, streckte Zborowski die Hand danach aus, doch Modigliani musterte ihn mit strafendem Blick und überreichte die Zeichnung feierlich dem Modell. Sollte Zborowski darüber Ärger empfunden haben, so unterdrückte er ihn: Modigliani flößte ihm eine gewisse Scheu ein, denn er war schließlich ein Gentleman.

Der Schriftsteller Blaise Cendrars beobachtete eines Abends, wie Modigliani einen Zwanzigfrancsschein zu Boden fallen ließ, als ein wohlbekannter Hungerleider hereinkam und sich an den Nebentisch setzte. «Ich muß schon sagen, Sie sind ein Glückspilz», erklärte Modigliani dem Verdutzten und deutete auf die Banknote. «Sehen Sie nur, was Sie gefunden haben.» Sprach's und enteilte.[20] Viele solcher Anekdoten machten in Montparnasse die Runde und landeten schließlich bei den Zborowskis, die so hart zu kämpfen hatten. Hanka Zborowska holte manchmal im Gemüseladen ein Kilo rote Bete, die sie dann mit Modigliani teilten, nur um sicherzustellen, daß jeder etwas zu essen hatte. Zbo unternahm verzweifelte Anstrengungen, damit Modigliani nicht leer ausging, auch wenn er deshalb andere Maler auf ihr Geld warten lassen mußte. Modiglianis «gutes Betragen» hielt nicht allzu lange vor. Er unternahm tagelange Streifzüge durch Cafés und Bars, um damit seine Unabhängigkeit zu beweisen. «Ich bin weder Chef noch Arbeiter», pflegte er zu verkünden. Simone geisterte weiterhin durch sein Leben, wohnte manchmal auch bei ihm. Zwangsläufig malte er «La Canadienne», doch während sie ihn heiß liebte, scheint Modigliani sich nie gefühlsmäßig engagiert zu haben. Sie saßen eines Abends zusammen in der Rotonde, als Beatrice, «die Lady von Montmartre», mit einem attraktiven Begleiter hereinkam. Eine wüste Schlägerei entbrannte, und in dem Tumult trug Simone durch Modiglianis Schuld eine Schnittwunde über dem Auge davon, die eine bleibende Narbe hinterließ. Libion, der freundliche Besitzer, war so außer sich, daß er die ganze Gesellschaft hinauswarf.[21]

Für Simone, abhängig und hoffnungslos vernarrt, erwies sich Modigliani als unmöglicher Liebhaber. Wenn er länger als ein paar Stunden verschwand, geriet sie in Panik und raste in die Rue Joseph Bara, um sich bei den Zborowskis nach ihm zu erkundigen; sie wich und wankte nicht, bis er schließlich gefunden wurde. Zbo tat sein Bestes, um sie zu beschwichtigen, erklärte ihr, daß Modigliani sich oft seltsam verhielte; am Ende ging er dann doch los, um Krankenhäuser und Polizeireviere abzutelefonieren. Einmal tauchte Modigliani wieder auf, völlig abgebrannt, hungrig und durstig, ohne die kleinste Erinnerung, wo er das Wochenende über gewesen war. Zbo, der den ganzen Tag unterwegs gewesen war und versucht hatte, seine Bilder zu verkaufen, fand bei der Rückkehr Modigliani auf dem Sofa vor, wo er seinen Rausch ausschlief. Zborowski ging wortlos in sein Zimmer, zog dort abgetragene Sommersachen an und erschien wieder mit seinem sorgfältig verpackten einzigen Winteranzug, um ihn zum Pfandleiher zu tragen. Mag diese Darstellung auch stark romantisiert sein,[22] daß Zborowski die Straßen von Paris abklapperte und versuchte, Modiglianis Arbeiten bei Kunsthändlern, Kritikern und Sammlern loszuschlagen, bleibt jedoch eine Tatsache, ob er nun aus Loyalität, Weitblick oder persönlichem Ehrgeiz handelte. Vor lauter Besorgnis ließ er sich oft im Preis drücken.

Am 16. November 1916 schrieb Modigliani pflichtschuldig eine Postkarte an seine Mutter, auf der er, wenig mitteilsam wie immer, sie zu beruhigen versuchte und sich optimistisch gab:

> Meine liebste Mutter,
> ich lasse zu viel Zeit verstreichen, ohne Dir zu schreiben, aber ich vergesse Dich nicht. Mach Dir keine Sorgen. Alles geht gut. Ich arbeite, und wenn ich mich manchmal auch quäle, so bin ich doch nicht mehr so unbeholfen wie früher. Ich wollte Dir einige Fotografien schicken, doch wurden sie nicht gut. Schicke mir Nachrichten. Ich umarme Dich ganz herzlich.
>
> Dedo[23]

Zborowskis ständige, wenn auch schwankende Unterstützung hatte zur Folge, daß Modiglianis Geldknappheit nicht ganz so bedrohlich war. Es herrschte immer noch Krieg, mit gelegentlichen Fliegerangriffen, wobei die Sirenen heulten und Polizisten die Straßen räumten und Modigliani manchmal draußen blieb, um die «Vorstellung» zu beobachten und danach weiterzutrinken.

Seitdem er als Student in Venedig Séancen beigewohnt hatte, war Modigliani vom Übersinnlichen fasziniert. 1908 hatte er eine Zeichnung von einer Runde beim Tischrücken gemacht. Während des Krieges war «La Rotonde voll von Russen, die Karten legten, von Nekromanten, Chiromanten und Spiritisten», und Modigliani erwies sich als überaus anfällig für eine derartige Atmosphäre. Die in der Stadt grassierende Depression erfüllte ihn mit Schwermut, was sich in seiner Malerei niederschlug. Während des Jahres 1916 schuf er eine Reihe von Zeichnungen mit christlichen Bezügen, eine Kreuzigung, einen Mönch und eine von Max Jacob als Benediktiner. Die Zeichnungen trugen lateinische Inschriften – «Auferstehung», «Das Jüngste Gericht» – und waren so gänzlich anders als alle sonstigen Arbeiten, daß sie weitgehend ignoriert wurden und noch niedrigere Preise erzielten als die übrigen Werke von Modigliani. Nach Carol Manns Auffassung könnte Max Jacob ihn aufgefordert haben, sein Buch, *La Défense de Tartuffe*, zu illustrieren.[24] Das erscheint denkbar, da die 1917 veröffentlichte Ausgabe von Jacobs Buch *Cornet à Dés* eine Widmung an Modigliani enthielt, die später gestrichen wurde, vermutlich als Folge des mysteriösen Streits um Beatrice. Aus Jacobs Briefen geht eindeutig hervor, daß er über Modiglianis letzte Lebensjahre wenig wußte.[25]

Der ungewöhnlich kalte Winter 1916/17 führte in der Stadt fast zum Kollaps. Kerzen als Notbeleuchtung waren knapp, Lampenöl nirgends zu bekommen, doch am schlimmsten wirkte sich der Kohlenmangel aus. Überall in Paris standen die Leute Schlange, um einen kleinen Beutel voll zu ergattern und damit ihre Wohnung spärlich zu heizen. In der Rue de la Paix legte der vornehmste Juwelier von Paris einen Brocken Kohle, umkränzt von Diamanten, ins Schaufenster. In dieser eisigen Jahreszeit stellten sich Menschenmassen nach Zucker, Milch, Schokolade und Kartoffeln an. Der U-Boot-Krieg und die Kämpfe im Norden Frankreichs waren für die Lebensmittelknappheit und die hochschnellenden Preise verantwortlich. Anfang März 1917 verteuerte sich Fisch, Modiglianis Leibspeise, an einem Tag um fünfzig Prozent. Die Schaufenster waren vereist, und die Mülleimer standen ungeleert auf den spiegelglatten Straßen herum.

Eines Morgens sah de Vlaminck am Boulevard Raspail Modigliani auf einer Verkehrsinsel stehen. «Mit der hochmütigen Miene eines Generals im Manöver beobachtete er die vorbeifahrenden Taxis (bis April 1917 gab es keine Benzinrationierung). Es blies ein eisiger Wind, aber sobald Modi mich entdeckte, kam er zu mir und sagte ganz beiläufig, als handle es sich um etwas, das er überhaupt nicht brauchte: ‹Ich möchte dir meinen Mantel verkaufen, mir ist er viel zu groß, und dir müßte er gut passen.›»[26] De Vlaminck war korpulent und größer als Modigliani, so daß der Mantel ihm bestimmt nicht gepaßt hätte. Modigliani unternahm außerdem den vergeblichen Versuch, einen alten Koffer an einen befreundeten Künstler zu verhökern.

In den vergangenen Jahren ist es Mode geworden festzustellen, Modigliani habe nur wegen seines Trinkens und Drogenkonsums Not gelitten. Haschischpillen kosteten ungefähr 25 Centimes am Tag, und es existiert kein Beweis dafür, daß Modigliani irgend etwas anderes genommen hätte. Um seinen Bedarf an Alkohol zu decken, malte und zeichnete er unablässig. In Rosalies kleinem Lokal bekam man für fünf Francs eine Mahlzeit, und Modigliani gab oft Zeichnungen, die sie für wertlos hielt, im Austausch gegen ein Essen her. Sein Vertrag billigte ihm fünfzehn Francs am Tag zu, sofern Zborowski sie aufbringen konnte, um seine sämtlichen Lebenskosten zu bestreiten. In Paul Guillaumes Galerie stand 1917 ein Buch über afrikanische Skulpturen für fünfzig Francs zum Verkauf; ein solches Werk hätte Modigliani bestimmt zu schätzen gewußt, aber der Preis entsprach dem Unterhaltsgeld für drei Tage plus eine Mahlzeit, und das kam überhaupt nicht in Frage.

Im Jahre 1917 malte Modigliani seine herrlichsten Aktbilder, wie zum Trotz gegen Tod und Zerstörung ringsum. Seit seinen Studienzeiten in Florenz und Venedig hatte Modigliani sich immer wieder intensiv mit den weiblichen Körperformen auseinandergesetzt und auch in Paris weiterhin Kurse für Aktzeichnen be-

Mechan, 1917

sucht. Im Gegensatz zu fast allen seinen Porträts sind die Aktbilder nicht melancholisch, sondern direkt, offen, sinnenfreudig in der Darstellung und verschwenderisch koloriert. Die Gesichter wirken einfacher, weniger gequält, was allerdings kaum verwunderlich ist, denn bei den porträtierten Freunden handelte es sich um Intellektuelle, Künstler und Schriftsteller, komplizierte Männer und Frauen, die mit ihren schwierigen inneren Problemen rangen; die Modelle für seine Aktbilder dagegen waren gesunde junge Frauen, Dienstmädchen, Kellnerinnen, Milchmädchen, die ihren Körper und ihre Sinnlichkeit unbeschwert zur Schau stellten. Er malte 1917 in Zborowskis Wohnung ungefähr dreißig Aktbilder. Andere Maler beschwerten sich, wenn sie mit einem Modell nicht zufrieden waren, während Modigliani die Mädchen nie mit Vorwürfen traktierte. Wenn er jedoch während einer Sitzung dauernd lachte oder Dante, Rimbaud und Verlaine rezitierte, war das ein Alarmsignal. «Dann wußte man, daß man ihn nicht reizen durfte.»[27]

Vor siebzig Jahren gehörte der Schriftsteller Francis Carco zu den ersten Privatkäufern von Modiglianis Aktbildern. Der Unteroffizier auf Fronturlaub war ein gemeinsamer Freund von Zborowski und Modigliani. Als er vorbeikam, um die Bilder zu besichtigen, besorgte Zborowski eilends eine Kerze, steckte sie in einen Flaschenhals und führte Carco dann in einen engen, unmöblierten Raum, wo in einer Ecke ein Stapel von Modiglianis Gemälden stand. Der Kunsthändler «zeigte seine Schätze, liebkoste sie mit Händen und Augen, verfluchte dann das Schicksal, das auf Modigliani lastete, und spuckte angeekelt aus . . . welche Poesie», sagte er. Zborowski erzählte Carco, wie er neulich fünfzehn Bilder zu einem Händler gebracht und ganz wenig dafür verlangt habe, doch der Händler habe ihn weggeschickt. «Sie sind so dumm», ereiferte sich Zbo. «Sie sind noch nicht an ihn gewöhnt», und er fügte prophetisch hinzu: «. . . aber Sie werden es schon erleben, später reißen sie sich alle um ihn, und in der Zwischenzeit hat er kein Geld und leidet . . .» Carco fragte, ob er das Bild «Stehender Akt» kaufen könne, und Zbo war so ergriffen, daß er es vor lauter

Rührung ablehnte, dafür Geld zu nehmen. Als Carcos Concierge tags darauf kam, um sauberzumachen, fiel sie beim Anblick des über dem Bett hängenden Aktes fast in Ohnmacht.

Die verliebte Simone Thiroux folgte Modigliani immer noch wie ein Schatten; sie war mittlerweile schwanger und behauptete, er sei der Vater. Modigliani weigerte sich strikt, diese Vaterschaft anzuerkennen. Ihre Hartnäckigkeit brachte die Affäre zu einem raschen Ende. Der Klatsch im Viertel wußte zu berichten, Rosalies Sohn habe mitgehört, wie Simone einer Wette wegen beschloß, Modigliani zu «erobern», und als ihm diese Geschichte zu Ohren kam, wandte er sich angewidert von ihr ab. Die Version von Lipchitz lautete, Modigliani habe Simone mit einem seiner Malerfreunde im Bett erwischt. Simone stand in dem Ruf, ihre Gunst freigebig zu verteilen, und Modigliani fühlte sich ihr gegenüber in keiner Weise verpflichtet.

Als im März 1917 die Nachricht von der russischen Revolution Paris erreichte, machte sich Modigliani schleunigst auf die Suche nach seinem Freund Ilja Ehrenburg, umarmte ihn und begann «begeistert loszubrüllen», so daß Ehrenburg ihn kaum verstehen konnte.[28] Der Schriftsteller war überzeugt, daß Modigliani prophetische Gaben besaß. Als er ihm erzählte, die Polizei sei gekommen und habe ihn befragt, weil sein Nachbar Diebesgut in Ehrenburgs Schrank versteckt hatte, lächelte Modigliani nur. «Sie werden dich bald einsperren», meinte er. «Du willst Frankreich in die Luft sprengen, das weiß doch jeder.» Bald darauf wurde Ehrenburg, wie vorausgesagt, verhaftet und wurde subversiver Aktivitäten beschuldigt.

Krieg und Revolution waren Dauerthemen. Eines Abends saß Modigliani mit Diego Rivera, dem revolutionären Schriftsteller Boris Sawinkow und dem Dichter Maximilian Woloschin zusammen in der Rotonde. Am Nebentisch erörterten Fernand Léger und der Revolutionär Lipinski die politische Lage. Zu später Stunde überredete Modigliani die ganze Gesellschaft, bei ihm zu Hause die Diskussion fortzusetzen. Das berichtete Ehrenburg, einer der wenigen, der Modigliani nicht bloß als Trunkenbold und Krakeeler schilderte, sondern auch in ernsten Momenten. Fernand Léger, auf Urlaub von der Pioniertruppe, war Sozialist und durch den Militärdienst innerlich aufgewühlt. «Ich fand mich auf gleicher Ebene mit dem ganzen französischen Volk; meine neuen Gefährten waren ... Bergleute, Kanalarbeiter, Metallarbeiter und Tischler. Unter ihnen entdeckte ich das französische Volk. Gleichzeitig blendete mich der Verschluß eines 75-mm-Geschützes, das ungedeckt in der Sonne stand: die Magie des Lichtes auf weißem Metall. Das genügte, mich die abstrakte Kunst von 1912 bis 1913 vergessen zu machen!»[29]

Léger beschloß, seine Bildmotive in Zukunft mehr der Arbeitswelt zu entnehmen. Er war optimistisch und erklärte den anderen, nach dem Krieg würden die Politiker fortgejagt, und das Volk werde dann Kraft und Inspiration in Wissenschaft, Technik, Arbeit und Sport finden. Woloschin widersprach ihm, und Modigliani unterbrach: «Ihr seid alle so verdammt naiv. Glaubt ihr im Ernst, irgend jemand wird zu euch sagen: ‹Liebe Leute, trefft eure Wahl?› Da kann ich nur lachen. Die einzigen, die heutzutage ihre Wahl treffen, sind diejenigen, die Selbstverstümmelung begangen haben, und die werden dafür erschossen. Wenn der Krieg aus ist, wird jeder ins Gefängnis gesteckt ... Jeder muß Sträflingskleidung tragen. Höchstens Akademikern wird man statt gestreifter karierte Hosen zugestehen.»

Die anderen stimmten Modiglianis Version von einer grauen, gleichförmigen Nachkriegswelt nicht zu. Léger pochte darauf, daß neue Wege in der Kunst unverzichtbar seien. Rivera hielt das für hoffnungslos. Die Kunst liege im Sterben: Kein Mensch in Paris brauche sie. Und Modigliani habe unrecht, denn das Schlimmste sei vorüber. «Die Sozialisten könnten ...» Da fiel ihm Modigliani abermals ins Wort: «Wißt ihr, wie Sozialisten aussehen? Wie kahlköpfige Papageien. Bitte seid nicht beleidigt: Die Sozialisten sind trotzdem immer noch besser als der Rest. Aber ihr kapiert überhaupt nichts ..., was ist der Unterschied zwischen Mussolini und Cadorna?» (Luigi Cadorna war 1915–1917 Stabschef und Oberbefehlshaber der italienischen Streitkräfte.)

«Blödsinn!» fuhr Modigliani fort. «Soutine hat ein wunderbares Porträt gemalt. Da ist ein Rembrandt, ob ihr's glaubt oder nicht. Aber man wird ihn hinter Gittern einsperren wie alle anderen.» Er wandte sich an Léger. «Sie wollen die Welt organisieren. Aber die Welt läßt sich nicht mit dem Lineal abmessen. Da sind nämlich Menschen ...»[30] Ehrenburg notierte sich Modiglianis Äußerungen in einem Gedächtnisprotokoll, so genau wie möglich. Doch bevor Modigliani fortfahren konnte, schloß Rivera die Augen, ein sicheres Anzeichen, daß einer seiner Anfälle bevorstand, bei denen er explodierte. Modigliani und Ehrenburg schoben sich zur Tür, während Rivera den dicken, kräftigen Dichter Maximilian Woloschin wie ein Baby hochstemmte, sich jedoch zum Glück wieder beruhigte, bevor irgendwelche Schäden angerichtet wurden.

Modiglianis Pessimismus und seine tiefschürfende Wesensart machten ihn politischen Systemen gegenüber mißtrauisch. Er glaubte an den Genius des Individuums. Seitdem sich Zborowski für ihn einsetzte, hatte Modigliani ihn gedrängt, auch Chaim Soutine unter seine Fittiche zu nehmen, und auf dessen Bedeutung hingewiesen. Doch Soutines Œuvre war noch weniger zugänglich als Modiglianis. Außerdem konnte Hanka Zborowska es nicht ertragen, Soutine im Haus zu haben. Sie fand ihn ungehobelt und schmutzig, er roch oft nach den Schlachthöfen und den Hühnerkadavern oder den Rinderseiten, die er gemalt hatte. Erbittert dekorierte Modigliani eine Tür in Zborowskis Wohnung in der Rue Joseph Bara mit einem Porträt von Chaim Soutine, als bleibende Erinnerung an das große Talent seines Freundes und zu Hankas Wut.

Als Georges Braque 1917 schwerverwundet und als dienstuntauglich entlassen nach Paris zurückkam, gab Marie Wassilieff in ihrer Kantine ein Bankett für ihn. Die Teilnehmerzahl wurde auf 35 beschränkt, und Marie stellte mit einem Komitee, zu dem auch Picasso gehörte, die Gästeliste zusammen. Sie richtete eine beeindruckende Tafel her mit schwarzen Tischtüchern aus Papier, weißen Tellern und roten Servietten. Georges Braque und seiner Frau waren zwei Lorbeerkränze zugedacht. Als sie Modigliani sah, schärfte Marie ihm ein: «Kommen Sie ja nicht her morgen. Ich habe Sie nicht eingeladen. Wenn Sie mir den Gefallen tun, gebe ich Ihnen drei Francs statt ihrer fünfzig Centimes (die sie ihm täglich zusteckte).»

Unter den geladenen Gästen befanden sich Beatrice Hastings mit ihrem Liebhaber Alfredo Pina, dem Nachfolger Modiglianis. Das Essen verlief friedlich, aber als es vorbei war, sprangen die Türen auf, und eine Menschenmenge drängte herein – Maler und Modelle, die man nicht eingeladen hatte. Sobald er Modigliani erblickte, zog Pina einen Revolver und zielte auf ihn. Marie Wassilieff berichtet, er habe die Waffe gepackt, Modigliani hinausgetrieben und die Treppe hinuntergeworfen. Das Bankett ging die ganze Nacht lang weiter, und «um sechs Uhr früh tanzten Braque und Derain mit dem Gerippe des verspeisten Lammes».[31]

Seine 1917 stattfindende Hochzeit lieferte dem festesfrohen Maler Moise Kisling einen willkommenen Vorwand zu feiern. Nach der Trauung begab sich das Brautpaar mit den Gästen in die Rotonde, wo Libion, der beliebte Wirt, auf Kosten des Hauses Champagner servieren ließ und man sich eifrig zuprostete. Anschließend lud Kisling die ganze Gesellschaft überschwenglich ein, mit ihm im Restaurant Leduc zu dinieren. Chana Orloff, die neben ihrem Mann und Modigliani saß, zeigte sich etwas besorgt über die großspurige Geste, doch die beiden Männer meinten achselzuckend: «Da werden wir eben gut essen.» Während des opulenten Mahls verkündete Kisling, der bereits reichlich getrunken hatte, seinen Gästen, jetzt werde er «den Keuschheitstanz vorführen». «Er zog das Hemd aus der Hose und galoppierte um uns herum; danach erklärte er: ‹Ihr erledigt die Rechnung›, und haute ab.»[32]

Verblüfftes Schweigen. Dann rafften sich die Gäste zum Gehen auf, doch die Besitzer des Restaurants standen an der Tür mit einem Polizisten Wache. Irgendwie gelang es den Künstlern, zu zahlen oder zumindest zu versprechen, und die meisten kehrten aufgeräumt in Kislings Atelier zurück, um weiterzufeiern. Der

Abend endete mit einem schrecklichen Krach. Betrunkene lärmten auf der Treppe, und ein Bildhauer riß einen Stapel von Zeichnungen Kislings in Stücke und warf sie der Concierge auf den Kopf. Kisling war wütend und schaffte es mit Hilfe einiger Freunde, den Bildhauer zu packen und ihn aus dem siebten Stock durch den Treppenschacht hinunterzubefördern. Er konnte sich am Geländer festklammern und so wie durch ein Wunder sicher im Parterre landen. Als die Gäste, vom Alkohol benebelt, gingen, standen zwei Polizisten an der Tür.

Nach der Hochzeit wurden die Feste bei Kisling noch wilder. Renée Kisling, eine Offizierstochter, war ebenso vergnügungssüchtig wie ihr Mann und so kräftig, daß sie jedem Gast, der die Party vorzeitig unbemerkt verlassen wollte, mühelos ein blaues Auge verpassen konnte. Modigliani mochte sie nicht, und die beiden gerieten sich oft in die Haare. Das hektische, ungebundene Treiben bei Kisling war zwar stimulierend, zehrte aber an Modiglianis beschränkten Kräften. Er suchte nach einem Weg, sein Leben zu ändern.

8

JEANNE

Im April 1917, kurz nach ihrem neunzehnten Geburtstag, probierte Jeanne Hébuterne ihr Kostüm für den Künstlerball im Karneval an. Sie schlüpfte in die hohen Stiefel, die handgenähte, weite Russenbluse, den langen Rock und steckte ihr glänzendes kastanienbraunes Haar zu einem Chignon mit modischer Franse auf. Im Atelier eines Freundes stand sie Modell, den Kopf seitwärts geneigt, die zarten, langen Finger schlaff aus den Ärmelbündchen heraushängend. Auf einer verblichenen Fotografie sieht Jeanne aus wie ein Modigliani-Modell.[1] Er sollte sie mehr als fünfundzwanzigmal malen.

Jeanne Hébuterne studierte Kunst an der Akademie Colarossi und der Ecole des Arts Décoratifs, wo sie die Bildhauerin Chana Orloff kennenlernte, die behauptete, ihr Modigliani vorgestellt zu haben. Wie bei allen wichtigen Ereignissen in Modiglianis Leben, gibt es auch dazu unterschiedliche Versionen. In Montparnasse trafen sich Künstler und Kunststudenten in den Cafés, den kleinen Restaurants und beim Unterricht im Aktzeichnen. Jeanne war damals fasziniert von Foujita, dem kleinen japanischen Maler, der goldene Ohrringe trug, um sein eulenhaftes Gesicht hervorzuheben, und eine selbstgewebte Toga, wozu ihn Raymond Duncans Verehrung für die Antike inspiriert hatte. Foujita, ein phantasievoller Zeuge, behauptete, er und Jeanne seien ein Liebespaar gewesen, wohingegen Jeannes Freunde beharrlich beteuern, daß sie noch Jungfrau war, als sie Modigliani begegnete. Danach allerdings sind sich alle einig, daß sie «nur noch Augen für ihn hatte».[2] Jeanne fühlte sich zu Modigliani nicht nur wegen seines Aussehens hingezogen, sondern wegen seines Talents, seines Stilgefühls und seines zweifelhaften Rufes in bezug auf Frauen. Ganz Montparnasse kannte schließlich die Geschichten über Simone und Beatrice. Jeanne war eine Romantikerin, eine geheimnisvolle junge Frau mit seelenvollen blauen Augen und einem üppigen Mund; eine begabte Studentin, die ihre Arbeit ungeheuer ernst nahm, und Modigliani half ihr und ermutigte sie. Vielleicht unbewußt versuchte Jeanne, sich von ihrer engstirnigen, bigotten, reputierlichen Familie freizumachen. Ihre Eltern stammten nicht aus Paris, sondern aus der Provinz, und bei Jeanne verband sich Naivität mit Mut und Phantasie. Nach der zerstörerischen Wirkung von Beatrice und der abstoßenden Penetranz von Simone übte Jeanne Hébuterne, talentiert und verschlossen, mit ihrem frischen, blühenden Aussehen, das Sinnlichkeit verriet, eine enorme Anziehung aus. Sie teilten die Liebe zur Musik; Jeanne spielte überdurchschnittlich gut Geige; ihr Lieblingskomponist war Bach. Sie interessierte sich auch für Literatur; zu Hause bekam sie Plotin vorgesetzt, den griechischen Philosophen aus dem 3. Jahrhundert, und vor allem Blaise Pascal, aus dem ihr Vater vorlas, während sie und ihre Mutter Kartoffeln schälten. Achille Hébuterne arbeitete als Hauptbuchhalter in einer Parfümerie. Seine Leidenschaft für die Literatur des 17. Jahrhunderts hatte den ehemaligen Atheisten überraschend zur Konversion veranlaßt, und in den Kriegsjahren entwickelte er sich zu einer Säule der katholischen Kirche. Jeannes Bruder André, vier Jahre älter und akademischer Landschaftsmaler, konvertierte ebenfalls, während ihre Mutter, Eudoxie Hébuterne, versuchte, wenigstens Zugang zum katholischen Glauben zu finden. Jeanne war wie ihre Mutter eher skeptisch veranlagt, konnte sich aber der frommen Atmosphäre, die in der im fünften Stock gelegenen Wohnung herrschte, nicht ganz entziehen.

Ihre milchweiße Haut, die durch das kastanienbraune Haar noch betont wurde, hatte ihr bei den Malern den Spitznamen «Kokosnuß» eingetragen. Modiglianis Freunde wußten nicht recht, was sie mit dieser Romanze anfangen sollten. In ihren Augen war Jeanne bezaubernd anzuschauen, aber sonst ein schüchternes, uninteressantes kleines Ding. Sie waren durchweg

Jeanne, um 1918

weit älter als sie, viele von ihnen berühmt, und sie blieb in ihrer Gegenwart wohlweislich stumm. Mit ihrer Jugend und ihrem guten Aussehen erweckte Jeanne bei den Frauen Eifersucht und bei den Männern Neid. Gegenüber Kommilitoninnen wie Chana Orloff oder Germaine Labaye, ihrer Freundin aus der Akademie Colarossi, konnte sie ganz sie selbst sein – intelligent, an Mode interessiert, mit einem durchaus eigenen Stil. Zum Aperitif trafen sich Jeanne und Germaine, genannt *Haricot Rouge*, regelmäßig entweder im Dôme oder in der Rotonde mit Modigliani und Roger Wild, dem späteren Ehemann von Germaine. Modigliani war zwar vierzehn Jahre älter, aber so attraktiv und jugendlich, daß sie an seiner Gesellschaft Vergnügen fanden und häufig gemeinsam bei Rosalie oder im Les Trois Portes aßen, einem anderen beliebten Künstlerlokal.[3]

Beide hielten ihre Beziehung ziemlich geheim. Erstaunlicherweise existieren keinerlei Anekdoten über Gespräche oder Szenen zwischen den Liebenden. Jeanne und Modigliani wanderten Hand in Hand durch Montparnasse, doch die gegenseitige Anziehungskraft begriff niemand so recht. Drei Monate lang verschwieg Jeanne ihrer Familie diese Liebe zu Modigliani, ging zur Messe und erschien sanft und fügsam, wenngleich etwas geistesabwesend. Jahre später bekundeten ihre Eltern in einer eidesstattlichen Versicherung, das Paar habe sich im Juli 1917 kennengelernt. Da hatte sich Jeanne bereits zu dem ungeheuer mutigen Schritt entschlossen, die bequeme elterliche Wohnung zu verlassen und offiziell mit Modigliani in einem schmuddligen Hotelzimmer zusammenzuleben. Aus der Sicht ihrer Angehörigen hätte sie sich kaum einen ungeeigneteren Partner aussuchen können. Vierzehn Jahre älter als sie, knapp imstande, sich selbst zu erhalten, geschweige denn eine Ehefrau, ein dienstuntauglicher Schwächling, ein Bohemien, ein Alkoholiker und am allerschlimmsten – ein Jude. Jeanne zeigte sich indes von erstaunlicher Willensstärke; sie ließ sich durch nichts beirren. Ihr älterer Bruder André hing sehr an ihr. Als akademischer Maler hatte er für die aufbegehrenden Modernen nur wenig übrig und hielt auf

Distanz zu den Stammgästen der Rotonde. Außerdem wohnte er weiterhin zu Hause und mußte somit Partei für seine Eltern ergreifen.

Sie lebten zwar in Armut, doch lernte Jeanne durch Modigliani auch die Höhen kennen, die das Abenteuer Montparnasse zu bieten hatte. Im Juni 1917 wurden seine Bilder abermals in der improvisierten Galerie in der Rue Huyghens ausgestellt, wo Modigliani, Kisling und Zadkine zusammen ihre Arbeiten zeigten. Gleichzeitig spielte der brasilianische Pianist Ricardo Vines Werke von Satie, Auric, Honegger, Poulenc, Milhaud und Germaine Taillefer. Cocteau und Cendrars lasen ihre Gedichte. «Bei diesen Veranstaltungen mischte sich die Pariser Gesellschaft unter die Künstler im Pullover, die aus der Rotonde und dem Dôme gekommen waren ... Es gab in diesem schmuddeligen, schlecht geheizten Studio Augenblicke von seltener künstlerischer Qualität, wie sie nur einmal in hundert Jahren vorkommen.»[4] Jeanne war dabei, voller Stolz auf Modigliani, auch wenn seine Bilder, wie üblich, sich nicht verkauften. Wenn sie ihn jetzt trinken sah, mit wildem Blick und aggressiv, hielt sie sich den Mann vor Augen, den sie von seiner eindrucksvollsten Seite kennen und schätzen gelernt hatte.

Im Sommer 1917 beauftragte Léon Bakst, der Bühnenbildner von Diaghilews Ballets Russes, Modigliani, ihn zu porträtieren. Mit größter Wahrscheinlichkeit hatte Bakst die Ausstellung in der Rue Huyghens besichtigt. Er war ein Mann mit ausgesprochen modernem Geschmack, der afrikanische Kunst wie die Filme von Charlie Chaplin zu schätzen wußte. Der russische Jude lebte in einer eleganten, stilvoll eingerichteten Wohnung am Boulevard Malesherbes 112, wo seine sämtlichen Arbeiten katalogisiert in Schränken aufbewahrt wurden. Der Bühnenbildner umgab sich mit erlesenen Objekten – chinesische Porzellanvasen, eine lebensgroße Reproduktion von Donatellos David in Bronze, Bilder von Rousseau. Außerdem war er ein begeisterter Kakteenzüchter. Modigliani verstand es, sich in dieses Ambiente einzufügen, und machte großen Eindruck, als er erschien, um Skizzen von Bakst anzufertigen. Am folgenden Tag, an dem er mit dem Porträt beginnen sollte, kam der Schriftsteller Michel Georges-Michel bei Bakst vorbei und wollte gerade wieder aufbrechen, doch Bakst bat ihn, noch zu bleiben. «Sie werden einen italienischen Maler erleben, der wirklich eine Persönlichkeit ist. Er soll mich porträtieren. Hier ist die Zeichnung, die er mir geschenkt hat: Sehen Sie nur, wie erstklassig sie ausgeführt ist, wie akkurat, wie individuell ... Modigliani muß zweifellos arm sein, aber er hat das Auftreten eines Aristokraten.» Bakst sprach mit Bewunderung von Modiglianis aufrechter Haltung, von dem inneren Feuer, das sein Gesicht leuchten ließ.[5]

Modigliani konnte sich nicht über Nacht in einen konventionellen Ehemann verwandeln, und Jeanne akzeptierte ihn mit all seinen Schwächen. Auf ihre stille Art hatte sie sich ganz einem Leben für die Kunst verschrieben. Allmählich begann er, die Abende bei ihr und nicht mehr in den Cafés zu verbringen. Manchmal saßen sie zusammen und arbeiteten, oder Jeanne spielte Geige, während Modigliani malte. Wenn es spät wurde, durfte sie ihn abholen – ein Recht, das er keiner anderen Frau je zugestanden hatte. Als typischer Italiener ging er oft allein aus, und nach Lokalschluß wartete Jeanne draußen auf ihn. Er hockte dann irgendwo in der Nähe einer Bar oder eines Cafés, bis sie kam und ganz ruhig sagte: «Laß uns gehen, Amedeo.» Und so brachte sie ihn mehr oder weniger mühsam nach Hause. Zborowski war hellauf begeistert von dieser Beziehung. Er hoffte, Modigliani würde endlich zur Ruhe kommen und mehr Bilder malen, wenn er eine Frau, die ihn liebte und zu ihm hielt, und eine gewisse Häuslichkeit als Rückhalt hätte.

Daß es nicht gelang, ihm die Anerkennung zu verschaffen, die er verdiente, bedeutete nach wie vor eine herbe Enttäuschung. In jenem Herbst bemühte sich Zbo nach Kräften, eine Einzelausstellung für Modigliani zu arrangieren. Er führte viele Gespräche mit Berthe Weill, die sich mit den Werken moderner Künstler wie Dufy, de Vlaminck, Utrillo, Pascin und Picasso befaßte, und überredete sie schließlich, eine Ausstellung für Modigliani zu veran-

Modigliani im Café mit Adolphe Basler, um 1918

stalten. Sie akzeptierte den «schwierigen» Maler mehr aus Mitgefühl für Zborowskis hoffnungslose Aufgabe als aus Vertrauen in Modigliani. Im Dezember 1917 war Madame Weill aus ihrem winzigen Laden in der Rue Victor-Masse, wo sie ihre Bilder mit Wäscheklammern an eine Leine hängte, in ein imposanteres Etablissement umgezogen, die Galerie B. Weill, Rue Taitbout 50, im 9. Arrondissement. Zborowski beschloß, sowohl Modiglianis Aktbilder als auch seine Porträts zu zeigen.

Auf Zbo selber wirkten die Akte faszinierend. Wenn Modigliani daran arbeitete, mußte Zborowski einfach ein- bis zweimal durch die Tür spähen unter dem Vorwand, nach dem Rechten sehen zu wollen. Für Modigliani bedeutete Malen unter anderem eine ganz private Begegnung zwischen Künstler und Modell, so daß er jeweils einen Wutanfall bekam, wenn Zbo dabei störte.

Einmal schneite Zborowski herein, als Modigliani einen stehenden Akt malte. Er geriet so in Rage, daß er die Leinwand zu zerfetzen begann. Lunia, die verständnisvolle Freundin und Nachbarin, die sich selber für Modigliani interessierte, konnte ihn schließlich beruhigen und hielt danach an der Tür Wache.

Die Ausstellung von Gemälden und Zeichnungen sollte vom 3. bis zum 30. Dezember stattfinden, weil man vom weihnachtlichen Publikumsverkehr zu profitieren hoffte. Jeanne hatte Modell gestanden für die Zeichnung auf der Titelseite des Katalogs; die eine Brust wurde mit beiden Händen verdeckt, während die Schamhaare als Dreieck deutlich sichtbar waren. Blaise Cendrars, Dichter und Weltenbummler, der viele Flaschen mit Modigliani geleert hatte, schrieb diese mysteriösen Zeilen als Vorwort:

Zu einem Porträt von Modigliani

Die innere Welt
Das Menschenherz mit
Seinen 17 Impulsen

Der Seele
Das Kommen und Gehen der Leidenschaft.

Am Sonntag vor der offiziellen Eröffnung waren Modigliani, Zborowski und Berthe Weill durchgehend mit dem Hängen der Bilder und Zeichnungen beschäftigt. Zbo bestand darauf, einen gewagten, herrlichen Akt im Schaufenster zu plazieren, als Blickfang für die Passanten. Man hatte namhafte Gäste geladen, darunter M. Henri Simon, den Kolonialminister, Vertreter der eleganten Welt sowie Modiglianis Freunde aus Montparnasse. Zborowskis Bemühungen, Aufmerksamkeit zu erregen, waren leider nur allzu erfolgreich. Vor der Galerie hatte sich eine Gruppe Schaulustiger versammelt, die das Aktbild mit lüsternen Blicken verschlangen. Als sich eine immer größer werdende Menschenmenge vor dem Schaufenster drängte, schickte Polizeikommissar

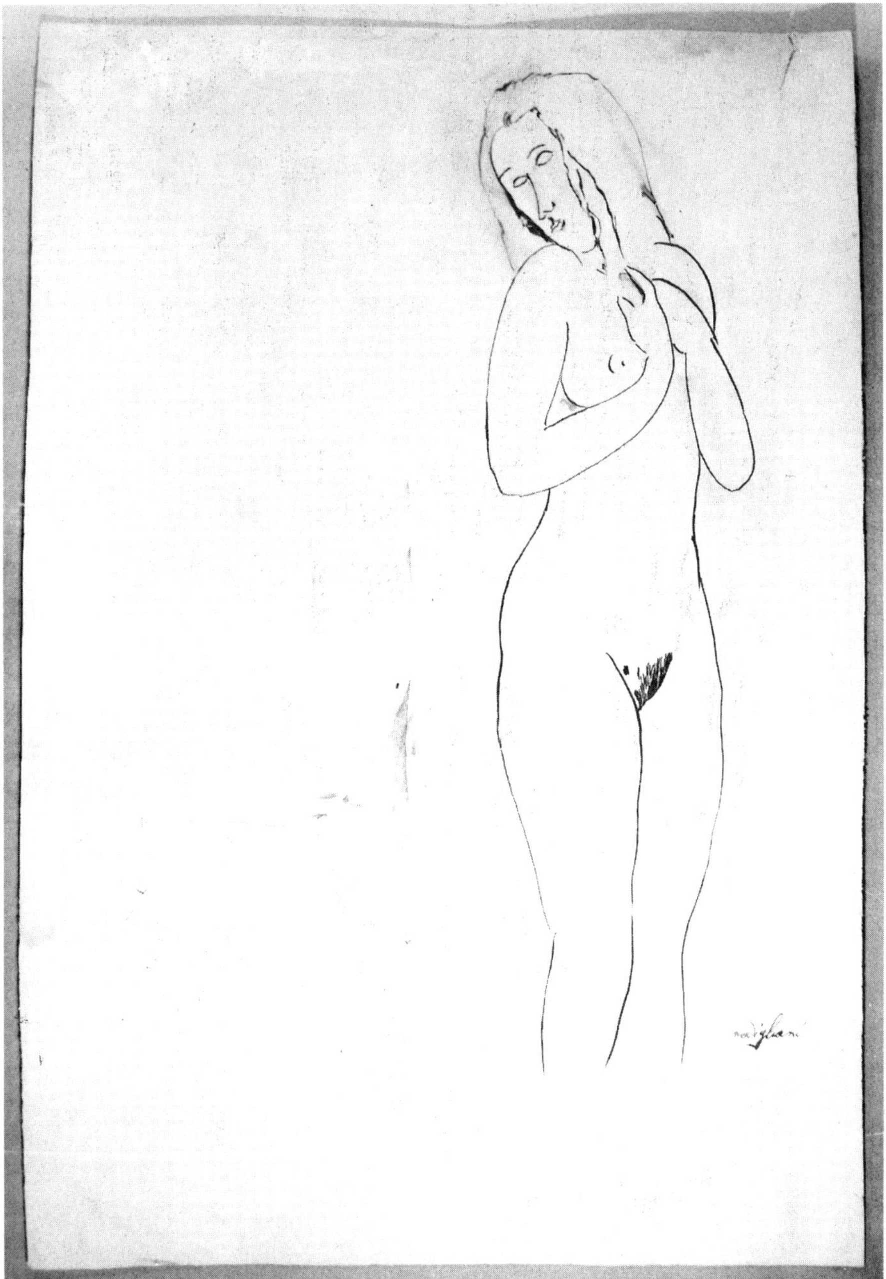

Zeichnung für die Titelseite des Katalogs zur Ausstellung
in der Galerie Berthe Weill, 1917

Rousselet, der die Entwicklung beobachtet hatte, einen Polizisten mit der Anweisung los, das Aktbild aus dem Schaufenster entfernen zu lassen. Die Gäste irrten aufgeregt umher. Madame Weill, klein geraten, im Schneiderkostüm, versuchte, den Polizisten abzuwimmeln. Sie sei zu beschäftigt, um sich des Falles anzunehmen, erklärte sie, während die Gäste nicht einmal mehr zum Schein die Bilder betrachteten, sondern ungeniert den Störenfried fixierten. Daraufhin verkündete der Polizist lautstark und anmaßend: «Der Kommissar befiehlt Ihnen, dieses Aktbild zu entfernen.» Um den Zwischenfall möglichst schnell zu beenden, holte Madame Weill das beanstandete Gemälde vorsichtig aus dem Schaufenster. Doch bevor er sich verabschiedete, schaute sich der Polizist noch einmal um und entdeckte weitere nicht weniger anstößige Akte an den Wänden. Die Menschenmenge draußen witterte inzwischen einen Skandal, drängte sich noch dichter vor den Schaufenstern, so daß der Verkehr stockte. Nach ein paar Minuten zwängte sich der Polizist abermals durch das Gewimmel in die Galerie. «Der Kommissar wünscht Sie in seinem Büro zu sehen», verkündete er. Berthe Weill protestierte, sie könne jetzt nicht weg, sie habe keine Zeit, weil sie sich um die Gäste kümmern müsse. Der Polizist wiederholte seine scharfe Aufforderung, ihn zu begleiten. Achselzuckend folgte sie ihm über die Straße, während die Menge ein schrilles Pfeifkonzert anstimmte.

Im Büro des Kommissars gab sie sich unerschrocken: «Sie forderten mich auf herzukommen?» – «Ja», bestätigte er finster, «und ich befehle Ihnen hiermit, sämtliche Schmierereien herunterzunehmen.» Madame Weill versuchte, sachlich zu argumentieren. «Zum Glück gibt es etliche Kunstkenner, die nicht dieser Meinung sind.» Rousselet bekam einen roten Kopf: «Aber diese Akte haben H... Haar.» Bisher hatte für Aktbilder die stillschweigende Übereinkunft gegolten, Schamhaar gänzlich auszusparen. Modigliani malte es, wenn es ihm für sein Gesamtkonzept unerläßlich erschien. Doch der Kommissar, im Hochgefühl moralischer Entrüstung, wollte gar keine Erklärung. Aus seiner Sicht stellten die Bilder einen Verstoß gegen die öffentliche Moral dar.

Kleine Jeanne, 1908

«Falls Sie nicht dafür sorgen, daß meine Anweisungen umgehend befolgt werden, lasse ich das Zeug von einem Polizeitrupp beschlagnahmen», schnauzte er.[6]

Die Polizei hatte in Kriegszeiten Sondervollmachten und mißbrauchte sie. Madame Weill blieb keine Wahl. Wütend kehrte sie in die Galerie zurück, schloß die Tür, zog die Rouleaus herunter, und nahm mit Hilfe der verbliebenen Gäste die Bilder von den Wänden. Modiglianis Einzelausstellung, für den ganzen Monat Dezember geplant, wurde am Tag ihrer Eröffnung wieder geschlossen. Trotz des Debakels wurden zwei Zeichnungen für je dreißig Francs verkauft, und Madame Weill erwarb selber fünf Gemälde, «um Modigliani zu unterstützen». Er war wirklich ein Pechvogel. Für einen kurzen Augenblick war die Einzelausstellung so vielversprechend erschienen, und er hatte zu hoffen gewagt. Der Vorfall konnte ihn nur in seinem Mißtrauen gegenüber jeder Autorität und seiner Verachtung für den Bourgeois bestärken. Modiglianis Akte, weder Prostituierte noch Ehefrauen, sind gleichberechtigte Partnerinnen, die sich ohne jede Scham ihrer Sinnlichkeit freuen. Dieses offene Bekenntnis zur neuen Freiheit zwischen den Geschlechtern, die Modigliani und die Frauen, die er liebte, genossen, empfanden die ehrbaren Pariser als Beleidigung. Modiglianis Akte sind nicht voyeuristisch, verursachen kein Prickeln. Die etwas scheue, spröde Aktzeichnung auf der Titelseite des Katalogs ist so uncharakteristisch, daß sie möglicherweise von Zborowski lanciert wurde, um Aufmerksamkeit zu erwecken. Noch im Jahre 1949, als die Zeitschrift *Life* einen Artikel über Modigliani mit seinen Aktbildern illustrierte, erregten sie bei spießigen Bürgern Anstoß. Viele Amerikaner riefen an und kündigten aus Protest ihre Abonnements der Zeitschrift.[7]

Die Geschichte von der skandalösen Ausstellung sprach sich bald in ganz Paris herum, und sein Werk wurde durch die unerwartete Publicity doch besser verkäuflich, auch wenn Jacques Lipchitz dankend ablehnte, als Zborowski ihm vier Aktbilder aus der Ausstellung für fünfhundert Francs anbot. Er habe keinen Platz dafür, wandte er ein. «Wo soll ich denn die vier Akte mit den Schamdreiecken hintun?»[8] Anfang 1918 indes tauchten nach und nach Sammler und Spekulanten in Zborowskis Wohnung auf und kauften Modiglianis Ölbilder, die heute Millionen wert sind, für drei- bis vierhundert Francs. Jacques Netter, ein bekannter Sammler, bat Zbo, mehrere Modiglianis für ihn beiseite zu legen. Zamaron, der freundliche Polizist, inzwischen Unterpräfekt geworden, der Modiglianis Frühwerk erworben hatte, erschien in der Wohnung, um zu kaufen. Louis Libaude und William Kundig erstanden ebenfalls Bilder, und schließlich kam ein Bankier namens Schenemayer und nahm sechs Porträts für viertausend Francs, ohne auch nur einen Blick darauf zu werfen. Nach der bitteren Enttäuschung über die Einzelausstellung war Modigliani außer sich vor Freude. «Wir sind gerettet!» rief er. Zum erstenmal in all den Jahren schien seine und Jeannes Zukunft gesichert. Auch Francis Carco meldete sich wieder als Käufer und bekam die Bilder zum Freundschaftspreis, den er selber als geradezu lachhaft niedrig bezeichnete.

Die Lebenskosten stiegen kriegsbedingt weiter. Im Januar 1918 herrschte abermals eisige Kälte, und Gas, Strom und Kohlen wurden rationiert. Nahrungsmittel waren durchweg knapp, Milch, Eier und Butter gab es nur spärlich und zu teuren Preisen. Durch den Frost war auch Gemüse schwer zu bekommen. Die Fleischerläden blieben an drei Tagen in der Woche geschlossen. Die Luftangriffe, an die sich die Pariser gewöhnt hatten, steigerten sich jetzt. Am 30. Januar 1918 setzten die Deutschen fünfzig wesentlich größere Kampfflugzeuge über der Stadt ein. Sie warfen 93 Bomben ab und verursachten Schäden und Verluste in einem bisher nicht gekannten Maß. Im März rückten die Deutschen von Nordosten auf Paris vor, was mit neuerlichen Luftangriffen einherging. Doch es sollte noch schlimmer kommen. Am 23. März wurde die Stadt vormittags von 25 Explosionen erschüttert, unter der Zivilbevölkerung gab es Tote und Verletzte. Die Deutschen hatten mit drei extra weit reichenden Geschützen das Feuer auf die Stadt eröffnet. Natürlich konnte bei diesem Einsatz der «Dicken Berthas» kein Alarm ausgelöst werden, und die

Bewohner fürchteten, daß ein Vormarsch auf Paris bald folgen würde. Als die Geschosse in der Stadt einschlugen, begannen Banken und Ministerien ihre Akten und Unterlagen auszulagern und manchmal auch ihr Personal zu evakuieren. Die britische Botschaft traf Vorbereitungen für die Evakuierung der englischen Kolonie, und im April war fast eine halbe Million Pariser unterwegs nach Süden, um sich dort in Sicherheit zu bringen.

Kunsthändler verließen ebenfalls die Stadt, desgleichen die Künstler, sofern sie sich das Fahrgeld leisten konnten. Der Kunstmarkt, der während des Krieges heftig fluktuiert hatte, brach zusammen, der Kurswert der modernen Maler wie Derain, Vlaminck, Valadon fiel ins Bodenlose. Die Konjunktur, die Modiglianis Bilder Anfang des Jahres erlebt hatten, flaute ab. Zborowski beschloß kühn, die Stadt zu verlassen und Modigliani und Jeanne mitzunehmen. Bei seinem Erholungsaufenthalt im Süden 1916 hatten die reichen Einwohner Zbo stark beeindruckt, so daß er, einigermaßen naiv, glaubte, unter ihnen Interessenten für seine Bilder zu finden. Im Hinblick darauf leistete er sich einen flotten neuen Anzug. Außerdem hoffte er, es würde Modiglianis Gesundheit guttun, Paris für eine Zeit zu entkommen.

Ein weiterer zwingender Grund für die Abreise war die soeben festgestellte Schwangerschaft von Jeanne Hébuterne, die sie ihrer Mutter gebeichtet hatte. Trotz ihrer scharfen Mißbilligung meinte Madame Hébuterne, ihre gerade erst zwanzig gewordene Tochter könne sich nicht allein durchs Leben schlagen, und sie beschloß, sie zu begleiten. Die zusammengewürfelte Reisegesellschaft wurde immer zahlreicher. Soutine kam hinzu, höchstwahrscheinlich auf Modiglianis Verlangen. Während des Krieges hatte der Russe kaum etwas verkaufen können, und so folgte er Zborowski wie ein Schatten, lungerte draußen vor der Rotonde herum. Zborowski mußte das Fahrgeld für Soutine auftreiben. Dann gesellten sich Foujita mit seiner bildschönen, dominierenden Frau Fernande Barrey dazu. Fernande gab offen zu, als Straßenmädchen angefangen zu haben, und Madame Hébuterne dürfte den Eindruck gewonnen haben, mit einer sehr fragwürdigen Menagerie zu reisen. Obwohl Modigliani feierlich versprochen hatte, Jeanne zu heiraten, ging es nun noch darum, die erforderlichen Papiere zusammenzubekommen, gar nicht so einfach in Kriegszeiten, zumal da Modigliani Beamte und Behörden verabscheute. Jeannes Vater wollte nichts mit den beiden zu tun haben.

«Amedeo, aufgeregt wie eine Jungfrau über die Bombenangriffe, ist vor über einem Monat nach Cagnes bei Nizza gefahren ... Er hat das Mädchen mit den Zöpfen und ihre Mutter mitgenommen», tratschte der Schriftsteller André Delhay in einem Brief vom 13. Mai 1918 und fügte im boshaften Ton von Montparnasse hinzu: «Die kleine Thiroux läuft Skandinaviern nach – und reichen Amerikanern –, Hauptsache, sie sind berühmt.»[9] So entschieden Modigliani die Behauptung von Simone Thiroux, er sei der Vater ihres im Frühjahr 1917 geborenen kleinen Jungen, zurückwies, so glückstrahlend bestätigte er, daß Jeanne ein Kind von ihm erwarte. Sein Verhältnis zu ihrer Mutter indes war alles andere als glücklich. Madame Hébuterne nörgelte ununterbrochen und mischte sich ein. Zborowski hatte eine Wohnung in der Rue Masséna gemietet, doch Modigliani reagierte unruhig und verstört auf die gespannte Atmosphäre. Nach all den Jahren in Paris stellte er fest, daß der helle Sonnenschein und die flirrende Transparenz der Luft seine Konzentration beeinträchtigten und ihm das Arbeiten erschwerten. Für seine Porträts suchte er Schatten, intime Interieurs. Während seines langen Aufenthalts im Süden malte er nur ein Porträt im Freien: die hübsche Krämerin, die auf einem Stuhl vor ihrem Laden sitzt, den Blick verständnislos und mißtrauisch auf eine weiße Mauer gerichtet. In Nizza wie in Paris fand er in der neutralen Umgebung der Cafés Zuflucht und Trost beim Rotwein. Die bedauernswerte Jeanne, den ständigen Mäkeleien ihrer Mutter überlassen, war zutiefst unglücklich und verzweifelt. Die Beziehungen zwischen Modigliani und Madame Hébuterne spitzten sich dramatisch zu, da Jeanne sich weigerte, ihn aufzugeben, und ihre Mutter ihn und seine Kunst verfluchte, so daß er schließlich in das Hôtel Tarelli, Rue de Paris 5, umzog.

Leopold Survage, 1918

In Nizza traf Modigliani zu seiner großen Freude einen Mann wieder, den er vor kurzem porträtiert hatte: den kubistischen Maler Leopold Sturzvage (meist unter dem Namen Survage bekannt), einen gebürtigen Russen. Jeder, der aus Paris kam, bedeutete eine Aufmunterung, und Survage, eine verwandte Seele, bot Modigliani eins seiner beiden Zimmer als Arbeitsraum an. Er begann fieberhaft zu malen, als müsse er versäumte Zeit aufholen. In Nizza stand er früh auf, ging zu Survage und arbeitete bis mittags, trank einen kräftigen Schluck Alkohol und stellte sich wieder an die Leinwand.[10]

Schwer zu schaffen machte ihm hier der Mangel an Modellen. Die Leute in Nizza waren nicht an Maler gewöhnt, und die Vorstellung, für sie zu posieren, brachte sie außer Fassung. In Paris brauchte er nur im Dôme oder in der Rotonde hereinzuschauen und würde jede Menge interessante Typen finden – Emigranten, Intellektuelle, schöne Frauen oder Bohemiens, und notfalls konnte Zbo Modelle für ihn engagieren. Er malte viele Bilder von Jeanne, ergriff aber oft nur zu gern die Flucht vor Madame Hébuternes ewiger Kritik. Er besuchte den russischen Bildhauer Archipenko, der mit seiner Frau eine Villa in Nizza bewohnte, und murrte dort über die Frauen, die ihn herumkommandierten. Als Modigliani sich verabschiedete, bot ihm Archipenko an, Obst und Gemüse aus dem Garten mitzunehmen, die er als Versöhnungsgabe Jeanne und ihrer Mutter mitbrachte.[11]

Jeanne zeichnete und malte in der Wohnung, sobald sie etwas Ruhe hatte. Sie besaß künstlerische Begabung, doch die Sorge für Modigliani und die Vermittlerrolle zwischen ihm und ihrer Mutter beanspruchten ihre ganze Kraft. Aus den wenigen vorhandenen Arbeiten läßt sich ein stark ausgeprägter Sinn für Komposition sowie eine kühne, zugleich sensible Linienführung erkennen. Eine Zeichnung zeigt Modigliani in Nizza, bei Lampenlicht in seine Lektüre vertieft, ausdrucksvoll und distanziert. Jeanne war still, wirkte schüchtern, besaß jedoch eine enorme Willensstärke. Modigliani wäre niemals bei einer Null geblieben. Sie faßte die Entschlüsse in ihrem gemeinsamen Leben. Daß sie bei aller Liebe

Mann mit Pfeife, 1918/19

über ihren unmöglichen Mann außer sich geraten konnte, bringt ein Gedicht mehr als andeutungsweise zum Ausdruck, das sich auf einer Zeichnung Modiglianis von seinem Freund Fabiano de Castro aus dem Jahre 1918 befindet:

Un chat se gratte la tête
Comme un poète qui cherche un rime.

Ma femme pour un prêtre
Me jette un verre à la tête.

Eine Katze kratzt sich am Kopf
Wie ein Dichter, der sucht einen Reim.
Meine Frau, als ein Priester,
Wirft mir ein Glas an den Kopf.

Die Berichte über die Reise in den Süden bleiben widersprüchlich. Manchen zufolge hatte sich die Gesellschaft zunächst in dem kleinen Dorf Cagnes-sur-Mer unweit von Nizza niedergelassen.[12] Dort mietete Zborowski für alle Zimmer bei Papa Curel, einem ältlichen Sonderling, der in seinen Häusern Räume vermietete und «über Künstler Bescheid wußte». Die Zborowskis quartierten sich mit Jeanne und ihrer Mutter in Le Pavillon des Trois Sœurs ein, einer auf einem Hügel hinter dem Dorf gelegenen Villa, ungefähr drei Kilometer vom Meer entfernt. Um Auseinandersetzungen zwischen ihm und Jeannes Mutter zu verhindern, wurde Modigliani bei den übrigen Künstlern in einem Haus weiter oben auf dem Hügel untergebracht. Aus Wut über die Trennung von Jeanne frequentierte Modigliani regelmäßig eine fensterlose kleine Bar, das Stammlokal der einheimischen Künstler, wo er trank und Schulden machte. Doch Madame Zborowska, die offenbar die meiste Zeit damit beschäftigt war, die Streitigkeiten zwischen den Künstlern zu schlichten, versicherte, daß Modigliani auch «vehement» arbeitete.

Ob Modigliani und Jeanne nun in Nizza oder im nahe gelegenen Cagnes-sur-Mer lebten oder an beiden Orten, läßt sich nicht mit Sicherheit nachweisen und spielt auch kaum eine Rolle. Die Berichte darüber stammen aus dritter Hand, und das erst Jahre später. Offenbar kehrte die Gesellschaft nach Nizza zurück, weil Zborowski nicht genügend Bilder verkaufen konnte, um die Miete zu bezahlen. Papa Curel, der zu jeder Tages- und Nachtzeit Trompete geblasen und den Künstlern damit den Nerv getötet hatte, behielt ihr Gepäck als Pfand zurück, während sie ihre Bilder mitnehmen durften. Er soll sich später, als die Preise stiegen, schwer geärgert haben. Foujita und Fernande fuhren bald darauf nach Paris zurück, denn ab August 1918 stellten die Deutschen das Feuer auf die Stadt ein.

Die Menschen, die Modigliani malte, erinnerten sich gewöhnlich lebhaft an die Begleitumstände. Im Juli 1918 lernte Pierre Bertin, später Schauspieler an der Comédie Française, Modigliani kennen, als er mit Zborowski in Nizza über die Promenade des Anglais schlenderte. Er fand den Maler ansehnlich, aber schäbig gekleidet. Zborowski merkte, daß Bertin ein Kunstliebhaber war, und zeigte ihm ein paar Bilder, von denen er ihm eines verkaufte. Bertin erwähnte gesprächsweise, daß seine junge Frau gut Klavier spiele und eine besondere Vorliebe für Ravel habe. Modigliani mochte keine gesellschaftlichen Zusammenkünfte, doch als man ihm musikalische Darbietungen versprach, ließ er sich zu einem Besuch bei dem Ehepaar überreden. Jeanne kam mit, um Bertins Schwägerin, Germaine Meyer, die später Survage ehelichte, auf der Geige zu begleiten. Germaine Meyer trug an jenem Sommernachmittag eine himmelblaue Bluse, und Modigliani, sofort gefesselt von ihren Farben, sie trug dazu eine Mischung aus Rosa und Weiß, fragte sie inständig, ob er sie malen dürfe. Zu seiner Freude willigte sie ein, und tags darauf erschien er. Zunächst bat er Germaine, ihm etwas von Ravel vorzuspielen, womit er sich vermutlich einen Eindruck von ihrer Persönlichkeit verschaffen wollte. Nach etwa zehn Minuten gebot er ihr Einhalt. «Das genügt», sagte er. «Jetzt können wir anfangen.» Binnen wenigen Minuten warf er eine Skizze von ihr aufs Papier. «Dann zeichnete er mein Gesicht, meine Kleider und trug die Farbe auf. Das Porträt wurde in ein paar Stunden gemalt, ohne daß Modigliani auch nur eine Sekunde innehielt.»[13]

In Zborowskis Wohnung in Nizza malte er ein zweites Porträt von Germaine, sehr ähnlich, nur diesmal in einem schwarzen Kleid. Ein gutes Modell war hier unten für ihn ein Geschenk des Himmels. Germaine erkrankte dann an Grippe, so daß die Sitzungen unterbrochen werden mußten. Als es ihr besserging, wollte er unbedingt noch einmal von vorn anfangen und erklärte ihr, er könne nie mehr an einem Bild weiterarbeiten, das er einmal im Stich lassen mußte. Wie alle Frauen, die er malte, erinnerte sich auch Germaine an sein attraktives Äußeres in vielen Einzelheiten. «Sein einziges, blau-weiß kariertes Hemd war stets fleckenlos sauber, und wenn ihm Freunde als Ersatz für seinen abgetragenen Samtanzug Sachen anboten, lehnte er das stets ab.» Germaine besuchte ihn auch bei Jeanne und ihrer Mutter in der Rue de France. Sie fand ihn überaus einfühlsam und charmant. «Er liebte Jeanne. Sie betete ihn an», erklärte sie.[14]

Germaines Beschreibung Modiglianis war die jenes Mannes, den so viele Frauen bewunderten: faszinierend, intelligent, mit fabelhaften Umgangsformen. Stets großzügig, lud er sie abends zum Kaffee ein, und sie sah ihn niemals betrunken. Germaine wohnte bei ihrer Mutter, die Modigliani mit ausgesuchter Höflichkeit und Rücksichtnahme behandelte. Der Tochter erzählte er manchmal voller Liebe von Eugenia, seiner Mutter. Auch zu Leopold Survage sprach er mit Zuneigung und Respekt von seiner Mutter. Doch Leopold kannte die andere Seite ebenfalls.

Die Schwierigkeit, Modelle zu finden, setzte Modigliani schwer zu, und wenn er eins aufgetrieben hatte, wartete er angespannt aus lauter Angst, im Stich gelassen zu werden. Abends schlenderten die beiden Maler nach getaner Arbeit häufig ins Café. Nachdem er zur Entspannung Unmengen von Rotwein konsumiert hatte, begann Modigliani zu später Nachtstunde, fürchterlich falsch italienische und jüdische Melodien zu summen und zu singen, offensichtlich immer noch von Heimweh geplagt.[15] Frans Hellens, ein belgischer Schriftsteller, den Modigliani in Nizza porträtierte, nannte ihn charmant und willensstark, aber «auf dieser Welt völlig fehl am Platz». Modiglianis scharfsinniges künstlerisches Urteil und seine Begabung für Graphologie machten ihn zu «einer Art Magier». Sein Porträt gefiel Hellens gar nicht, dessen prophetische Qualitäten erkannte er indes später. Sein jüngster Sohn war das genaue Ebenbild. Im innersten Wesen dieses Mannes habe er ein schreckliches Geheimnis erspürt, sagte Hellens.[16]

Je länger sich der Krieg hinzog, desto mehr graute Modigliani vor der sinnlosen Vergeudung von Menschenleben. Der Anblick eines verwundeten Soldaten hinterließ in ihm ohnmächtigen Schmerz und Zorn. Manchmal gab er den Verwundeten sein ganzes Geld und ging ohne einen Sou nach Hause. Als er in Nizza die Schreckensnachricht erhielt, daß sein portugiesischer Freund Amedeo de Sousa Cardoso an der Spanischen Grippe gestorben sei, brach er zusammen und schluchzte wie ein Kind. Er erkrankte ebenfalls an Grippe und behielt eine quälende Angst zurück. Eine Zeitlang gab er das Trinken und Rauchen gänzlich auf.

Zborowski mußte zu seinem Kummer feststellen, daß die vergnügungssüchtigen reichen Leute in Südfrankreich nicht im mindesten daran interessiert waren, moderne Bilder zu kaufen. Zumeist kehrte er niedergeschlagen und mit leeren Händen in seine Wohnung zurück. Die Maler beneideten Zborowski um sein vermeintlich sorgloses Dasein, wenn er lässig durch die großen, stilvollen Hotels bummelte. Laut Foujita bestand die «Methode» des Kunsthändlers darin, «zeitunglesend auf der Esplanade zu sitzen oder in die Hotels zu gehen, mutmaßlich zur Verabredung mit einem Herzog oder sonst irgendeinem hohen Tier, aber all das führte zu nichts».[17] Wenn er sich einer Gruppe bekannter Schriftsteller näherte, lehnten sie es ab, auch nur eine Zeichnung zu kaufen. Andere, die besser informiert waren, erwarben Bilder zu zwanzig Francs.

Es besteht kein Zweifel, daß Zbo sich Modiglianis Krankheit zunutze machte, um in einer Weise Mitleid zu erwecken, die der Maler nicht billigte. Er flehte die Schriftsteller an, Modigliani retten zu helfen. Sie zuckten bloß die Achseln: «Hm, das ist doch ganz normal. Ein Maler braucht schließlich nicht im Luxus zu leben. Er soll sich gefälligst selber um seine Angelegenheiten kümmern.» Und wenn Zborowski ihnen erklärte, daß Modigliani Blut huste, scheuchten sie ihn weg. Zborowski klapperte die ganze Küste ab bei seinen Versuchen, etwas zu verkaufen, doch mit nur geringem Erfolg. In Toulouse verursachte eines von Modiglianis Aktbildern, das im Schaufenster der Galerie Choppe-

Lautier als Blickfang ausgestellt war, in diesem Sommer wieder einen Aufruhr. Einheimische Studenten gerieten so in Rage, daß sie Steine warfen. Der Krawall veranlaßte ein vorbeigehendes junges Paar, die Galerie zu betreten und sich die Bilder genauer zu betrachten. Sie waren so beeindruckt, daß sie sich bei dem Besitzer erkundigten, ob er noch andere Werke von Modigliani habe. Nach einigem Schachern erwarben sie den Akt sowie ein hervorragendes Porträt einer Kellnerin für fünfhundert Francs. Das junge Ehepaar, die Castaings, hatte sich vor den Angriffen auf Paris zu den Eltern des Mannes geflüchtet. Die traf beinahe der Schlag beim Anblick der Bilder, und sie weigerten sich strikt, sie auch nur in ihrem Haus aufzubewahren.[18]

Modiglianis «trockene» Periode dauerte zwei oder drei Monate an. Dann kam sein alter Freund Blaise Cendrars nach Nizza, um an einem Drehbuch zu arbeiten, und war entsetzt über Modiglianis krankes Aussehen. Er erzählte die Geschichte selber.[19] «Du mußt wieder zu trinken anfangen», sagte er und lud Modigliani in sein Hotelzimmer ein. Er deponierte einen Tausendfrancsschein auf seinem Nachttisch und gab dem Portier Anweisung, Modigliani jederzeit hereinzulassen. Einige Tage blieb die Banknote unberührt liegen, bis Cendrars dann eines Abends feststellte, daß sie verschwunden war. Hocherfreut graste er auf der Suche nach Modigliani sämtliche Bars und Cafés von Nizza ab. Als er zu später Stunde in sein Hotel zurückkehrte, entdeckte er mitten auf der Place Iéna einen schlafenden Mann: Modigliani. Danach sei Modi völlig genesen und habe seine Pariser Gewohnheiten wieder aufgenommen, beteuerte Cendrars.

Seine erste Frau Félicie erinnert sich in einem sachlicheren Bericht, Modigliani, armselig und gedankenverloren, gesehen zu haben, wie er Jeanne, die ihre Unförmigkeit unter einem weißen Schal verbarg, über die Avenue de la Gare geleitete.[20] Jeanne erwartete das Baby Ende November 1918. Einige der schönsten Bilder, die Modigliani in Südfrankreich gemalt hatte, zeigten Kinder und junge Leute. Bilder wie «Bauernjunge» in der Tate Gallery machen deutlich, daß Modigliani seinen Modellen nicht herablassend begegnete. Sie sind zwar willfährig, aber mit Würde und jenem sehnsüchtigen Blick, der Ehrenburgs Kommentar ins Gedächtnis ruft, daß Modigliani alle von ihm dargestellten Personen als verirrte Kinder sah: seine Jeanne, Zborowski, und vielleicht gehörte er selbst als erster in diese Kategorie, was er freilich niemals zugegeben hätte.

«Das kleine Mädchen in Blau» zählt zu seinen rührendsten, nahezu sentimentalen Bildern. Die blauen Augen des Kindes blicken traurig, leicht vorwurfsvoll. Es steht fast in der Ecke, die Füße unbeholfen nebeneinander, die Hände zusammengepreßt, nicht ergeben gefaltet wie sonst üblich bei Modiglianis Bildern. Eine weitverbreitete Anekdote besagt, dem kleinen Mädchen sei eingeschärft worden, eine Flasche Rotwein zu holen, es habe aber statt dessen Limonade gekauft, zu Modis Empörung.

Am 11. November 1918, dem Tag des Waffenstillstands, läuteten in ganz Frankreich die Glocken, überall wurde gefeiert, und dabei durfte Modigliani natürlich nicht fehlen. Kurz darauf verließ Madame Hébuterne nach einem heftigen Streit mit der hochschwangeren Jeanne die Wohnung und quartierte sich in der Nachbarschaft ein.[21] Modigliani verbrachte die letzten paar Tage bei Jeanne, die dann Ende November in die Entbindungsklinik von Nizza eingeliefert wurde. Félicie wartete mit ihm auf Nachricht; während sie gemeinsam bangten, erbat Modi ihren Rat, denn er wußte sehr wohl, daß Jeanne von der Sorge für ihn und der Auseinandersetzung mit den oft wenig hilfreichen Einmischungsversuchen ihrer Mutter zu sehr in Anspruch genommen wurde, um sich allein der Pflege des Neugeborenen widmen zu können. Er vertraute ihr an, wieviel Gedanken er sich um Wohlergehen und Geborgenheit des Babys machte.[22]

Das Kind, ein Mädchen, erhielt den Namen seiner Mutter: Jeanne Hébuterne, Modigliani nannte sie immer Giovanna. Er war aufgeregt und überglücklich und erwies sich als ebenso begeisterter wie nachlässiger Vater. In seiner Hochstimmung nach der Geburt brachte er es nicht fertig, ins Rathaus zu gehen und dort die Existenz seiner Tochter amtlich registrieren zu lassen.

Bauernjunge, um 1918

Auch wenn sein Bruder später zur Entschuldigung anführte, es sei an jenem Tag, ausgerechnet Ende November, zu heiß gewesen, erscheint es weitaus plausibler, daß er sich einfach betrunken hatte. Die Behauptung, es sei ihm gleichgültig gewesen, wäre allerdings eine gröbliche Vereinfachung. Er machte seiner Mutter und seinem Bruder Mitteilung von dem Baby; er erklärte mehr als einmal, daß er Jeanne zu heiraten beabsichtige.[23] Eugenia reagierte begeistert auf die Nachricht, für die er sich in einem undatierten Brief bedankte:

> Liebe Mutter,
> tausend Dank für Deinen zärtlichen Brief. Dem Kind geht es gut und mir auch. Da Du so sehr Mutter gewesen bist, erstaunt es mich nicht, daß Du Dich nun Großmutter fühlst, selbst außerhalb der legitimen Sanktionen. Ich schicke Dir ein Foto.
> Ich habe wieder die Adresse geändert: 13 Rue de France, Nizza.
> Ich umarme Dich ganz herzlich
>
> Dedo[24]

Modiglianis Besorgnis um das Baby war durchaus berechtigt. Als Félicie die beiden wiedersah, suchten sie eine zuverlässige Amme, da weder Jeanne noch ihre Mutter «die Kleine betreuen konnten. Das Baby war erst drei Wochen alt und Jeanne immer noch sehr erschöpft. Eine Mandarine, die Modigliani mir schenkte – wir standen vor einem Obstgeschäft –, und eine, die er seiner Frau gab: Das ist meine letzte Erinnerung an die beiden».[25] Modigliani gab sich große Mühe, eine geeignete Säuglingsschwester zu finden, was ihm schließlich in Gestalt einer Landsmännin aus Kalabrien gelang. Am 31. Dezember feierte er in fröhlicher Stimmung Silvester. Jeanne blieb mutmaßlich zu Hause bei ihrem Töchterchen. Vom Wein und Festeslaune beschwingt, schrieb er an Zborowski, der inzwischen nach Paris zurückgekehrt war:

Punkt Mitternacht.
Mein lieber Freund,
ich umarme Sie, wie es der Fall gewesen wäre, wenn ich es hätte tun können ... am Tag Ihrer Abreise.
Ich feierte mit Survage im Coq d'Or. Ich habe alle Bilder verkauft.
Schicken Sie mir bald das Geld.
Der Champagner fließt in Strömen.
Wir schicken Ihnen und Ihrer lieben Frau die besten Glückwünsche zum neuen Jahr.
Resurrectio vitae.
Sic incipit vita nova.
Das neue Jahr! Modigliani[26]

Survage kritzelte auf russisch darunter: «Glückliches Neues Jahr», und: «Es lebe Nizza. Ein Hoch auf die erste Nacht des neuen Jahres.»

Zborowski nahm das wörtlich und war alarmiert, daß Modigliani seine Bilder selber verkauft hatte. Einige Tage später stellte Modigliani klar:

Mein lieber Freund,
Sie sind naiv und verstehen keinen Scherz. Ich habe nichts verkauft. Morgen oder übermorgen werde ich Ihnen die Sachen schicken.

Nun etwas Wahres und sehr Ernstes, das mir zugestoßen ist. Man hat mir die Brieftasche gestohlen mit den 600 Francs, die sie enthielt. Es scheint eine Spezialität von Nizza zu sein. Sie können sich vorstellen, wie sehr mich das verdrießt.
Natürlich sitze ich auf dem trockenen, oder fast. Die Sache ist stupid, ich weiß; aber da es weder in Ihrem noch in meinem Interesse liegt, daß ich meine Arbeit unterbreche, schlage ich Ihnen folgendes vor: Senden Sie telegraphisch an die Adresse von Sturzvage 500 Francs ... wenn Sie können, und ich werde

Paul Dermée, 1918

Ihnen monatlich 100 Francs zurückzahlen, das heißt, daß Sie während fünf Monaten 100 Francs von meinem Monatslohn zurückhalten können. In jedem Falle werde ich die Schuld berücksichtigen. Abgesehen vom Geld liegt mir die Sache mit den Dokumenten sehr auf dem Magen.

Dies hat mir gerade noch gefehlt, jetzt, da ich glaubte, endlich ein wenig ruhig sein zu können. Trotz alledem, nichts Wichtiges kann dadurch unterbrochen werden. Glauben Sie, mein Lieber, an meine Loyalität und an meine Freundschaft, und mit den Wünschen, die ich Ihnen und Ihrer Frau schicke, empfangen Sie meinen herzlichen Händedruck.

Modigliani[27]

Der Verlust brachte Modigliani in beträchtliche Verlegenheit, und an dem etwas ungeduldigen Ton seines nächsten Briefes an Zborowski läßt sich seine Verärgerung darüber ablesen, daß er noch einmal auf die Angelegenheit zurückkommen mußte:

Lieber Zbo,

das ist die Frage oder: *That is the question.* (Siehe Hamlet), das heißt, *to be or not to be.*

Ich bin der Sünder oder der Dummkopf, einverstanden: Ich anerkenne meinen Fehler (wenn man von Fehler sprechen kann) und meine Schuld (wenn es eine Schuld gibt), doch die Frage ist nun folgende: Ich bin, wenn nicht ganz auf dem trokkenen, so doch in großen Schwierigkeiten. Verstehen Sie mich. Sie haben 200 Francs geschickt, von denen natürlich 100 an Survage gegangen sind, dessen Hilfe ich es verdanke, wenn ich nicht ganz auf dem trockenen sitze . . ., aber nun . . .

Wenn Sie mich befreien, anerkenne ich meine Schuld und werde weitermachen.

Sonst werde ich unbeweglich sein, gebunden an Händen und Füßen . . ., welcher Vorteil wird das sein?

Im Moment gibt es vier Bilder. Ich habe Guillaume gesehen. Ich hoffe, er wird mir in der Angelegenheit der Dokumente

helfen. Er gibt mir gute Nachrichten. Alles würde gutgehen, ohne dieses vermaledeite Pech. Warum dem nicht abhelfen, und zwar sofort, um nicht etwas zum Stillstand zu bringen, das gutgeht?
Ich habe genug davon gesprochen. Machen Sie nun, was Sie können oder wollen . . ., aber antworten Sie . . ., es ist dringend . . ., die Zeit drängt.
Ich umarme Sie.
Grüßen Sie Frau Zborowska.

Modigliani[28]

Ein Straßenfotograf machte einen Schnappschuß von Paul Guillaume und Modigliani auf der Promenade des Anglais. Guillaume adrett und flott, mit messerscharfen Bügelfalten, Modigliani in schäbigen, ausgebeulten Sachen, ungeputzten Schuhen. Ohne die Maske, hinter der er in der Öffentlichkeit seine Krankheit und Ängste verbarg, wirkt Modi schwach und niedergeschlagen. Guillaume interessierte sich neuerlich für ihn, weil seine Arbeiten im Preis zu steigen begannen. Der Kunsthändler hatte kürzlich einige seiner Bilder zusammen mit Picasso, Matisse und Derain ausgestellt. Modigliani bat Guillaume als Franzosen, bei den Behörden die Ausstellung von Ersatzpapieren für ihn zu befürworten. Allem Anschein nach bemühte sich Guillaume nicht sonderlich darum, das Versprechen zu halten, so daß Modigliani sich mehrmals bei Zbo danach erkundigte. Der war zwar alles andere als ein Heiliger, aber an Modigliani, diesem außergewöhnlichen, wenngleich anstrengenden Menschen, aufrichtig interessiert. Modigliani freute sich, daß Zborowski prompt auf seine Bitten um Geld reagierte, und teilte ihm mit, daß er wieder an die Arbeit ginge. «Ich muß erklären – auch wenn wirkliche Erklärungen brieflich unmöglich sind –, daß es ein ‹Vakuum› gegeben hat. Ich bekam einen reizenden Brief von Ihrer Frau. Ich möchte nicht, daß Sie irgendwelche Abstriche an meinen Schulden vornehmen – im Gegenteil. Richten Sie ein Konto für mich ein und lassen Sie uns beide darüber Buch führen.»[29] Eine großzügige

Geste löste bei Modigliani stets eine großzügige Reaktion aus, das war Ehrensache.

Es erwies sich als so schwierig, geeignete Modelle zu finden, daß Survage meinte, er solle Landschaften malen. In seinen zwölf Pariser Jahren hatte Modigliani fast ausschließlich porträtiert und die «Gewohnheit intensiver Landschaftsbetrachtung» abgelegt, in seiner Jugend für ihn eine Quelle der Inspiration. «Zum Malen brauche ich eine menschliche Gestalt vor mir», erläuterte er Survage. «In Landschaften gibt es nichts auszudrücken.»[30] Und er warnte Zborowski, nicht zu viel zu erwarten: «Ich versuche es mit Landschaften», schrieb er. «Die ersten Bilder könnten möglicherweise denen eines Anfängers gleichen.»[31]

Die vier erhaltenen Landschaften von Modigliani sind klar, kühl, von Einsamkeit geprägt; kahle Bäume beherrschen die Szene, oder Zypressen stehen wie Wachposten vor den Gebäuden, als warteten sie darauf, daß Menschen auftauchen.

Modigliani schrieb ungern Briefe, doch im Winter 1919 wandte er sich mehrmals in praktischen Fragen an Zborowski, bat dringend um Geld und Leinwand, bedankte sich für Geldsendungen und legte ganz rührend Rechenschaft ab, ob seine Arbeit Fortschritte machte oder stagnierte. Seine Korrespondenz erledigte er meistens in Cafés, neben sich ein Glas Wein, und er benutzte natürlich das Briefpapier des jeweiligen Etablissements. Aus dem Café de Paris in Nizza schrieb er wiederum:

> Lieber Zbo,
> danke für das Geld.
> Ich warte, bis ein kleiner Kopf, den ich von meiner Frau gemacht habe, trocken ist, um Ihnen (zusammen mit denen, die Sie kennen) vier Bilder zu schicken.
> Ich arbeite wie ein Neger, mache einfach weiter.
> Ich glaube nicht, daß man Ihnen, in Anbetracht der Kälte, mehr als vier oder fünf Bilder schicken kann.
> Meiner Tochter geht es wunderbar. Schreiben Sie, wenn Ihnen das nicht allzuviel Mühe macht.

Grüßen Sie Frau Zborowska von mir. Ihnen einen herzlichen Händedruck. Modigliani

Bitte schicken Sie die Bilder so bald als möglich. Vergessen Sie die Sache von der Place Ravignan nicht und schreiben Sie mir.[32]

Paul Guillaume hatte 1914 ein Atelier für Modigliani in der Rue Ravignan gefunden. Möglicherweise waren dort ein paar Bilder zurückgeblieben. Falls Zborowski tatsächlich einige der Frühwerke retten konnte, so ließe sich damit etwas von den Wirrnissen hinsichtlich der authentisierten Chronologie erklären. Zbo hätte sie wahrscheinlich 1919 datiert, als die Preise für Modiglianis Œuvre zu steigen anfingen. Das alles ist jedoch reine Spekulation.

Inzwischen verwandte Modigliani eine gewaltige Kraftanstrengung auf seine Arbeit: «Seine Schultern dehnten sich. Er keuchte. Er schnitt Grimassen und schrie auf. Man durfte ihm nicht nahekommen.»[33] Das Ergebnis indes wirkte glatt und mühelos. Er hatte sich den «sublimen Stil», wie er es nannte, zu eigen gemacht, eine Aura von Frieden und Schönheit umgibt seine Sujets, gemalt in interessanten, anspruchsvollen Farbzusammenstellungen. Immer wieder diente ihm Jeanne als Modell für eine Reihe von «Liebesbriefen», wie es ein Schriftsteller umschrieb. Auf einigen der späteren Porträts ist der Körper voller geworden durch die Schwangerschaft, das Gesicht durch Erfahrung überschattet. Im April 1919 war die gerade 21jährige abermals in anderen Umständen.

Für die Riviera bricht der Frühling zeitig an, und das machte Modigliani, der auf jede Veränderung hypersensibel reagierte, noch rastloser. Er zog wieder einmal um, wobei unklar ist, ob er nun den Besitzer des billigen Hotels mit seinem nächtlichen Krakeelen verärgert oder sich mit einem der Zuhälter wegen der Mädchen verkracht hatte, die dort wohnten und ihm gratis Modell standen, oder ob ihm das Logis einfach nicht mehr paßte.

Porträt einer jungen Frau, 1918

Aber es war ein neuer Anfang. In einem Brief vom 27. Februar teilte er Zborowski mit, daß er sich in der Rue de France 13 an die Arbeit setzen werde. «Die Umstände, die veränderten Umstände, die Änderung der Jahreszeit, lassen mich eine Veränderung von Rhythmus und Atmosphäre befürchten. Ich habe in diesen Tagen ein wenig gefaulenzt! Fruchtbare Faulheit! Die einzige Arbeit.»[34] Offenbar hatte er sich auch mit Survage überworfen, obwohl er keinerlei Gründe erwähnt. «Werden Sie im April kommen?» erkundigte er sich. Die Angelegenheit mit den Dokumenten sei dank seinem Bruder Emanuele fast ganz in Ordnung, erklärte er. Bevor er wußte, ob er Ersatzpapiere bekommen könne, wurde Modigliani von der Angst verfolgt, von der Polizei erwischt zu werden. Typisch für ihn – nun, da er abreisen konnte, wann er wollte, war er versucht, noch zu bleiben und erst im Juli nach Paris zurückzukehren.

Nachdem er sich fast drei Jahre für Modiglianis Werk eingesetzt hatte, witterte Zborowski im Frühjahr 1919 den ersten Hauch von Erfolg. Sacheverell Sitwell, ein junger Schöngeist aus England, war nach Paris gekommen, um die neue Malerei kennenzulernen mit dem Ziel, in London eine umfassende Ausstellung zu veranstalten. Nachdem er die Galerien und Kunsthändler abgeklappert hatte, war Sitwell zu dem Schluß gelangt, daß Picasso und Modigliani die aufregendsten modernen Maler seien. Er suchte Zborowski in dessen Wohnung auf und schlug ihm vor, bei der Auswahl und Verschiffung der Bilder zu helfen und dann nach London zu fahren und beim Hängen und beim Verkauf zu assistieren. Sitwell wollte eigentlich ein Gemälde von Modigliani kaufen, um es seinem Bruder Osbert zu zeigen, der gemeinsam mit ihm die Schirmherrschaft über die Ausstellung übernehmen sollte. Doch seine Mittel reichten nur für den Erwerb einer Zeichnung. Zborowski, der immer noch als «Amateur» von seiner Privatwohnung aus operierte, setzte sich mit anderen Kunsthändlern wegen der geplanten Ausstellung in Verbindung und schrieb Modigliani einen enthusiastischen Brief. Das war der Durchbruch, für den er gearbeitet hatte, eine Chance für Modiglianis

Œuvre, bei einem breiteren Publikum außerhalb Frankreichs Anerkennung zu finden. In seinem Brief fragte er Modi nach seinen persönlichen Daten für den Katalog und die Presseveröffentlichungen. Modigliani antwortete überglücklich:

Lieber Freund,
Ihr guter Brief hat mich aufrichtig bewegt. An mir ist es, Ihnen zu danken.
Was die Reklame anbelangt, verlasse ich mich ganz auf Sie ..., wenn es unumgänglich ist ... Ihre Geschäfte sind die unseren, und ich lege keinen Wert darauf, vor allem aus Prinzip, weil ich mich für Veröffentlichungen noch nicht reif genug glaube. Ich verachte den «schnöden Mammon» nicht, doch da wir einig sind, gehen wir zu anderem über.
Dies sind mein Geburtsdatum und mein Geburtsort:
Amedeo Modigliani, geboren am 12. Juli 1884 in Livorno.
Ich habe meinem Bruder vor zwei oder drei Tagen geschrieben und erwarte seine Antwort.
Im übrigen existiert eine «wirkliche» Identitätskarte (ich besaß nur deren Empfangsbestätigung), sie liegt in Paris im Kommissariat der Rue Camp Premier. Es sollte nicht zu schwierig sein, die Sache in Ordnung zu bringen.
Etwas anderes: Sie sprechen davon, gegen Ende April hierherzukommen; ich denke, ich kann sehr gut bis zu diesem Datum warten.
Während Sie abwarten und alles vorbereiten, sollten Sie Paris als Möglichkeit nicht außer acht lassen, da dort ein großer «hic» ist (werden Sie sich mit der Sache von Montmartre befassen?).
Meine Tochter wächst erstaunlich. Ich schöpfe daraus eine Ermutigung und eine Ermunterung, die in der Zukunft nur zunehmen kann.
Dank für die Spielsachen.
Es ist dafür vielleicht ein wenig früh ...
Es bleibt mir nur noch, mit Ihnen zusammen für die Menschen

und für die Völker laut in den Ruf einzustimmen: «Ça ira»; dies in Anbetracht dessen, daß der Mensch eine Welt ist, die zweimal alle Welten wert ist, und daß der glühendste Ehrgeiz derjenige ist, der den Stolz der Anonymität hat.
Non omnibus sed mihi et tibi . . .

Modigliani[35]

Der Idealismus seiner Jugendjahre kommt in diesem Brief wieder zum Vorschein, in dem er sich als bescheiden, human und als stolzer Vater zeigt. Das staunende Entzücken über das Wachstum seines Kindes war durchaus echt, trat aber zurück, wenn andere Probleme drängten. Während des Jahres 1919 malte er ein Bild von Mutter und Kind, das mehr als vierzig Sitzungen erforderte, vielleicht weil es sich hier um ein Sujet handelte, das ihn persönlich stark berührte.[36]

In der ersten Aprilhälfte übersiedelte Modigliani von Nizza ins nahe gelegene Cagnes. Am 13. dieses Monats schickte er eine seiner mysteriösen Postkarten an seine Mutter: «Ich bin hier, neben Nizza. Sehr glücklich. Sobald ich seßhaft bin, werde ich Dir meine endgültige Adresse mitteilen.»[37] Es war vermutlich um diese Zeit, daß Zborowski ihn zu einem Besuch bei Anders Osterlind mitnahm, einem schwedischen Maler, den Modi in seinen frühen Pariser Jahren kennengelernt hatte, als sie gemeinsam die Gedächtnisausstellung für Cézanne besichtigt und vor Erregung beinahe geweint hatten. Besorgt über Modiglianis Zustand, brachte Zborowski ihn, krank und hustend, in die Ruhe von Osterlinds Haus, in einen Garten voller Oliven- und Orangenbäume.

Modigliani . . . hatte die schöne Erscheinung eines italienischen Fürsten, aber er war müde und schmutzig . . ., als hätte er im Hafen von Genua die Ladung von Frachtschiffen gelöscht – in seinem Schatten der poetische Zborowski, der ihn in brüderlicher Freundschaft vor dem gefährlichen Leben in Nizza schützen wollte.[38]

Osterlind und seine Frau Rachel taten ihr Bestes, es Modigliani angenehm zu machen. Rachel Osterlind, eine dunkelhaarige sanfte Schönheit, hatte sich nach der Spanischen Grippe eine Darmtuberkulose zugezogen und war todkrank. Das Ehepaar mit der 9- oder 10jährigen Tochter führte ein ruhiges Leben. Modigliani bekam das beste Zimmer, ganz in Weiß und blitzsauber, «wo er übrigens nicht viel schlief». Manchmal arbeitete er dort und malte ein bewegendes Porträt von Rachel Osterlind, die Wange leicht gegen die Hand gelehnt, ein Dank an seine Gastgeber. Während seines Aufenthalts spazierte er im Garten umher und schleppte sich häufig auf dem krummen Pfad, mit Aussicht auf das Meer und von Palmen und Eukalyptusbäumen gesäumt, zur Dorfkneipe. Dort trank er Absinth an einem rustikalen Tisch, der nach Modiglianis Worten wie von Cézanne gemalt aussah. An der Wand hing ein Plakat für Pernod, eine Flasche und zwei Gläser auf schwarzem Grund, das ihn stark beeindruckte. Der Plakatkunst gehöre die Zukunft, versicherte er Osterlind. Zugleich realisierte er, wie sehr die Plakatkünstler in der Tradition der «seriösen» Meister der Vergangenheit standen.[39]

In diesen friedlichen Wochen brach Modigliani mitunter aus seinem behaglichen Dasein aus, als befürchte er, vom bürgerlichen Leben vereinnahmt zu werden. Eines Abends fand Osterlind ihn zu seinem Erstaunen nackt in seinem Zimmer vor, wo er auf die Wände spuckte. «Es ist einfach zu adrett hier», erklärte er. Manchmal kam Soutine, der im Dorf wohnte, zum Abendessen, und nachdem sie ein großes Huhn vertilgt hatten, warfen die beiden ihrem Gastgeber vor, daß er ein Luxusleben führe.[40] «Alles tanzt um mich herum wie eine Landschaft von Soutine», sagte Modigliani, wenn er betrunken war. Soutine malte damals wilde, grelle Landschaften, und die beiden teilten dem Vernehmen nach ein Atelier in Cagnes-sur-Mer, das einem M. Nicolai gehörte, dem Besitzer einer Gemischtwarenhandlung. Als sie auszogen, hinterließen sie überall Schmutz und Unrat, kaputtes Geschirr sowie einen Haufen Schulden für Miete, Alkohol und Essen. Der Eigentümer behielt die Bilder, die sie zurückgelassen hatten, und deckte damit seine Hühnerkörbe und Karnickelställe ab. Nach ein paar Jahren stellte er wütend fest, daß die Preise sprunghaft angestiegen waren und die von ihm verschmähten Bilder jetzt einen enormen Wert dargestellt hätten.[41]

Um Modiglianis Leben in der kleinen Ortschaft Cagnes-sur-Mer ranken sich viele Legenden. Über den Besuch bei Osterlinds Nachbar Renoir existieren ebenfalls etliche Varianten. Osterlind berichtete folgende Version. Als guter Freund und Nachbar besuchte er Renoir täglich, der zweihundert Meter oberhalb ein weiträumiges Haus mit Seeblick bewohnte, Les Collettes. Das Gebäude faszinierte Modigliani, und er bat Osterlind, ihn zu einem Besuch bei Renoir mitzunehmen. Osterlind rang ihm das Versprechen ab, auf jeden Fall nüchtern zu bleiben. Der 77jährige Renoir, durch eine schwere Arthritis an den Rollstuhl gefesselt, haßte jede Begegnung mit Fremden, hatte aber durch Osterlind und so gut wie sicher auch durch Zborowski von Modigliani gehört und willigte ein. Modigliani war tatsächlich stocknüchtern, doch als die beiden Maler über ihre Arbeit zu reden begannen, drohte das Gespräch rasch eisig zu werden. Renoir ließ einige Bilder von den Wänden nehmen, so daß Modigliani sie genauer betrachten konnte. Er prüfte sie kritisch, mit finsterem Gesicht. «Sie sind also auch Maler, junger Mann?» fragte Renoir milde. Modigliani nickte. «Sie müssen mit Freude malen, junger Mann, malen Sie mit derselben Freude, mit der Sie eine Frau lieben. Ich streichle einen Hintern stundenlang, bevor ich ein Bild male . . .» – «Ich mache mir nichts aus Hintern!» stieß Modigliani hervor, ging und schlug die Tür hinter sich zu.[42]

Der Unterschied zwischen den beiden Malern läßt sich an ihrem Stil deutlich ablesen. Renoir mit seiner sinnlichen Freude am Körper kränkte den anspruchsvollen Modigliani, dessen Akte, bei aller Freimütigkeit, stilisiert und kultiviert sind. Offensichtlich empfand Modigliani auch eine gewisse Lüsternheit des alten Mannes als ungehörig. Seine Beziehungen zu Frauen behandelte er außerordentlich diskret und zurückhaltend, im Gegensatz zu den kursierenden Legenden. Mit Osterlind sprach er über Kunst und Philosophie, doch nie über sein Privatleben. Der schwedische Maler war überrascht, als er später erfuhr, daß Modigliani Frau und Kind hatte. Ursache dieser Reserviertheit könnte der Wunsch gewesen sein, Jeanne vor Klatsch zu schützen, und vielleicht auch einem verheirateten Mann gegenüber ein Gefühl der Scham, was seine eigene Rolle betraf. Der alte Renoir grollte ihm offenbar nicht. Zborowski hatte sich seit der Ankunft in Nizza bemüht, ihn zu hofieren. Kurz nach dem Zwischenfall verkaufte ihm Renoir sogar zwei Bilder, um Modigliani zu helfen.

Für Jeanne war die Zeit in Südfrankreich wegen der ewigen Kräche zwischen Modigliani und ihrer Mutter ein wahrer Alptraum. Auch wenn er in seinen Briefen an Zborowski sie als «seine Frau» erwähnte und sich fürsorglich und hocherfreut über das Baby äußerte, war Modigliani weitgehend der typische italienische Ehemann, der seine Frau allein zu Hause sitzen ließ, während er Cafés aufsuchte, die meiste Zeit mit sich selbst beschäftigt lebte, rastlos herumvagabundierte und betrunken heimkam. Sie liebte ihn leidenschaftlich. Daß er seine «bezaubernde Gefährtin» ebenfalls liebte, daran kann kein Zweifel bestehen, doch für ihn hatte seine Arbeit stets den Vorrang. Die 21jährige Jeanne hatte jede Hoffnung auf eigene künstlerische Selbstverwirklichung Modigliani geopfert.

Am 27. Mai stellte die Polizei von Cagnes Modigliani in Osterlinds Haus einen Geleitbrief zu, und er fuhr am letzten Tag des Monats mit dem Zug nach Paris. Jeanne und das Baby sollten nachkommen, sobald sich eine Säuglingspflegerin in Stadtnähe gefunden hätte.

9

DAS LEBEN IST EIN GESCHENK

Modigliani kehrte voller Erwartungen nach Paris zurück; er freute sich auf das Wiedersehen mit alten Freunden, auf Besuche in ihren Ateliers und in seinen alten Stammlokalen. Er fand die Stadt sehr verändert. Lebensmittel waren knapp, manche Einschränkungen aus den Kriegsjahren noch in Kraft, doch überall in Paris herrschte betriebsame Fröhlichkeit. Jazzmusik dröhnte aus den neuen amerikanischen Bars, strahlende Lichterfülle überall, die Frauen trugen kürzere Röcke, Autos waren der letzte Schrei. Alle Welt tanzte Foxtrott und den aus Argentinien importierten Tango. Nach den harten, freudlosen Kriegsjahren wollte man sich amüsieren, je ausgefallener und intensiver, desto besser. Wenn die Mistinguett, in Straußenfedern und Pailletten, mit überdimensionalem Kopfputz die Treppe im Casino de Paris hinunterschritt, jubelte das Publikum. Amerikanische Filme waren sehr beliebt. In den Varietés drängten sich amerikanische Offiziere und Soldaten, und jede Nacht machten Amerikaner in Abendkleidung, die sich, vom günstigen Wechselkurs angelockt, vor der trübsinnigen Prohibition geflüchtet hatten, ihre Streifzüge durch die Stadt. Durch sie bürgerte sich der Geschmack an Cocktails und Mixgetränken ein, die an der Bartheke konsumiert wurden. Selbst in Montparnasse entdeckte Modigliani zu seiner

Bestürzung solche «Snob»-Lokale, die amerikanische Bar und den englischen Tea-Room, anstelle der schlichten Bistros der Vorkriegszeit mit den Zinktheken, wo Künstler und Handwerker gemeinsam tranken. Cafés wie die Rotonde hatten jetzt einen Grillroom, und Libion, der freundliche, tolerante alte Wirt der Rotonde, der seine Künstler in Ehren gehalten hatte, weil er ihren Wert als Touristenattraktion richtig einschätzte, war nicht mehr da. Er mußte sein Geschäft im Krieg notgedrungen verkaufen, um eine Strafe wegen Handels mit gesetzlich verbotenen Artikeln bezahlen zu können. Der neue Besitzer wies seine Kellner nicht an, die Untersätze mit Rechnungen taktvoll wegzunehmen, wenn Modigliani ein Glas nach dem anderen bestellte. Jetzt verlangten sie sofortige Barzahlung, und Frauen, die auf der Terrasse rauchten, wurden höflich ersucht, das Lokal zu verlassen.

Lunia Czechowska, die schöne, feinknochige polnische Freundin der Zborowskis, sollte sich an den heißen Juni 1919 ihr Leben lang erinnern. Seit ihrer ersten Begegnung besaß sie für Modigliani als Modell und als Frau großen Reiz. Auf den Porträts, die er von ihr malte, wirkt sie reserviert, geheimnisvoll, eine große Dame. Aus Nizza zurückgekehrt, stürzte sich Modigliani wie besessen in die Arbeit, überglücklich, daß er endlich wieder ein so schönes, vielschichtiges Modell zur Verfügung hatte. Er malte Lunia in Zborowskis Wohnung in der Rue Joseph Bara mit den Empiremöbeln. Insgesamt porträtierte er Lunia vierzehnmal.

Nach der Arbeit nahm Modigliani, verschwitzt und erschöpft, ein Bad in einer vor dem Fenster aufgestellten Wanne und setzte dabei, zu Hanka Zborowskas Ärger, den ganzen Fußboden unter Wasser. Eines Spätnachmittags warf er die Waschschüssel um, und sie fiel durch das Fenster auf die Straße hinunter. Das brachte die Concierge auf den Plan, die gefürchtete Madame Salamon. Sie postierte sich unter dem Fenster und schrie hinauf, und Modi brüllte zurück. Er sang lauthals und weigerte sich zu gehen; er wolle mit Zborowski reden, wie er erklärte. Lunia gelang es schließlich, ihn zu beruhigen, indem sie ihn zum Abendessen bei den Zborowskis einlud. Modigliani folgte ihr in die Küche, wo sie das Mahl vorbereitete, und bat sie, kurz hochzublicken, während er sie zeichnete. Das bei Kerzenlicht entstandene Blatt versah er mit einer italienischen Inschrift: «Das Leben ist ein Geschenk der wenigen an die vielen; von denen, die wissen und haben, an diejenigen, die nicht wissen und nichts haben.»

Die Sentenz stammt zwar nicht von Modigliani selbst,[1] sagt aber so viel über ihn aus, daß man die gemeinsame Wellenlänge zwischen ihm und Lunia herausspürt. Die damals fast 25jährige junge Frau hatte ihren Mann, einen polnischen Revolutionär, seit drei Jahren nicht mehr gesehen. 1919 erfuhr sie, daß er nicht nach Frankreich zurückkommen würde. Die Frauen wollten Modigliani von jeher retten, sie glaubten stets, daß sie das Wunder vollbringen könnten. Lunia behauptete, wenn Modigliani mit ihr zusammen war, hätte er nicht getrunken, vernünftig gegessen und davon geträumt, wie jeder andere in einem Haus mit Speisezimmer zu wohnen, in unmittelbarer Nähe seiner Tochter. Es ist schwer vorstellbar, daß Modigliani jemals so sein wollte wie andere; der Traum scheint eher eine Projektion von Lunias eigenen Wünschen gewesen zu sein, da Jeanne Hébuterne darin überhaupt nicht vorkommt.

Ob Modiglianis angeborener Takt Frauen gegenüber ihn daran hinderte, bei ihren Treffen den Namen einer anderen zu erwähnen, oder ob Lunia das Gespräch tatsächlich so in Erinnerung hatte, wird man nie erfahren. Daß er sie bewunderte und respektierte, läßt sich an seinen Bildern erkennen, auf denen sie unerreichbar fern erscheint. Zwei bis drei Wochen lang waren sie unzertrennlich. Nach getaner Arbeit schlenderte er mit Lunia zur Closerie des Lilas, wo er das laufende Programm anschauen konnte, und machten sich dann auf den Weg zu Rosalie zum Abendessen. Rosalie beschimpfte ihn wegen seines schlechten Benehmens und seiner Sauferei, und die beiden stritten sich wortgewaltig auf italienisch. Wenn Rosalie zu schrill und aggressiv wurde, wechselte Modi ins Französische über und machte sie damit mundtot. Trotzdem kochte sie nach wie vor italienische Gerichte mit viel Knoblauch eigens für ihn. Nach dem

Essen wanderten Modigliani und Lunia in den Jardin du Luxembourg, schauten sich einen Film an oder spazierten nur durch die Stadt. Modigliani begleitete Lunia auf einen Jahrmarkt, wo Louise Weber, unter dem Namen «La Goulue» als Sängerin berühmt und in den neunziger Jahren eines der bevorzugten Modelle von Toulouse-Lautrec, unförmig aufgedunsen in einem Käfig mit räudigen wilden Tieren stand. Er sprach mit ihr von den Malern jener Zeit – Gauguin, van Gogh, Munch, erwähnte jedoch seine eigenen Arbeiten, wie üblich, mit keinem Wort. Für Lunia war es eine verzauberte Zeit. «Er hatte einen so unerschöpflichen Gesprächsstoff, daß wir es nie fertigbrachten, gute Nacht zu sagen . . .»[2] Und sie deutet unterschwellig an, was hätte sein können. Auch für Modigliani bedeutete die Freude, in Paris zu sein, seine Junggesellenzeit noch einmal zu durchleben, eine Atempause, frei von Verantwortung. «Ich setze Speck an und werde zum ehrbaren Bürger in Cagnes-sur-Mer»,[3] erzählte er Marevna, der russischen Künstlerin, als er sie auf der Straße traf. «Bald habe ich zwei Sprößlinge», spottete er. «Das ist unglaublich. Da kann einem ja übel werden.»

In Südfrankreich fieberte Jeanne danach heimzukehren. Am 24. Juni, drei Wochen nach seiner Abreise, telegrafierte sie: «Benötige Reisegeld. Überweise telegrafisch siebzig Francs plus dreißig für Kinderfrau. Brief folgt. Ankomme Samstag acht Uhr mit Schnellzug. Benachrichtige Kinderfrau.» Die Ankunft von Jeanne und dem Baby führte ihm seine Verantwortung wieder deutlich vor Augen. Er hatte in einem kleinen, schmuddeligen Hotelzimmer im Quartier Port Royal gehaust, wo kein Platz war, ein Kleinkind angemessen zu versorgen, wie Lunia schrieb. In dem Bestreben, auch weiterhin eine wichtige Rolle in Modiglianis Leben zu spielen, muß sie den Vorschlag gemacht haben, die kleine Jeanne zu betreuen, bis sich außerhalb von Paris eine geeignete Kinderfrau gefunden hätte. Sie nahm das Baby mit sich in die bequeme, geräumige Wohnung der Zborowskis, wo sie eine Zeitlang gelebt hatte. Modigliani trank wieder, bedrückt von dem Gedanken an seine neuen Verpflichtungen. Utrillo, zeitweilig aus dem Sanatorium entlassen, zog mit ihm durch die Bars und kam rauflustig nach Hause. Eines Nachts bestellten Utrillo und Modi bei der langmütigen Rosalie etwas zu essen und merkten hinterher, daß sie nicht bezahlen konnten; also beschlossen sie, ihr dafür ein Wandgemälde zu hinterlassen, und machten sich gemeinsam mit Feuereifer ans Werk. Rosalie sah nur, daß sie ihre Wand «beschmutzt» hatten, und ließ sie ihr Meisterstück mit Lappen und Terpentin wieder entfernen, was sie letztendlich ein Vermögen kostete.

In den frühen Morgenstunden war das Singen und Grölen der beiden oft mehrere Straßen weit zu hören. Auf dem Trottoir gegenüber von Zborowskis Wohnhaus hockten sie sich stundenlang hin, weil Modigliani unbedingt einen Blick auf seine Tochter erhaschen wollte. «Wir machten kein Licht, weil er denken sollte, wir seien alle zu Bett gegangen. Dann zog er mit seinem Freund bekümmert von dannen», sagte Lunia. Manchmal flehte sie die Zborowskis an, Modi hereinzulassen. «... er kam und setzte sich neben sein Kind, betrachtete die Kleine mit solcher Inbrunst, bis er schließlich selber einschlief, und ich wachte über die beiden.»[4]

Bald nach seiner Rückkehr malte Modigliani das Porträt der 14jährigen Paulette Jourdain, die während ihrer Zeit an der Handelsschule bei den Zborowskis wohnte. Sobald er das lebhafte junge Mädchen kennenlernte, bat er sie, am nächsten Tag in sein Atelier zu kommen und ihm Modell zu stehen. Sie erschien morgens, kletterte die steile, dunkle Treppe hinauf und betrat ziemlich eingeschüchtert den großen, kahlen Raum. Modigliani erwartete sie vor der bereiten Staffelei. Er forderte sie auf, sich hinzusetzen, ganz zwanglos, wie sie wollte, die Hände im Schoß. Dann fing er mit der Arbeit an, plauderte mit Paulette, erkundigte sich nach ihrer Schule und ihrer Familie und lachte gutmütig über ihre Antworten. Mehrmals sagte er zu ihr: «Eines Tages fahren wir alle nach Rom.» Auf ihre praktische Frage, woher das Geld dafür kommen solle, erwiderte er nichts, blieb aber nachdenklich. Manchmal sang er eine Arie aus *La Traviata* oder deklamierte Stanzen von Dante auf italienisch. Und während der Sitzungen schickte er sie mit einer leeren Flasche los, um Rum zu holen. «Sag nur, es ist für Modigliani», rief er ihr nach. Beim erstenmal wartete Paulette leicht verlegen, bis ein Quantum Rum in die Flasche gefüllt wurde. Sie sah ihn weder im Atelier noch bei Zborowskis je betrunken, jedoch gelegentlich auf der Straße. Dann versuchte sie mit lobenswertem Takt, sich zu verstecken oder eine andere Richtung einzuschlagen. Und am folgenden Tag spielte Modigliani indirekt auf sein Zechgelage an: «Die Straße war nicht breit genug vergangene Nacht.»[5]

Ein- oder zweimal erklärte Modigliani dem jungen Mädchen, daß er sich ein wenig müde fühle, und er schlug vor, zeitig aufzuhören, doch sie kam nie auf den Gedanken, daß er krank sei. Wenn sie vormittags Unterricht hatte, kam sie nachmittags zu den Sitzungen. Gelegentlich erschien Jeanne Hébuterne im Atelier, doch wenn Modigliani noch bei der Arbeit war, störte sie ihn nicht, sondern wartete im Nebenzimmer. Auf ihrem Schulweg brachte Paulette häufig Geld von Zborowski zu Modigliani, der noch im Bett lag. Seine wunderbar modulationsfähige Stimme klang ihr noch jahrelang in den Ohren, und wie alle Frauen, die Gelegenheit hatten, eine Zeitlang zwanglos mit Modigliani zusammenzusein, blieb auch sie ein wenig in ihn verliebt.

Kein Wunder, daß Jeanne Hébuterne eifersüchtig war. Ihre Situation wurde zunehmend schwieriger. Die Familie drängte sie unentwegt, zu heiraten und ihr Kind zu legitimieren, zumal sie wieder schwanger war. Fünf Tage vor seinem fünfunddreißigsten Geburtstag versprach Modigliani in einem sonderbaren, sicher zur Beruhigung bestimmten Dokument, sie zu ehelichen: «Ich verpflichte mich heute, am 7. Juli 1919, Mademoiselle Jane (sic) Hébuterne zu heiraten, sobald die Papiere eintreffen.»[6] Das Dokument ist mit «Amedeo Modigliani» unterzeichnet und durch die Unterschriften von Zborowski, Jeanne und Luduska (Lunia) Czechowska beglaubigt.

Jeannes Eltern bestanden zweifellos auf einer Trauung in der katholischen Kirche, was Modigliani zutiefst zuwider war, so wie ihnen seine jüdische Abstammung. «Ich bin Jude», erklärte er Anselmo Bucci, einem Freund aus Italien, der ihn nach dem Krieg aufsuchte. «Darüber habe ich nie nachgedacht», entgegnete Bucci. «Es stimmt, in Italien gibt es keine ‹jüdische Frage›. Ich bin Jude, und du kennst unseren Familiensinn. Ich kann sagen, daß

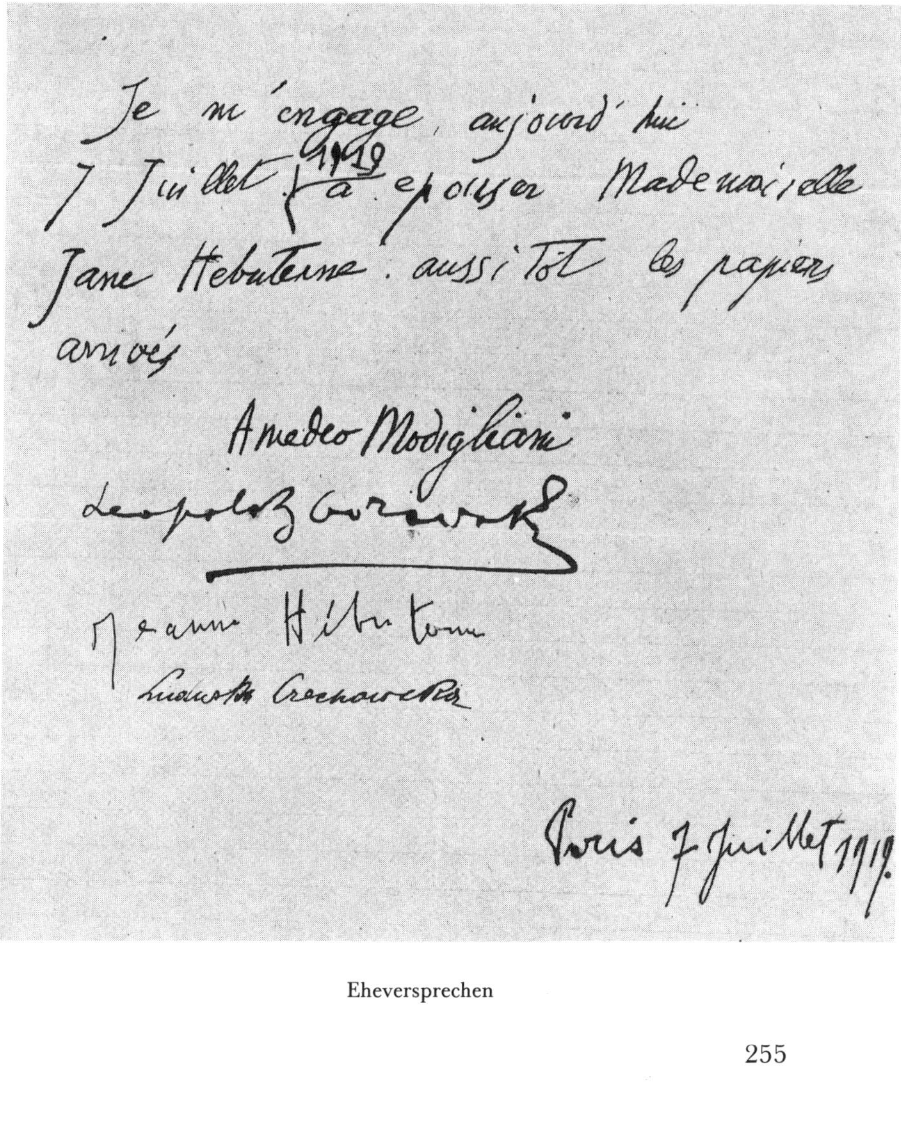
Je m'engage, aujourd'hui 7 Juillet 1919 à epouser Mademoiselle Jane Hebuterne. aussitôt les papiers arrivés

Amedeo Modigliani

Leopold Zborowski

Jeanne Hébuterne

Lunia Czechowska

Paris 7 juillet 1919.

Eheversprechen

ich nie Not gelitten habe. Meine Familie hat immer geholfen ..., sie hat mich nie im Stich gelassen.»[7] Jeanne traf sich mit den beiden Freunden zum Abendessen bei Rosalie, und Modigliani benahm sich ihr gegenüber zärtlich und aufmerksam, doch als die beiden hinterher die Rotonde ansteuerten, ging Jeanne nach Hause. Und Modigliani erklärte: «Wir ziehen jetzt los ins Café. Nur wir beide. Meine Frau macht sich auf den Heimweg, wie's in Italien der Brauch ist ...» Trotz seiner Absicht, Jeanne zu heiraten, wurde die Angelegenheit vertagt.

Im Juli fuhr Zborowski nach London, um die Ausstellung moderner französischer Kunst vorzubereiten. Zwei Wochen vor der Eröffnung schrieb Francis Carco, der mehrere Werke Modiglianis besaß, einen Artikel über ihn in *L'Eventail*, einer Schweizer Zeitschrift für Literatur und Kunst, der eine Anzahl von Schweizer Käufern motivierte und die Preise in die Höhe trieb.[8] Zborowski trug die Verantwortung für 175 Kunstwerke, darunter Bilder von Picasso, Matisse, Derain, Dufy, Utrillo, Renoir, Soutine, Ortiz de Zarate, André l'Hote, Kisling und Suzanne Valadon, sowie Skulpturen von Zadkine und Archipenko. Bei diesem ersten Besuch in London fühlte sich Zborowski, der kein Wort Englisch sprach, einigermaßen unsicher. Die beiden Brüder Sitwell überwachten das Hängen und die Plazierung der Bilder, und der berühmte Kunstkritiker Roger Fry stand ihm ebenfalls beratend zur Seite.

Die Ausstellung wurde am 1. August eröffnet und einen Monat lang in der Mansard Gallery, einem großen Saal in Heals, gezeigt. Obwohl Roger Fry von der «repräsentativsten Ausstellung moderner französischer Kunst, die seit vielen Jahren in London zu sehen war», sprach, waren die meisten Künstler dem britischen Publikum unbekannt. Nur Picasso und Derain waren den Ballettfreunden ein Begriff, da beide die Bühnenbilder und Kostüme für Diaghilews Ballets Russes entworfen hatten, ein spektakuläres gesellschaftliches Ereignis für London in jenem Sommer. Bei der Premiere von *Der Dreispitz* war Picasso persönlich anwesend, und Derain verbeugte sich nach der ersten Aufführung von *Der Zauberladen*. Bei den anderen der in der Ausstellung vertretenen

Frauenporträt, 1917

Künstlern hüteten sich die Kritiker wohl, Position zu beziehen und sich womöglich zu kompromittieren. «Ich muß gestehen, daß manche dieser Bilder auf mich wie Gedichte in einer fremden Sprache wirken»,[9] schrieb der Kritiker von *The Burlington Magazine*. «Die beiden Maler, deren Arbeiten vermutlich als größte Überraschung gelten können, sind Modigliani und de Vlaminck. Modiglianis ungewöhnliches Gefühl für Charakterisierung drückt sich in äußerster Vereinfachung von Farbe und Kontur aus und in den erstaunlichsten Verzerrungen.»

Andere Kritiker hielten viel von Modigliani, vor allem Roger Fry, T. W. Earp, Gabriel Atkin und der Schriftsteller Arnold Bennett, der ein Vorwort für den Katalog verfaßt hatte. Das britische Publikum jedoch fand die neue Kunst verwirrend und unnatürlich. «Die Unmutsäußerungen in der Mansard Gallery wie in den Zeitungsspalten nahmen täglich zu.»[10] Osbert Sitwell wurde ständig von erbosten Besuchern gefragt, weshalb Modigliani seine Figuren mit Schwanenhälsen male. Und wenn Fotos von Modiglianis Bildern in der Presse erschienen, hagelte es empörte Leserbriefe. Osbert Sitwell vertrat die Theorie, der Protest falle um so stürmischer aus, je dicker der Hals des Schreibers sei. Als Clive Bell in seinem Bericht für *The Nation* die Bilder der Ausstellung rühmte, schrieb Greville MacDonald, ein Mann mit festen Grundsätzen, aus dem Reform Club an die Zeitung, um die moralischen Folgen der modernen französischen Kunst zu geißeln: «Meiner Meinung nach ist die ganze Ausstellung nichts anderes als eine Verherrlichung der Prostitution.» Dennoch sah Osbert Sitwell eine der wichtigsten Leistungen der Ausstellung darin, daß sie das britische Publikum mit Modiglianis Bildern bekannt gemacht hatte. Die beiden Brüder kamen täglich in die Galerie, setzten sich an einen Tisch in der Mitte, wo sie Kataloge verkauften, Fragen beantworteten und sich bemühten, protestierende Besucher zu beschwichtigen. Neben dem Tisch stand ein riesiger Weidenkorb voll Zeichnungen von Modigliani, unter denen man sich eine für einen Shilling aussuchen konnte, das heißt drei Pence billiger als die Eintrittskarte. Doch es wurden nur wenige Zeichnungen verkauft.

Arnold Bennett erwarb ein Porträt von Lunia Czechowska am Eröffnungstag für fünfzig Pfund. (Der Preis für die Bilder Modiglianis lag zwischen dreißig und hundert Pfund.) Offensichtlich bewunderte er Modiglianis Werk und fühlte sich durch dessen Frauengestalten an die Heldinnen in seinen Romanen erinnert. Ein anderer guter Freund der Sitwells kaufte einen Modigliani und einen Utrillo für siebzig Pfund und veräußerte sie fünf Jahre später für 2600 Pfund. Zborowski, in Hochstimmung über den Verkauf des Porträts, benachrichtigte seine Frau telegrafisch von dem Erfolg. Als Modigliani davon erfuhr, bat er seinen Kunsthändler, ihm ein paar gute englische Schuhe zu kaufen.

Am 17. August teilte Modigliani seiner Mutter auf einer der üblichen Karten die guten Nachrichten mit:

> Liebe Mutter,
> danke für Deine Karte. Ich habe Dir eine Zeitschrift, *L'Eventail*, mit einem Artikel über mich schicken lassen. Ich stelle mit anderen zusammen in London aus. Ich habe angeordnet, man solle Dir die Zeitungsausschnitte schicken. Sandro [der Bruder seines Jugendfreundes Uberto Mondolfi], der sich jetzt in London befindet, wird vor seiner Rückkehr nach Italien in Paris vorbeikommen. Meinem Kind, das wir aus Nizza kommen lassen mußten und das ich hier in der Nähe auf dem Lande untergebracht habe, geht es sehr gut. Leider habe ich keine Fotos. Ich umarme Dich.
>
> Dedo[11]

Das Baby hatte man inzwischen bei einer «guten, rechtschaffenen Frau» in Pflege gegeben, die in einem Kinderheim bei Versailles beschäftigt war. Jeanne besuchte ihr Kind einmal wöchentlich, und Modigliani schrieb der Pflegerin. «Die Korrespondenz mit der Kinderfrau (Telegramme, Geschenke und Babyhäubchen), alternierend mit langen Pausen»;[12] die Tatsache spiegelte exakt Modiglianis Stimmungsschwankungen wider, wie seine Tochter viele Jahre später bemerkte.

In London wollten die Brüder Sitwell unbedingt vor der Ausstellungseröffnung einen Modigliani kaufen. Doch Zborowski mußte zuerst die Genehmigung der anderen Pariser Kunsthändler einholen, mit denen er die Ausstellung vorbereitet hatte und die als Vertreter der übrigen Maler fungierten. Schließlich gestatteten sie Osbert Sitwell, das Gemälde «Die junge Bäuerin» für die geringfügige Summe von vier Pfund, als Dank für das Zustandekommen der Ausstellung, zu erwerben.

Osbert Sitwell war nicht völlig überzeugt von Zborowski mit seinen fremdartigen slawischen Gesichtszügen, den mandelförmigen Augen und dem Bart. «... Scheinbar war er ein ruhiger, freundlicher Geschäftsmann und ebenfalls ein Dichter. Er hatte etwas Melancholisches an sich ...»[13] Während der Ausstellung erhielt Zborowski ein Telegramm von seinen Pariser Kollegen mit der Mitteilung, Modigliani habe einen «ernsten Rückfall» erlitten. Deshalb sollte er sämtliche Verkäufe stoppen, bis man über den Krankheitsverlauf Näheres wisse. Zborowski bat die Sitwells, entsprechend zu verfahren, und Sacheverell, der das Telegramm las, war über die Rücksichtslosigkeit der Händler zutiefst schokkiert: Offenbar rechneten die Pariser Kunsthändler für den Fall von Modiglianis Tod mit einem astronomischen Preisanstieg. Da jedermann wußte, wie gefährdet seine Gesundheit war, beschlossen sie, als sie von seinem Erfolg in London hörten, Kapital daraus zu schlagen. Modigliani tat den Geiern den Gefallen jedoch nicht. Er war weder besser noch schlechter dran als bei Zborowskis Abreise, doch der Vorfall läßt Zweifel aufkommen am romantischen Bild vom ergebenen Freund, der sich für Modigliani aufopferte, wie es in der gesamten einschlägigen Literatur gezeichnet wird.

Zborowski kehrte im September nach Paris zurück und brachte Modigliani das erbetene Paar gute Schuhe aus England mit sowie einen Wollschal als Geschenk. Vor seiner Abreise wollten die Brüder Sitwell, die Modigliani bewunderten und wußten, wie dringend er Geld brauchte, hundert oder mehr seiner Bilder kaufen. Sie waren beide noch jung, in den Zwanzigern, und konn-

Madame Amédée, 1918

ten daher das erforderliche Kapital nicht selber aufbringen, versuchten jedoch, ihren Vater, Sir George Sitwell, einen exzentrischen Aristokraten, zum Ankauf der Modiglianis für knapp tausend Pfund zu bewegen. Sie zeigten ihm das wunderbare Bild, das sie für vier Pfund bekommen hatten. Bedauerlicherweise mißfiel es einem Freund der Familie, der es als statisch und ausdruckslos abqualifizierte. Damit war die Gelegenheit verpaßt.

Modiglianis Situation hatte sich durch die Ausstellung nicht nennenswert verändert, wenngleich sein Ruf beträchtlich gewachsen war. Während die August-Nummer von *L'Eventail*, in der etliche Zeichnungen von ihm abgebildet waren, einen oder zwei Schweizer Sammler, auch im Hinblick auf den günstigen Wechselkurs, zum Ankauf von Modiglianis animiert hatte, warteten die gerissenen Pariser Kunsthändler immer noch ab.

In einem wichtigen Punkt veränderte sich Modiglianis Leben dennoch. Zborowski ließ sich, zweifellos von Lunia, überreden, in Modiglianis Namen ein Atelier in einem alten Wohnhaus, Rue de la Grande Chaumière 8, zu mieten, in dem einst Gauguin gelebt hatte. Modiglianis Atelier lag auf der Rückseite, über drei steile, schiefe Treppen zu erklimmen. «Das Haus sah aus, als würde es jeden Augenblick einstürzen, und durch einen Riß in der Mauer schien die Sonne.»[14] Modiglianis alter Freund Ortiz de Zarate wohnte mit seiner Frau und zwei Kindern in dem Atelier unter ihm. Bevor Modigliani von seinem neuen Heim erfuhr, machten Lunia und Hanka Zborowska gründlich sauber. Sie strichen die Wände hellgrau, konnten jedoch nicht bis an die Decke reichen, und da sie kein Geld für Vorhänge hatten, übertünchten sie kunstvoll die Fenster. Nina Hamnett schilderte das Atelier als «sehr unbequem», es gab weder Gas noch Strom. Die Einrichtung bestand aus einem Sofa, einem Tisch und ein paar Stühlen. Doch als Modigliani die bescheidene Behausung sah, war er überwältigt. «Er freute sich so sehr, daß wir alle ganz erschüttert waren», bemerkte Lunia.[15] Später strich Modigliani Teile der Wände in den Farben der frühen italienischen Meister, Orange und Ocker, um den Hintergrund seiner Bilder variieren zu können.

Für meine Getreue (Jeanne), 1919

Daß Lunia mit keiner Silbe erwähnt, wie Jeanne auf ihre neue Wohnung reagierte, ist bezeichnend. Sie fühlte sich eindeutig durch Jeanne gehindert, sich um Modigliani zu kümmern und ihn zu beschützen. Jeanne selber wurde zunehmend eingeengt. Mit 21 war sie abermals schwanger, hatte die eigene Familie gegen sich, lebte mit einem Mann zusammen, dessen sie sich nie sicher sein konnte. Modigliani war zärtlich zu ihr, emotional von ihr abhängig; sie war die einzige Frau für ihn, an die er sich auf seine Art gebunden fühlte. Auf einer Zeichnung, die er 1919 von ihr machte, steht die Widmung: «Für meine Getreue». Ein oder zwei Porträts enthüllen Vorwurf in ihren Augen, doch häufiger spricht aus ihnen Zärtlichkeit und eine große Sehnsucht.

Im Herbst arbeitete Modigliani immer noch, wenn auch langsamer und mit weniger Kraft. Roger Dutilleul, ein bekannter Sammler, bestellte ein Porträt. Dutilleul besaß eine herrliche Sammlung der besten modernen Maler, die er Modigliani mit Vergnügen präsentierte. Modigliani verharrte eine Weile vor einem Stilleben von Picasso, in Bewunderung versunken. «Wie groß er ist!» rief er. «Er ist uns allen immer um zehn Jahre voraus.» Sein ganzer Ärger über Picassos überlegenes Gehabe, seine technischen «Kniffe» und seine Arroganz verflog im Angesicht der künstlerischen Leistung. Er bat Dutilleul, ob er den Picasso zwecks Inspiration in dem Raum haben könne, in dem er das Porträt für 65 Francs am Tag, zuzüglich Leinwand und mehrere Flaschen, malte.

Den aufschlußreichsten Kommentar über sich lieferte Modigliani in einem Selbstbildnis von 1919. Es zeigt ihn sitzend, die Palette in der Hand, ein lavendelblaues Halstuch in das rostbraune Samtjackett gesteckt, das Gesicht wie ausgebrannt, ohne jede Gemütsbewegung, eine schöne Maske, die durch Augenschlitze die Welt betrachtet, mit einem Anflug von ironischem Mitleid, den Schlaf herbeisehnend. Er malte Jeanne Hébuterne vor einer Kommode, in Schwermut und Sehnsucht gefangen.

Lunia Czechowska, die glaubte, eine «Art Monopol auf Modigliani» zu haben, schmiedete Pläne für eine Winterreise in den

Süden. Modigliani hustete und war sehr müde. Sie räumte ein, daß Jeanne ihn liebte, und «für mich war das tabu ...»[16] Sie gab auch zu, daß er Jeanne liebte, meinte aber offenbar, daß sie mehr hätte tun können für ihn. Lunia ging mit einem anderen Mann aus, und Modigliani kritisierte sie wegen ihrer «Treulosigkeit so hart, daß ich mich schuldig fühlte. Ich sollte die Seelenfreundin bleiben», beschwerte sich Lunia. «Das war mein Schicksal ... Ich zwang mich mit aller Kraft, mich nicht in den Mann zu verlieben, den ich kennengelernt hatte.» Aus Sorge um seinen Freund und das, was er in ihn investiert hatte, bestärkte Zborowski anscheinend Lunia in der Absicht, Modigliani mitzunehmen, ihn dazu zu bringen, daß er besser auf sich achtete und damit sein Leben verlängerte. Lunia beteuert beharrlich, daß Modigliani in den Süden gehen wollte, Jeanne dagegen sich strikt weigerte. Die Zeit dort hatte ihr viel Leid zugefügt und schmerzliche Erinnerungen hinterlassen. In Paris hatte sie ihre eigenen Freunde und Angehörigen, doch der Gedanke, Modigliani könnte ohne sie gehen, war ihr unerträglich. Modigliani nannte Lunia die «Sphinx», und zweifellos lag ihre Anziehungskraft auf ihn großenteils darin, daß sie unerreichbar blieb. «Stellen Sie sich das doch bloß vor», sagte Lunia zur Tochter Modiglianis, als sie die Wahrheit über ihren Vater herauszufiltern versuchte, «wenn ich Modigliani nachgegeben hätte, wären Sie meine Tochter.» Im Herbst reiste Lunia, deprimiert, psychisch und physisch erschöpft, nach Südfrankreich und dann weiter zur Kur nach Bourbon-d'Archambault, einem ländlichen Thermalbad im Zentralmassiv.

Alle seine Freunde sahen in jenem Herbst, wie Modigliani immer schwächer wurde, und immer weniger Alkohol genügte, ihn volltrunken zu machen. Zborowski und Jeanne versuchten, ihn zu überreden, einen Arzt zu konsultieren, doch er hatte eine Abneigung gegen alle Mediziner und Gespräche über Krankheiten. Er fürchtete sich jetzt vor dem, was er womöglich zu hören bekäme. Chana Orloff zufolge ging Jeanne fast jede Nacht zum Polizeirevier, wo man Modi wegen Trunkenheit in Gewahrsam genommen hatte, um dort auf seine Freilassung zu warten und ihn zu bewegen, daß er mit nach Hause kam. Freunde, die gemeinsam mit ihm aßen, stellten fest, daß sein Appetit abgenommen hatte.

Vieles von der Modigliani-Legende ist über die Jahre hinweg durch Künstler und Schriftsteller überliefert worden. Thora Klinckowström, eine 20jährige Kunststudentin, sah Paris bei ihrem ersten Besuch mit dem klaren Blick der Jugend. Als sie in jenem Herbst die Rotonde betrat, das berüchtigte Café, über das sie so viel gehört hatte, war sie zunächst angeekelt: «Dreck, Gestank, Radau, auf dem Fußboden Sägemehl und an jedem Tisch die gräßlichsten Typen ... Wenn man durch die Glastür hineingeht, läßt der naßkalte Wind von der Straße alles ringsum erschauern ...» Drinnen erstickte Thora fast in dem Mief aus Zigarettenqualm und Alkoholdunst. Nachdem sie mit viel Mühe einen Platz gefunden hatte, sah sich Thora nach den Künstlern und ihren Modellen um. «Die Schwarze Aicha, mit hellgrünem Turban, spielt Backgammon mit dem kleinen Mädchen aus dem Midi im weißen Turban. Die beiden leben zusammen ... In der Ecke drüben sitzt die schöne Lily mit einem Amerikaner. Jetzt taucht die ‹Kokain-Bande› auf. Der Mann mit zwei verkommenen Frauen. Amy mit den roten, brennenden Lippen sieht wirklich schrecklich aus. In ihren dunklen, unter schwarzem Make-up verborgenen Augen liegt ein unmißverständlicher Ausdruck ..., natürlich wird der Andrang zum Kokainhandel in der Toilette bald einsetzen ...»[17]

Daß die junge Thora die romantische Literatur der Zeit gelesen hatte, ist unschwer zu erkennen, aber sie besaß eine bemerkenswerte Beobachtungsgabe. «In einem Wandspiegel sehe ich den schwedischen Schriftsteller Ivan Bjarnes im Profil. Er trinkt Brandy mit dem in sich gekehrten Geiger Rolf. Wer schreit denn da? Ach, das ist Modigliani, der schöne kleine Italiener, wie üblich betrunken. Jetzt singen er und Kisling, und alle seine Tischgenossen stimmen ein. Der Wirt naht und bittet die Künstler um Ruhe, aber sie weigern sich aufzuhören. Auf ihrem Tisch steht ein gewaltiger Stapel von Untersätzen mit den Rechnungen für jedes Glas, das sie geleert haben.» Das junge Mädchen, geradewegs aus

Jeanne Hébuterne, 1918

der klinischen Sauberkeit Schwedens gekommen, war entsetzt über den Schmutz, der sich im Café auf dem Fußboden ausbreitete, der sich in die Marmorplatten der Tische gefressen hatte, über den Staub, der die Spiegel bedeckte, die dicke, schlechte Luft, doch ihre Aufmerksamkeit wird bald von der bunten Szenerie gefesselt. Sie nimmt die Mädchen wahr, die sich zurechtmachen, ihre Puderdosen öffnen, um sich die Lippen nachzuziehen; zwei spielen Schach; ein Pärchen küßt sich, andere Gäste versuchen, die Zeitung zu lesen, blicken zwischendurch, vom Krach irritiert, hoch. Wie alle übrigen spürt auch Thora das schäbige Flair der Rotonde, wo jeder über jeden klatscht, doch sofort bemerkt, wenn einer der Stammgäste fehlt, und sich freut, wenn er wieder da ist. Sie empfand ihre Besuche dort «eher wie einen Balanceakt auf dünnem Eis». Thora wurde häufig in die Rotonde eingeladen von Nils Dardel, einem schwedischen Maler, der spendabel war und gern eine Gruppe internationaler Künstler um sich versammelte. Einen freien Drink nahmen sie nur allzu gern an. Modigliani gehörte zu der Runde, ebenso sein Freund und Nachbar Ortiz de Zarate, Kisling, der Araber Abdul Wahab und andere. Obwohl Modigliani laut war, fand Thora ihn sofort attraktiv. «Ein Blick genügte, und man sah, daß er gefährlich war.» Sie beschrieb Modigliani als sehr klein, der Teint vom Wetter gegerbt, schwarzes wirres Haar und «die herrlichsten feurigen dunklen Augen. Er kam hereinmarschiert, trug einen schwarzen Samtanzug, ein rotseidenes Halstuch lässig geschlungen. Kisling war ähnlich angezogen, sah aber nur komisch aus!» Modigliani verlor nie sein Stilgefühl.

Alles sprach von Modigliani und seinen Liebesaffären, und Thora kam zu dem Schluß, daß er mit ihr zu flirten versuchte, als er sie auf mehreren aufeinandergelegten Bogen des dünnen, miserablen Briefpapiers der Rotonde porträtierte. Er zeichnete sie mit «einem übertrieben langen Hals», schrieb Stanzen von Dante auf das Blatt und überreichte es ihr überaus höflich. Die junge Schwedin flog natürlich auf ihn. Als sie später alle zu Rosalie gingen, erlebte Thora zu ihrem Kummer, wie Modigliani wegen

Trunkenheit und Sachbeschädigung hinausgeworfen wurde, ohne daß einer seiner Freunde ihm zu helfen versuchte.

Augenscheinlich hatte Thora Eindruck auf Modigliani gemacht, denn nach ein paar Tagen fragte er Nils Dardel, ob er ein Porträt von Thora malen könne. Thoras Verwirrung war nun komplett, da sie nicht wußte, ob die Bewunderung dem potentiellen Modell galt oder ihr als Frau. Der Gedanke, von einem Künstler gemalt zu werden, faszinierte sie. Als sie in Modiglianis Atelier kam, stellte sie mit geübtem Hausfrauenblick fest, daß der abschüssige Fußboden mit eingetretenen Kohlepartikeln und mit abgebrannten Streichhölzern übersät war. Ihr hilfreicher Vorschlag aufzufegen, wurde schroff zurückgewiesen. «Modigliani kriegte beinahe einen Tobsuchtsanfall. Ich denke, er hatte jahrelang darauf hingearbeitet, ihn in diesen Zustand zu bringen», kommentierte sie.[18] Sie registrierte das Mobiliar, ein großer verschrammter Tisch, auf dem sich seine Malutensilien befanden, zwei Stühle, eine Staffelei und ein paar Gemälde. Auf dem Tisch standen ein Glas und eine Flasche Rum, aus der sich Modigliani großzügig einschenkte. «Gegen meinen Husten», erklärte er, und Thora stellte fest, daß er tatsächlich fürchterlich hustete. Ein Ofen in der Ecke beheizte den Raum, und sie empfand die Temperatur trotz des kalten Novemberwetters als recht angenehm. Modigliani stellte eine große Leinwand auf die Staffelei und begann, sie zu skizzieren.

Thora war nicht sonderlich beeindruckt von «Linien und Figur frei nach El Greco», die Modigliani ihr gab. Ihrer Meinung nach wurde sie genauso gemalt wie sämtliche Frauen in seinem Repertoire. «Deshalb war die Ähnlichkeit auch nicht gerade sprechend», bemerkte sie. Modiglianis Tempo hatte sich beträchlich verlangsamt, so daß sie noch mehrmals am Nachmittag wiederkommen mußte. Vor ein paar Jahren hätte er ihr Porträt in zwei bis drei Sitzungen vollendet. Obwohl die beiden sich kaum miteinander verständigen konnten, mochte Thora ihn mehr und mehr. Eines Tages brachte sie Annie Bjarne, eine schwedische Freundin, mit zur Sitzung, und Modigliani fragte

Letzte Aufnahme von Modigliani

prompt, ob er Annie malen könne. Er war wie immer versessen darauf, geeignete Modelle zu finden. Nicht gewillt, sich von Modi zu trennen, fungierte Thora als «Anstandsdame» und leistete den beiden Gesellschaft, während er an Annies Porträt arbeitete.

Gelegentlich traf Thora mit Jeanne zusammen, «eine blutjunge Französin, die er als seine Frau bezeichnete». Obgleich Jeanne im sechsten Monat war, erschien sie Thora als ein «zartes, liebreizendes kleines Geschöpf, das mich mit schreckerfüllten Blicken ansah und immer mit äußerstem Mißtrauen behandelte». Thora war inzwischen über den Klatsch in der Rotonde bestens informiert und hatte Verständnis für Jeannes Befürchtungen und Zweifel, wenn sie noch eine Frau im Atelier antraf. Jeder in der Rotonde kannte Simone Thiroux, die Kanadierin, die behauptete, ein Kind von Modigliani zu haben, und Thora hatte gehört, wie Beatrice Hastings, die sie als «etwas konfuse Engländerin» beschrieb, lautstark das Eigentumsrecht an Modigliani beanspruchte. Er war ein bezaubernder Gefährte, und Thora bedauerte zutiefst, ihn verlassen zu müssen, als sie, sonnenhungrig, nach Algerien abreiste.

Dem Herbstsalon von 1919 reichte Zborowski vier Bilder Modiglianis ein: «Die junge Bäuerin», «Porträt eines Mannes», ein Aktbild und «Porträt eines jungen Mädchens». Die Ausstellung im Grand Palais dauerte vom 1. November bis 12. Dezember, und selbst jetzt, da ausländische Kritiker ihn als bedeutenden Maler anzuerkennen begannen, scheint man sein Werk in Paris weitgehend ignoriert zu haben.

In den Wintermonaten 1919 herrschte außergewöhnliche Kälte, und im Dezember muß sich Modigliani sehr krank gefühlt haben, denn er blieb mit einer Grippe freiwillig ein paar Tage im Bett, ließ sich indes schon bald darauf durch nichts davon abbringen auszugehen. Als er an einem Dezemberabend mit Jeanne und dem polnischen Maler Simon Mondzain bei Rosalie aß, erklärte Modigliani, daß er im März 1920 Frankreich zu verlassen gedenke, um sich auf Dauer in Italien niederzulassen. Diesen Plan hatte er bereits seit einiger Zeit im Kopf, nach Mondzains Meinung wegen Jeannes zweiter Schwangerschaft. Auch Carco gegenüber sprach Modigliani davon, mit seiner «Familie nach Italien» zu gehen, und er erwähnte diese Möglichkeit sogar auf einer Postkarte an seine Mutter.

Liebe Mutter,
ich schicke Dir ein Foto. Es tut mir leid, keine vom Kind zu haben. Es ist auf dem Lande bei einer Amme. Ich plane, für das Frühjahr vielleicht, eine Reise nach Italien. Ich möchte einige Zeit dort verbringen. Doch bin ich nicht sicher.

Ich möchte Sandro wiedersehen. Es scheint, daß Uberto

(der 1920 Bürgermeister von Livorno wurde) daran ist, sich in die Politik zu stürzen ..., soll er sich nur hineinstürzen.
Ich umarme Dich innig Dedo[19]

Bei den von Modigliani erwähnten Namen handelte es sich um die Brüder Mondolfi, die Söhne von Eugenias altem Freund Rodolfo Mondolfi, der ihr vor Jahren beim Start ihrer Schule geholfen hatte. Man gewinnt den Eindruck, daß Modigliani zum erstenmal seit Jahren das Verlangen verspürte, wieder eine Beziehung zu seinem Land zu bekommen.

In Italien weilte besonders Eugenia in Gedanken intensiv bei ihrem jüngsten Sohn. Am 17. Dezember schrieb sie ihm:

Ich hoffe, mein liebster Dedo, daß dieser Brief Dich gerade am ersten Morgen des neuen Jahres erreicht, als wäre er ein ferner Kuß Deiner alten Mutter, der Dir allen Segen und alle nur möglichen guten Wünsche bringt. Wenn es so etwas wie Telepathie gibt, wirst Du mich Dir und den Deinen nahe fühlen.
Tausend Küsse Mama[20]

Modigliani sah sehr krank und abgezehrt aus und hustete Blut. Und dennoch war seine Hand so sicher wie eh und je, sobald er zum Bleistift griff. Der Florentiner Maler Umberto Brunelleschi hatte ihn bei einem Besuch früher im Jahr geschwächt und ungepflegt vorgefunden, doch zu seinem Erstaunen eifrig damit beschäftigt, einen auf einer Bank schlafenden Bettler zu zeichnen.[21]

Kurze Schilderungen anderer von Modigliani, auch in den letzten Wochen seiner Krankheit, bleiben widersprüchlich. Manche sagten, er habe in selbstzerstörerischer Absicht gehandelt, sich strikt geweigert, einen Arzt zu konsultieren, und sei reizbar und gewalttätig geworden, selbst Jeanne gegenüber. André Salmon, der nie ein Freund Modiglianis war, berichtete als «Augenzeuge» detailliert von einem Abend, an dem Jeanne ihre Eltern besuchte. Modigliani, der sie höchst ungern auch nur für kurze Zeit weggehen ließ, bat sie, früh zurückzukommen. Er werde nicht ins Atelier zurückkehren, erklärte er, sondern in Montparnasse herumbummeln und sie im Quartier Latin in einem kleinen Bistro erwarten. Jeanne erschien zur verabredeten Zeit und fand Modigliani, der schon lange dort saß, sinnlos betrunken vor. Salmon sagt, er habe gesehen, wie er Jeanne am Arm und am Zopf packte und die Straße entlang schleifte, sie nur kurz losließ, um sie gegen das Gitter des Jardin du Luxembourg zu schleudern, bis Salmon es schließlich nicht mehr mit ansehen konnte und von seinem sicheren Standplatz im Schatten rief: «Modigliani! Genug jetzt!»[22]

In trunkenem Zustand war Modigliani imstande, auf jeden einzuschlagen, selbst auf Jeanne, doch, aus dem Zusammenhang gerissen, entstellt der Bericht Salmons den Wesenskern einer außergewöhnlichen Liebe. Modigliani erlebte bei seinen diversen Frauen eine geradezu beispiellose Anhänglichkeit. Am letzten Tag des Jahres schrieb ihm Simone Thiroux einen flehenden Brief. Sie hatte versucht, ihn zu sehen und zu sprechen, und Jeanne war natürlich rasend eifersüchtig. Simones inzwischen zweieinhalb Jahre alter Sohn, Serge Gérard, war so bildschön, daß Modiglianis Vaterschaft für sie zweifelsfrei feststand. Simone war von ihrer Tante hinausgeworfen worden und arbeitete jetzt als Krankenschwester im Hospital Cochin in Paris, um sich und ihr Kind durchzubringen. Sie war ebenfalls krank, ihr Brief klingt ganz offen und ehrlich.

Mein teuerster Freund,
mit diesem neuen Jahr kommen meine zärtlichsten Gedanken zu Ihnen, und ich wünschte, es würde für uns das Jahr der moralischen Versöhnung. Ich lege jegliche Sentimentalität beiseite und erbitte nur eines, das Sie mir nicht verweigern werden, weil Sie intelligent sind und kein Feigling: eine Versöhnung, die es mir erlauben wird, Sie von Zeit zu Zeit zu sehen. Ich schwöre beim Haupt meines Sohnes, der für mich *alles* ist, daß kein böser Gedanke meinen Sinn durchkreuzt.
Wirklich nicht – aber ich habe Sie zu sehr geliebt, und ich leide

so sehr, daß dies mein letztes Flehen ist. Ich werde stark sein. Meine augenblickliche Lage ist Ihnen bekannt; materiell fehlt mir nichts, und ich verdiene mir meinen Lebensunterhalt.
Meine Gesundheit ist sehr schlecht, die Lungentuberkulose tut ihr trauriges Werk..., manchmal geht es gut und manchmal schlecht...
Doch ich kann nicht mehr. Ich möchte nur weniger Haß von Ihrer Seite. Ich flehe Sie an, haben Sie für mich ein gutes Wort. Trösten Sie mich ein wenig, ich bin so unglücklich und verlange nur nach ein wenig Zuneigung, die mir so guttun würde. Ich schwöre noch einmal, daß ich keine Hintergedanken habe. Mit aller Zärtlichkeit, die ich für Sie empfinden muß.

Simone Thiroux[23]

Am Neujahrstag stürmte Modigliani um sieben Uhr früh in Zborowskis Wohnung, stockbetrunken und, der Legende zufolge, mit einem riesigen Blumenstrauß bewaffnet. Ein überzeugenderer Hinweis auf den Verlauf seiner Silvesternacht ließe sich einer Zeichnung entnehmen, die er von Mario Varvogli, einem griechischen Musiker, gemacht hat. Die beiden hatten zusammen gezecht, und Modigliani schrieb auf die Zeichnung: «Hier beginnt ein neues Leben.» Er scheint die Wahrheit über seinen Zustand gekannt und zugleich verdrängt zu haben. «Ich weiß, ich bin erledigt», sagte er zu Libion, dem früheren Besitzer der Rotonde, als sie sich im Café trafen. Doch als Libion zwei Aperitifs bestellte und ihn zu trösten versuchte, wurde er fröhlicher und erklärte, er gehe zurück nach Italien, um sich dort auszukurieren. Mehrere Leute sahen, wie er Blut hustete. Louis Latourettes, der befreundete Journalist aus der Vorkriegszeit, begegnete Modigliani Anfang Januar in der Closerie des Lilas und war entsetzt, wie fiebrig und ausgemergelt er aussah. Da er wußte, daß Zborowski mit dem Verkauf von Modiglianis Bildern allmählich Erfolg hatte, fragte er den Maler, wie er vorankomme. «Nun, ich hab ganz schön verdient», antwortete Modi zynisch. «Aber da Sie im Finanzwesen tätig sind und meine Familie im Bankgeschäft war, sollten Sie mich als Kollegen betrachten und mir ein paar Tips geben, wie ich mehr daraus machen kann.» Modigliani wollte Latourettes' besorgte Fragen nach seiner Gesundheit partout nicht ernst nehmen. «Mir geht's gut», erklärte er achselzuckend. «Vielleicht sollte ich's mal mit der Butte (Montmartre) als Höhenkurort probieren. Ich würde gern die alten Stammplätze wiedersehen. Sagen Sie dem Kirschbaum oben auf der Rue Lepic Lebewohl von mir», bat er. «Wir essen bald mal bei Labille zu Abend, ich regle dann eine alte Schuld.»[24]

Offenbar ging Modigliani tatsächlich einmal spätabends auf die Butte und traf Suzanne Valadon und André Utter (Utrillos Mutter und dessen Stiefvater) beim Essen im Restaurant Guérin. Er bestand darauf, neben Suzanne zu sitzen. «Sie ist die einzige Frau, die sich mit mir abfinden kann», schrie er. Suzanne nahm Modiglianis Schwächen in Kauf; sie vergaß ihm sein freundschaftliches Verhalten ihrem Sohn gegenüber nicht und hatte von jeher viel für ihn übrig. Während die ganze Tischrunde lachte und scherzte und Modigliani aufzuheitern versuchte, saß er stumm da und trank. Dann begann er das Kaddisch, das jüdische Gebet für die Toten, zu intonieren. In jener Nacht war er untröstlich.[25]

Anfang Januar stand Modigliani eines Morgens, ganz gegen seine Gewohnheit, um sieben Uhr auf und fuhr seine Tochter besuchen, die inzwischen etwas über ein Jahr alt war; er kam sehr glücklich zurück. Seine Freunde konnten einfach nicht glauben, daß er ernstlich krank war. Zu später Stunde befiel ihn mitunter Traurigkeit, doch dann spielte er wieder den Clown und lachte wie gewöhnlich und sprach davon, in die Sonne Italiens zurückzukehren. Er verlebte eine letzte wunderbare Nacht, in der er gemeinsam mit Utrillo herumzog. Utrillo war gerade aus seinem düsteren Zimmer mit den vergitterten Fenstern in der Irrenanstalt entflohen, stürmte zu Rosalie herein, und die beiden Männer umarmten sich. Modi schnorrte bei der langmütigen Rosalie eine freie Mahlzeit für Utrillo und nahm ihn dann mit in sein Atelier. Er hatte einen Plan. Maurice malte zwei Straßenszenen in Montmartre aus dem Gedächtnis, die Modigliani zum Verkauf zu Zborowski brachte. Mit dem Erlös verschafften sie sich zum letztenmal Zugang zur Freiheit. «Die Geldscheine, die sie nicht vertranken, wurden zu Flugzeugen gefaltet und in die Bäume am Boulevard Raspail geworfen.» Sie stapften durch die Straßen, bis sie erschöpft innehielten und die Treppe zum Atelier hinauftorkelten. Angesichts von zwei sinnlos Betrunkenen konnte die hochschwangere Jeanne wenig tun. Am Morgen, als Modigliani und Jeanne noch schliefen, verschwand Utrillo mit Modis Kordsamtanzug über dem Arm. Kurz darauf kehrte er triumphierend zurück mit den Weinflaschen, die er für den Erlös aus den versetzten Kleidern erstanden hatte. Soutine kam vorbei, und Modigliani forderte Utrillo auf, sich auszuziehen, damit Soutine die Sachen ins Leihhaus tragen und mehr Wein kaufen könne. Soutine war so vernünftig, schleunigst Zborowski zu alarmieren. Der war an solche Krisen gewöhnt, ging zum Pfandleiher, löste die Kleider aus und eilte zu Modigliani. Modi wurde überredet, sich hinzulegen, Utrillo weggeschleppt, und die beiden Freunde sahen sich nie wieder.[26]

Chantal Quenneville, eine junge Freundin von Jeanne, die Modigliani in den Weihnachtsfeiertagen 1919 zum erstenmal begegnete und dann oft für ihn in der Closerie des Lilas Modell saß, glaubte, er klammere sich ans Leben. Eines Abends sah sie ihn zu ihrer Überraschung zweimal in ein kleines Café am Boulevard Vaugirard gehen, um belegte Brote zu holen. «Mich überessen – das ist das einzige, was mich retten kann», erklärte er ihr. Es war das erste Mal, daß er von seiner Krankheit gesprochen hatte.

Es gibt zahllose weitere Schilderungen, die von Modiglianis desolatem Zustand Anfang Januar berichten – betrunken, streitsüchtig, erschreckend mager und grau; von seiner Weigerung, bei schneidendem Wind einen Mantel anzuziehen; von Freunden, die ihm helfen wollten und denen er fluchend Fußtritte verpaßte und das Gesicht zerkratzte; von Feinden, die er im Dunkeln lauern sah; von Ungeheuern, die in Monumenten hockten. Interessanterweise wurden die meisten solcher Schilderungen Jahre nach seinem Tod für eine Sondernummer von *Paris-Montparnasse* geschrieben, die den Tourismus fördern sollte. Die Schlagzeile des ersten Artikels in der Beilage lautete: «Eines Nachts, als er betrunken war ...»

Als Chana Orloff in jenem Winter einmal Jeanne begegnete, erzählte ihr diese, daß sie fast jede Nacht zum Polizeirevier ginge, um Modi heimzuholen. Roger Wild, dem Ehemann von Jeannes bester Freundin Germaine *(Haricot Rouge)*, zufolge, aßen sie nicht lange vor Modiglianis Einlieferung ins Krankenhaus alle gemeinsam im Trois Portes, einem beliebten Künstlerlokal, zu Abend – mit den Derains, Isadora Duncan (die sieben Jahre später auf tragische Weise ums Leben kam, als ihr Schal in die Speichen ihres Wagens geriet und sie strangulierte) und Modigliani.[27] Auch wenn sich so viele nach dem Tod als vertraute Freunde deklarierten, fand sich das Paar in jenem furchtbaren Januar 1920 zunehmend isoliert.

Ortiz de Zarate, ein treuer Freund, brachte gelegentlich etwas zu essen herauf, das seine Frau Hedwige gekocht hatte, obwohl auch sie sehr rechnen mußten. Hedwige verurteilte Modi und lehnte es ab, ihn bei sich zu empfangen. Er aß kaum etwas, verlangte laut schreiend nach Getränken, und wenn Zborowski und andere ihn anflehten, einen Arzt aufzusuchen, fuhr er sie an, ihm «keine Predigten zu halten». Modigliani wollte mit aller Gewalt seine Krankheit ignorieren, und selbst Jeanne konnte ihn nicht umstimmen.

Am 14. Januar litt Modigliani unter heftigen Nierenschmerzen und willigte endlich ein, daß ein Arzt geholt wurde. Der stellte die verhängnisvolle Fehldiagnose Nierenentzündung, kam jeden Tag, ebenso wie Zborowski, der jedoch am 20. Januar selbst erkrankte und seine Frau schickte. Hanka kehrte mit der alarmierenden Nachricht zurück, daß Modigliani Blut spuckte. Der Arzt erklärte in einer weiteren unbegreiflichen Fehleinschätzung, Modigliani müsse zwar ins Krankenhaus, doch sollte man noch zwei Tage abwarten, bis die Blutung aufhöre. Als die Ambulanz ihn zwei Tage später abholte, war er bereits bewußtlos, die Gehirnhauttuberkulose ausgebrochen.

Diesen Ablauf schilderte Zborowski in einem Brief an Modiglianis Bruder Emanuele.[28] Modiglianis Freund und Nachbar Ortiz de Zarate jedoch erinnerte sich 1930, also zehn Jahre später, völlig anders an die Krise. Ortiz, der Modigliani jede Woche Kohlen schicken ließ, war acht Tage verreist. Nach seiner Rückkehr ging er zu ihm und fand ihn zu seinem Entsetzen mit Jeanne auf einer verdreckten Matratze liegen. «Ißt du wenigstens etwas?» fragte er. In dem Moment brachte jemand eine Büchse Ölsardinen herein, und Ortiz bemerkte, daß die Matratze und der Fußboden voller Fett- und Ölflecken waren. Er schloß daraus, daß sie sich die vergangenen acht Tage von Ölsardinen ernährt hatten. Ortiz bat die Concierge, ihm einen *pot-au-feu* hinaufzutragen, und ließ einen Arzt kommen, der die sofortige Einlieferung ins Krankenhaus anordnete. «Ich habe nur noch ein kleines Stückchen Hirn ... Ich weiß, daß es zu Ende geht», sagte Modigliani mit schwacher, heiserer Stimme. Und fügte hinzu: «Ich habe meine Frau geküßt, wir sind uns auf ewig einig.»[29] Kisling, Zborowskis Nachbar in der Rue Joseph Bara, zog damals weitere Ärzte hinzu, die über Modiglianis Zustand beraten sollten, und schickte außerdem Eilbriefe an Modiglianis Freunde. Drei Tage lang sprach ganz Montparnasse nur von Modiglianis schwerer Erkrankung. Junge Frauen, die ihn voller Leben kannten, konnten einfach nicht glauben, daß er todkrank war. Thora Klinckowström, gerade von ihrem Urlaub in Algier zurückgekehrt, erkundigte sich bei Simone Thiroux nach ihm. Modigliani liege mit einer schweren Lungenentzündung in der Charité, berichtete Simone weinend. Thora traute sich nicht, ihn zu besuchen, schickte ihm jedoch einen weißen Fliederstrauß mit ihrer Karte. Die 14jährige Paulette Jourdain wollte unbedingt zu ihm ins Krankenhaus, wurde indes belehrt, daß man ein Kind ihres Alters gar nicht hereinlassen würde. Zwei Tage später, am 24. Januar um 20 Uhr 50, starb Modigliani an Gehirnhauttuberkulose. Die Krankheit hatte schon lange in ihm gesteckt, doch die Symptome waren vom Arzt nicht erkannt worden.

Nach Modiglianis Tod verfiel Zborowski in eine so tiefe Depression, daß er es Kisling überließ, alle Formalitäten für die Beisetzung zu erledigen. Chana Orloff ging zu Jeanne und fand sie «ganz ruhig, wie versteinert. Zu ruhig. Das machte mir angst. Jeanne war gerade von einem Besuch in der Entbindungsklinik zurückgekommen, wo man sie mit dem Bescheid, es sei noch zu früh, wieder weggeschickt hatte».[30] Zborowski wollte nicht, daß Jeanne allein in dem Atelier in der Rue de la Grande Chaumière übernachtete, und bat Paulette Jourdain, sie in ein kleines Hotel in der Rue du Seine zu bringen. «Sie watschelte schon wie eine Ente», sagte Paulette. «Aber sie wirkte ruhig und gefaßt.»[31] Morgens fand das Zimmermädchen ein Rasiermesser unter ihrem Kopfkissen. Jeanne ging wieder in die Charité, um Modigliani zum letztenmal zu sehen. Trotz seiner abgrundtiefen Verachtung für Modigliani als einen verderbten Juden, der seine Tochter verführt hatte, kam ihr Vater als Beistand mit. Er verharrte schweigend auf der Schwelle des Krankenzimmers, während Jeanne «ihn lange ansah, ohne ein Wort, als suchten ihre Augen ihr Unglück zu ermessen. Sie wich zurück bis an die Tür, und als wir uns ihr näherten, war ihr Blick immer noch ausschließlich auf das Antlitz des Toten fixiert, um es sich unauslöschlich einzuprägen».[32] (Andere Zeugenaussagen widersprachen dem mit der Feststellung, daß Jeanne zu dem Leichnam getreten sei.) In der Version im *Artist Quarter* hatte Kisling von Jeanne «den herzzerreißendsten Schrei gehört, den eine Frau vor ihrem toten Mann ausstoßen konnte». Doch das klingt unglaubwürdig. Am Tag nach Modiglianis Tod kehrte Jeanne wie betäubt in die Wohnung der Zborowskis zurück, kurz vor der Niederkunft stehend, erschöpft. In der Klinik Tarnier war bereits ein Zimmer für sie reserviert. Paulette Jourdain sagt, Jeanne habe ihre Hand genommen und gemurmelt: «Verlaß mich nicht.» Doch als ihr Vater in der Rue Joseph Bara erschien und sie bat, mit ihm nach Hause zu gehen, willigte sie stumm ein. Was für inständige Bitten, Sorgen,

Ängste und Beschuldigungen an diesem furchtbaren Sonntag auf Jeanne hereinbrachen, läßt sich nur erahnen. Ihr Bruder André hing sehr an ihr; ihre Mutter war sich klar darüber, wie leidenschaftlich sie Modigliani liebte, während ihr Vater, Achille Hébuterne, der seine Pflicht an seiner Tochter tun wollte, entsetzt war über die Schande und die Aussicht, für zwei uneheliche Kinder sorgen zu müssen.

Erschöpft und halb wahnsinnig vor Kummer und Schwäche, legte sich Jeanne schließlich in ihrem alten Zimmer hin. Es war erst zweieinhalb Jahre her, daß sie die elterliche Wohnung verlassen hatte, aber es muß ihr wie ein ganzes Leben erschienen sein. Sie konnte den ausgesprochenen und unausgesprochenen Vorwurf gegen Modigliani, den sie in jedem Wort spürte, einfach nicht ertragen, unbeschadet ihrer eigenen Gefühle. Ihr Bruder hatte furchtbare Angst um Jeanne und schaute von Zeit zu Zeit bei ihr herein. Doch gegen Morgen döste er ein, und Montag früh um vier stieß Jeanne das Fenster auf und stürzte sich aus dem fünften Stock hinunter. Die männlichen Familienmitglieder wollten der Mutter den Anblick des zerschmetterten Körpers ersparen, und so wurde Jeanne auf einem Karren in Modiglianis Atelier in der Rue de la Grande Chaumière gebracht. Auch dort wurde ihr die Aufnahme durch die Concierge verweigert, mit der Begründung, sie sei ja keine Mieterin gewesen! Daraufhin brachte man die Leiche zum Polizeirevier, und erst nach Einschreiten der Polizei gelangte sie zurück in Modiglianis Atelier.

Die Einzelheiten ihres tragischen Todes wurden ebenso wie die Modiglianis noch jahrelang diskutiert und ausgeschmückt.

Léopold Zborowski, 1917

10

VERLUST UND VERMÄCHTNIS

Modigliani hatte ein exzessives Leben geführt, und erst als er gestorben war, wurde seinen Freunden und Zeitgenossen klar, was sie an ihm verloren hatten. Unbekümmert, voller Ausstrahlung, arm, symbolisierte er in der ihm zugemessenen kurzen Zeitspanne Wunschbild und Selbstdarstellung einer Epoche. Durch sein Privatleben, das derart ungeniert vermarktet wurde, sahen Künstler und Schriftsteller ihre eigene, weniger heroische, weniger intensiv gelebte Jugend wie im Zeitraffer vor sich. In den zwanziger Jahren brachten es viele aus Modiglianis Umfeld – Picasso, Derain, Foujita – zu Ruhm und Wohlstand, einige verbürgerlichten und verließen die Szene. Montparnasse putzte sich für die Nachkriegswelt heraus, um eine Welle von Möchtegernbohemiens aufzunehmen, die schnelle Wagen fuhren und in den neuen Nachtlokalen Champagner tranken. In einer Zeit, in der es «Mode war, Maler als sexbesessen, versoffen, geistreich, ausschweifend und voll gefährlicher Faszination darzustellen»[1], hielten es Schriftsteller und Gastwirte des Viertels für geboten, Mythos und Glanz Modiglianis zu konservieren. Montparnasse verkam zu einer Touristenattraktion Europas, mit Nachtlokalen, deren Angebot für die bettelarmen Künstler im Ersten Weltkrieg völlig unerschwinglich gewesen wäre.

Der Prozeß sowohl der Apotheose als der Profanierung von Modiglianis Andenken begann kurz nach seinem Tod in der Charité. Moise Kisling zeichnete ihn und beschloß dann, eine Totenmaske anzufertigen als Erinnerung für seine Angehörigen und Freunde; Conrad Moricand, der Schweizer Schriftsteller und Astrologe, half ihm dabei. Beide hatten keinerlei bildhauerische Erfahrung, und da die Krankenhausverwaltung die Leiche schnellstens in die Morgue überführen wollte, war Eile geboten. Das Ergebnis war eine Katastrophe. Die Gipsform wurde nicht fest, so daß Augenbrauenbüschel darin kleben blieben. In ihrer Verzweiflung brachten die beiden das «Werk» dem Bildhauer Jacques Lipchitz, der die Maske vollständig rekonstruieren mußte. Die klassische Schönheit seiner Züge war nun, da er Ruhe gefunden hatte, wiederhergestellt.

«Deckt ihn mit Blumen zu», hatte Emanuele aus Livorno telegrafiert, und so war sein Sarg überhäuft mit Blumen, die Modigliani geliebt hatte. Es gab auch zwei Kränze, einer trug die Inschrift «à notre fils», der andere «à notre frère». Eine Menschenmenge versammelte sich vor der Charité, um dem Leichenzug das Geleit zum Friedhof zu geben. Am 27. Januar um 14 Uhr 30 folgten Künstler, Schriftsteller, Modelle, Kunststudenten, Franzosen, Russen, Italiener, Chinesen dem von Pferden gezogenen Leichenwagen zum acht Kilometer entfernten Friedhof *Père Lachaise*. Unter den Trauernden befanden sich Picasso, Léger, Suzanne Valadon, Moise Kisling, André Salmon, Léon Indenbaum, Zborowski und Simone Thiroux. Picasso, der neben Francis Carco ging, bemerkte den Polizisten, der Modigliani so oft wegen Ruhestörung festgenommen hatte und nun salutierte, während das Trauergeleit langsam vorbeizog. «Sehen Sie den?» raunte er Carco zu. «Jetzt hat Modi sich revanchiert.»

Am Grab sprach ein Rabbiner Gebete, und Modigliani wurde zur letzten Ruhe gebettet. «Die ganze Künstlerjugend hat unserem teuren Freund und einem der begabtesten Künstler unserer Zeit ein bewegendes und triumphales Geleit gegeben ... Er war ein Kind der Sterne, und die Wirklichkeit existierte nicht für ihn», schrieb Zborowski in seinem Brief an Emanuele nach Livorno. Doch selbst bei seiner Beerdigung waren die Profitgeier zugegen, die die günstige Gelegenheit nutzen wollten. Zwei Kunsthändler traten an Francis Carco heran, der ja einige Bilder von Modigliani besaß, und versuchten, mit ihm zu schachern. «Sie sprachen ganz selbstverständlich darüber, als wir dem Sarg folgten, als habe der Tote überhaupt nichts damit zu tun.»[2] Zwei Kunsthändler wandten sich an den schmerzgebeugten Zborowski und boten ihm das Sieben- bis Achtfache des Preises, den sie zu Modiglianis Lebzeiten gezahlt hätten. Schon während Modigliani noch im Sterben lag, war ein anderer Kunsthändler, Louis Libaude, in Paris herumgerannt, um sämtliche Modiglianis aufzukaufen, derer er habhaft werden konnte, und das für ein Spottgeld. Nach dem Tod des Malers prahlte er mit seinem Glück. «Ich hab ein paar Modiglianis fast umsonst auftreiben können ...»[3]

Nach Jeannes Selbstmord, einen Tag vor Modiglianis Beerdigung, hatten ihre Freunde ein Doppelbegräbnis gewünscht, doch Jeannes Vater entsetzte der Gedanke. Um jedes Aufsehen zu vermeiden, ließen die Eltern Jeanne einen Tag nach Modigliani um acht Uhr früh bestatten und baten die Freunde, nicht zu erscheinen. «Es hat genug Skandal gegeben.»[4] Selbstmord bedeutete für fromme Katholiken damals eine Schmach, doch Jeannes Freunde waren nicht gewillt, sie einfach so unter die Erde bringen zu lassen. Chantal Quenneville, die Kislings, die Zborowskis und die Salmons trafen frühmorgens am Haus der Hébuternes in der Rue Amyot ein mit einem riesigen Kranz aus den von Modiglianis Beerdigung übriggebliebenen Blumen. Der Sarg wurde in den kleinen Wagen geschoben, der so rasch wie möglich davonfuhr, aber «wir folgten ihm in Taxis. Doch der Zutritt zum Friedhof wurde uns verwehrt, so daß wir am Eingang stehenbleiben mußten», schrieb Chana Orloff.[5]

Am Tag vor Modiglianis Beisetzung lag Jeannes Leichnam im Atelier in der Rue de la Grande Chaumière. Mehrere Freunde nahmen später für sich in Anspruch, sich um alles gekümmert zu haben. Chantal Quenneville sagte, sie sei zusammen mit Jeannette Léger ins Atelier gegangen und habe die Zimmer aufgeräumt, in denen überall leere Konservendosen, Kohle und Weinflaschen herumlagen. Auf der Staffelei bemerkte sie «ein ausgezeichnetes Männerporträt, das nicht vollendet war». Es handelte sich um das Bildnis des griechischen Komponisten Mario Varvogli. Modigliani hatte ihn am Silvesterabend gezeichnet, als sie gemeinsam eine Zechtour unternahmen, und muß das Porträt in der ersten Hälfte Januar gemalt haben, bevor ihn die Krankheit dann am Weiterarbeiten hinderte. Paulette Jourdain erinnerte sich ebenfalls, auf der Staffelei ein Porträt gesehen zu haben, dessen Farben noch feucht waren.[6] Chantal fand außerdem einige Zeichnungen, die Jeanne von sich gemacht hatte und auf denen sie sich ein Messer in die Brust stieß. Jeannette Léger war inzwischen auf die Suche nach einer Leichenfrau gegangen, die das Waschen und Ankleiden erledigen sollte.

Foujita behauptete ebenfalls, sich als erster der Toten angenommen zu haben. «Da war ja niemand, der nach ihr sah.» Er und Ortiz de Zarate erboten sich, die Leiche zu waschen, doch dann kamen nach ihrem Bericht ein paar Krankenwärter aus der Charité.

Der dritte, der nach Modiglianis Tod zuerst das Atelier betreten haben wollte, war Waclaw Zawadowski, ein polnischer Maler und Freund von Zborowski. Zawado (wie er immer genannt wurde) sprach von Zeichnungen, die überall verstreut lagen, von einem sehr schlechten Bild auf der Staffelei und einem Atelier voller Flaschen. Zawado zufolge hielten er und der tunesische Maler Abdul Wahab Gelani dort Nachtwache, um die Ratten zu verscheuchen. Marie Wassilieff steuerte ein paar russische Leintücher bei, so daß Jeanne feierlich aufgebahrt werden konnte, und Ortiz de Zarate stiftete seinen Anzug, damit Modigliani geziemend zu Grabe getragen wurde. Im Laufe der Jahre wucherten die Geschichten, in denen ein makabres Interesse an den letzten Minuten bekundet wurde. Modigliani war in Frankreich gestorben, sein geliebtes Italien preisend. Er hatte zu Zborowski gesagt: «Du brauchst dir keine Sorgen zu machen, ich hinterlasse dir ein

Genie – Soutine.» Er hatte seine Frau gebeten, ihm ins Grab zu folgen, «so daß ich mein Lieblingsmodell im Paradies bei mir habe und mit ihr gemeinsam der ewigen Seligkeit teilhaftig werde». Es gab, wie Jeanne Modigliani treffend bemerkte, «zu viele letzte Worte».[7] Manche von Modiglianis Freunden verhielten sich ebenso verständnisvoll und großzügig, wie sie es zu seinen Lebzeiten getan hatten. Aber es gab andere, die der Versuchung nicht widerstehen konnten, ihre Rolle im Fall Modigliani zu dramatisieren und Kapital daraus zu schlagen. Zawado verkaufte Modiglianis Palette für hundertfünfzig Francs an einen amerikanischen Touristen, der ins Atelier kam. Danach hängte er gebrauchte Paletten an die Wand und machte damit beachtlichen Profit.[8] Modigliani hatte sein Leben lang gegen Publicity tiefes Mißtrauen gehegt. Ironischerweise waren es nun sein Tod und Jeannes Selbstmord, die eine riesige, erfolgreiche «Modigliani»-Industrie emporschießen ließen. Daß es sich um einen zynisch kalkulierten Werbecoup handelte, geht klar aus dem Telegramm vom August 1919 hervor, mit dem die Kunsthändler Zborowski in London aufforderten, bis zu Modiglianis Tod sämtliche Verkäufe zu stoppen. Der Selbstmord seiner Geliebten bescherte den Kunsthändlern einen zusätzlichen «Bonus».

Francis Carco war ein treuer Freund, wenn auch seine Berichte über Modiglianis Leben manchmal stark gefärbt sind. Eine Woche nach Modiglianis Tod warnte Carco in einem Nachruf vor den falschen Darstellungen, die über den Maler veröffentlicht wurden. «Viel Unsinn wurde über ihn geredet ... Heute wissen wir, daß sein Andenken durch nichts vor den übelsten Verleumdungen bewahrt werden kann ... ohne Zweifel wegen der Übertreibungen, die so oft wiederholt wurden, bis sie zur Legende erstarrten ...»[9]

Carco fuhr fort, sich lobend über Modiglianis Werk zu äußern. Modigliani hatte sich stets geweigert, vor den Reichen zu katzbuckeln, zu feilschen, seine Zeichnungen zu signieren, Kompromisse zu schließen, wenn er nicht wollte. Als die Konjunktur für seine Bilder nach seinem Tod sprunghaft anstieg, boten Hauseigentümer mietfreie Wohnungen an für Künstler, die Modiglianis «vollenden» sollten, und es wurden Maler engagiert, die seinen Namenszug fälschen und sein Werk vervollständigen sollten, was dazu führte, daß eine beängstigende Anzahl falscher Modiglianis, von eklatanten Fälschungen bis zu Grenzfällen, auf dem Markt auftauchten. Charles-Albert Cingria, ein anderer treuer Freund, bemühte sich mehrmals, die Dinge zurechtzurücken.[10] «Ich erinnere mich (an Modigliani) als höflichen, zurückhaltenden Menschen. Ohne Zweifel trank er zu viel und wurde manchmal ein wenig laut, doch nicht mehr als andere junge Männer damals. Beeindruckend war die Art, wie er lärmte; auch wenn er sich übermäßig aufregte, blieb er immer ein Gentleman.»

Verglichen mit anderen, waren Modiglianis endlos nachgebetete Heldenstückchen keineswegs so außergewöhnlich, ob er nun vor Straßenbahnen im Zickzackkurs durch den Verkehr schwankte oder sogar, einer Geschichte zufolge, die Nacht in einer Mülltonne verbrachte. Da gab es ganz andere Vorfälle: Auf einer wilden Party schleuderte Oscar Dominguez, ein Maler aus Teneriffa, eine Flasche quer durchs Zimmer und schlug damit Victor Brauner, einem rumänischen Maler, ein Auge aus. Derain, der gern mit einem Modell auf den Knien malte, zertrümmerte die Bar von La Coupole, wobei Spiegel und Gläser reihenweise zu Bruch gingen. Pascin und Man Ray zogen randalierend von einem Bankett weiter in ein Bordell, und von Man Rays Künstlerfreunden begingen fünf oder sechs, einschließlich Pascin, Selbstmord.[11] Der Gedanke, daß gerade Modigliani erkoren wurde, zum Symbol des Pariser Künstlerlebens, zum Sündenbock wie zum Halbgott zu werden, scheint sich unvermeidlich aufzudrängen.

«Armer Modigliani», sagte Rosalie, die ihn so oft in ihrem schmuddligen kleinen Lokal durchgefüttert hatte, «da ist er nun weggegangen und wie ein Hund gestorben.» Aus seiner Familie hatte niemand einen Vorteil von seinem Nachruhm oder vom Preisanstieg seiner Bilder. Er hatte ihre letzte Überweisung zurückgehen lassen, vermutlich nach dem bescheidenen Erfolg der

Ausstellung in London.[12] Noch Jahre nach seinem Tod wurde der Familie Modigliani öffentlich vorgeworfen, sie habe den Künstler verhungern lassen. Halbheiten gab es nicht in Modiglianis Mythos; entweder verhungerte er, oder er wäre blendend situiert gewesen, wenn er seinen Wechsel nicht sinnlos verpraßt hätte. Modigliani war niemals völlig mittellos, noch wurde er von seiner Familie im Stich gelassen, noch hatte er je in seinem Leben das Geld, um ein halbwegs komfortables Leben zu führen. Sobald seine Angehörigen von Amedeos Tod erfuhren, schrieben sie an Jeanne und forderten sie auf, mit ihren Kindern bei ihnen zu wohnen. Das geschah, bevor die Nachricht von Jeanne Hébuternes Selbstmord sie erreichte. Emanuele bekam erst nach einem Monat seinen Paß. Er traf Ende Februar 1920 in Paris ein, um Amedeos Angelegenheiten zu regeln. Die kleine Jeanne, mit knapp fünfzehn Monaten gerade im Laufalter, war noch bei der Pflegerin. Zborowski kümmerte sich um sie und hatte sie zusammen mit seiner Frau besucht. Wie er schrieb, würde er «sie gern als seine Tochter zu sich nehmen», fügte jedoch hinzu, daß «Amedeo stets den Wunsch geäußert hat, daß sie in Italien bei der Familie Modigliani aufwachsen sollte».[13]

Als Emanuele in Paris war, erschienen zahlreiche Frauen in seinem Hotel und behaupteten, Modigliani sei der Vater ihres Kindes. Daraufhin erklärte Emanuele, er könne kein Kind anerkennen, das sein Bruder nicht als das seine anerkannt habe. Sie gaben alle auf, ausgenommen Simone. Sie kam immer wieder mit Serge Gérard, ihrem kleinen Jungen, und bedrängte Emanuele schluchzend: «Sehen Sie denn nicht, daß er Amedeo wie aus dem Gesicht geschnitten ist?» Später tauchte sie mit zwei Freunden auf, die bereit waren, zu schwören, daß der kleine Junge Modiglianis Sohn sei.

Etwa ein Jahr danach starb Simone an Tuberkulose, und ihr Sohn wurde von einem begüterten älteren Ehepaar adoptiert, das eine Vereinbarung traf, daß die Herkunft des Jungen niemals enthüllt werden dürfe.

Die Adoption Jeannes durch Amedeos Schwester Margherita

erwies sich als schwierig. Emanuele übertrug den Fall einem bekannten Anwalt in Marseille, der ihn so lange ruhen ließ, bis es hieß, für eine Regelung sei es zu spät. Zum Glück fand Emanuele, der Jurist, einen Ausweg. Bei Durchsicht der Papiere seines Bruders im Atelier hatte Emanuele eine Rolle Zeichnungen gefunden, männliche Aktstudien, Gedichte, drei Postkarten von Eugenia mit Antwortkarte, eine Postanweisung für Jeannes Pflegerin, den «Ehekontrakt» und schließlich das Dokument, das für das Rechtsdenken den Ausschlag gab: ein großer Bogen mit einem ausführlichen Horoskop, dessen Daten genau mit denen des Babys übereinstimmten. Es wurde gestellt von Conrad Moricand, der Kisling bei Abnahme der Totenmaske geholfen hatte. Emanuele brachte das Horoskop persönlich der zuständigen Behörde, wo es die Juristen überzeugte, die übereinstimmend erklärten, daß «nur ein Vater dies für sein Kind tun würde».

Emanuele suchte auch Jeannes Familie auf, die mit größter Erleichterung auf die Mitteilung reagierte, daß die Modiglianis die Sorge für das Baby übernehmen würden. Am 28. März 1923 gaben die Hébuternes vor einem Notar eine eidesstattliche Erklärung ab, um die rechtliche Position ihrer Enkelin zu klären. Sie begann: «Unserer Ehe entsproß am 6. April 1898 eine Tochter, Jeanne Hébuterne, welche von ihrer Geburt an bis zu dem Alter, von dem noch die Rede sein wird, mit uns in Paris gelebt hat. Im Juli 1917 lernte unsere Tochter einen Maler namens Amedeo Modigliani aus Livorno und wohnhaft in Paris kennen. Die zwei verliebten sich ...»[14]

Als zwei Jahre später Mussolini in Italien an die Macht kam, lebte Emanuele als sozialistischer Politiker im Pariser Exil. Er überredete die Familie Hébuterne, einer Exhumierung Jeannes auf dem Friedhof Bagneux zuzustimmen, um sie neben Modigliani auf dem jüdischen Teil des Père Lachaise beizusetzen. «Endlich ruhen sie zusammen», schrieb Emanuele an seine Angehörigen zu Hause. Die Inschrift auf ihren Grabsteinen lautet:

AMEDEO MODIGLIANI Pittore Nato a Livorno il 12 Luglio 1884 Morto lo colse il 24 Gennaio 1920 Quando giunse alla gloria	JEANNE HEBUTERNE Nata a Parigi il 6 Aprile 1898 Morta a Parigi il 25 Gennaio 1920 Di Amedeo Modigliani compagna Devota fina all'estremo sacrificio

Tatsächlich starb Jeanne jedoch in den Morgenstunden des 26. Januar; wie so vieles in der Modigliani-Geschichte ist auch das Datum auf dem Grabstein falsch.

Jeanne wuchs bei der Familie Modigliani in Italien auf, wo Eugenia dem kleinen Mädchen «mit bekümmerter Zärtlichkeit» von ihrem Vater erzählte, und Margherita, ihre Tante und Adoptivmutter, sprach mit ihr in Tönen, «die sofort mit versteckten Andeutungen überfrachtet waren».[15] Margherita und Amedeo hatten sich nie leiden können. Jeanne Modigliani, eine Kunsthistorikerin, ging dem Leben ihres Vaters mit einer scharfsichtigen Wahrhaftigkeit nach, die Amedeo Modigliani bewundert hätte.

Obwohl die Preise für seine Bilder stiegen und sein künstlerischer Ruf seit seinem Tod bis zum heutigen Tage ständig wuchs, profitierten weder seine Familie in Livorno noch seine Tochter jemals davon. Als Emanuele 1920 nach Paris kam, um sich mit Modiglianis Hinterlassenschaft zu befassen, erklärte man ihm, sämtliche Bilder seien verkauft; als er entgegnete, er wollte ja gar nichts erwerben, sondern sich die Sachen bloß interessehalber ansehen, kamen etliche zum Vorschein. Zborowski und Modiglianis enge Freunde «organisierten ein kleines Komitee, das die Werke verschiedener Maler sammeln und sie zugunsten seiner Tochter verkaufen sollte»,[16] schrieb Zborowski an Emanuele. «Der Verkauf wird wahrscheinlich 25 000 bis 30 000 Francs erbringen, die Sie in ihrem Namen entgegennehmen können», fügte er großzügig hinzu. Modigliani wäre es selbstverständlich lieber gewesen, wenn seine Tochter aus dem Verkauf einiger sei-

Akt

ner Bilder profitiert hätte, anstatt auf die Mildtätigkeit von Freunden angewiesen zu sein.

Leider kam den Menschen, die Modigliani geholfen hatten, die Konjunktur nicht zugute; Freunde sahen sich häufig gezwungen, die Bilder, die er für sie gemalt hatte, unter Preis zu verkaufen. Modigliani hatte Rosalie, der er so viele freie Mahlzeiten verdankte, «Blöcke voller Zeichnungen» hinterlassen. Sie konnte seine Arbeiten nicht leiden und hatte die Skizzenblöcke in den Keller geworfen, wo Ratten und Mäuse sie zernagten.

C. R. W. Nevinson, einem anderen Freund, war etwas mehr Glück beschieden. Er hatte ein Bild von Modigliani gekauft und bot es nach dessen Tod, als er Geld brauchte, den Leicester Galleries für sechzig Pfund an. Er wurde abschlägig beschieden und nahm es Anfang der zwanziger Jahre mit nach Paris. Dort entdeckte er vor einer Kunsthandlung ein Schild: «Wir kaufen Modiglianis.» Er ging mit seinem Bild hinein, der Kunsthändler lehnte es mit der Begründung ab, es sei nicht ganz das, was er suche, bat jedoch Nevinson, es ihm für ein bis zwei Stunden zwecks genauerer Prüfung dazulassen. Es war um die Mittagszeit, und Nevinson vermutete, der Kunsthändler würde bei sämtlichen Kollegen herumtelefonieren, um ein Höchstangebot festzusetzen; danach würden sie den Profit teilen.

Nevinson kam gegen halb zwei zurück. Der Kunsthändler nannte ihm mehrere Kollegen als Interessenten, gab aber Nevinson den Rat, sich ja nicht an Paul Guillaume zu wenden, das wäre reine Zeitverschwendung. Nevinson war fest davon überzeugt, daß der Anrufer Paul Guillaume nicht angetroffen hatte, und begab sich geradewegs zu ihm. Guillaume bot ihm sofort einhundertzwanzig Pfund. Später erfuhr Nevinson, daß ein englischer Kunsthändler das Bild für tausend Pfund erworben hatte. Der Preis war in knapp zehn Jahren um 200 Prozent gestiegen. «Die Pariser Kunstwelt wurde zu einer Art Börse», registrierte er.[17]

Modiglianis Œuvre gewann in der internationalen Kunstszene mehr und mehr an Ansehen. Zu seinen Lebzeiten hatte er nur eine Einzelausstellung gehabt, im Dezember 1917, die noch vor der offiziellen Eröffnung geschlossen wurde. In den zwanziger Jahren fanden fünf Ausstellungen seiner Werke in Paris statt, zwei in London und eine in New York. Das Museum in Grenoble kaufte als erstes eines seiner Bilder an. In seinem Geburtsland indes, wo 1922 zwölf seiner Arbeiten auf der Biennale in Venedig gezeigt wurden, begeisterten sich weder die Kritiker noch das Publikum für sein Werk. «Diese zwölf häßlichen, unförmigen Köpfe könnte ein fünfjähriges Kind gezeichnet haben», erklärte ein berühmter Kritiker.[18] Der millionenschwere amerikanische Arzneimittelhersteller, Dr. Albert Barnes, kam 1922 nach Paris und kaufte Bilder von Soutine und ebenso von Modigliani auf, und 1929 erzielten die Modiglianis in New Yorker Galerien hohe Preise.

Auch in Italien war es schließlich einer Gruppe seiner Anhänger gelungen, das dortige Publikum von Modiglianis Bedeutung zu überzeugen. 1930 fand auf der Biennale eine große Ausstellung seiner Werke statt, die seine künstlerische Entwicklung von 1905, als er an der Kunstakademie von Venedig studierte, bis 1920 dokumentierte. Sie umfaßte vierzig Bilder, zwei Skulpturen und zahlreiche Zeichnungen. Zehn Jahre nach seinem Tod veröffentlichte *Paris-Montparnasse* eine Sonderbeilage als «Huldigung» für Modigliani. Die Ausgabe schaffte es, den Eindruck zu vermitteln, als sei Modigliani nicht viel mehr als ein gutaussehender Säufer gewesen, der «Fürst», der raufte, krakeelte und Drogen nahm. Der Artikel von André Salmon auf der Titelseite war überschrieben: «Eines Nachts, als er betrunken war ... Hommage für Modigliani.» Im gleichen Jahr wurde eine Anthologie, *Omaggio a Modigliani*, in Mailand publiziert, die Würdigungen des Künstlers von berühmten Malern, Schriftstellern und Kritikern enthielt, einschließlich Braque und de Segonzac.[19] Modigliani hatte Phrasen stets verabscheut; die glatten, hohlen Lobsprüche, manche darunter von seinen Verleumdern, wären ihm bestimmt nicht entgangen.

«Dein Leben, von schlichter Größe, wurde von einem Aristokraten gelebt, und wir liebten dich ...», schrieb Max Jacob, der Modigliani später in einem Privatbrief abqualifizierte. Jean Cocteau, der sein von Modigliani gemaltes Porträt zutiefst verabscheute, bezeichnete Modiglianis Tod als «das Ende einer Ära großer Schönheit in Montparnasse, und wir wußten es nicht ... Mein Porträt von Modigliani ist viel Geld wert, aber was den wahren Wert mehrt, das ist das Prestige unserer unsterblichen Erinnerungen ...»

Die ihm Nahestehenden drückten sich einfacher aus. «Ich liebte ihn sehr und übertrage meine Zuneigung auf seine Tochter», schrieb Blaise Cendrars. De Vlaminck, ein treuer Freund: «Er war ein großer Künstler ... seine Bilder sind von hohem Rang – Vulgarität, Banalität und Roheit ist ihnen fremd ...» Und Soutine, der keinerlei literarische Ambitionen hatte: «Modigliani hat mir Selbstvertrauen gegeben.» Der Band enthielt außerdem drei Gedichte von Modigliani, die vermutlich zu den von seinem Bruder im Atelier vorgefundenen gehörten. Die Huldigungen trugen dazu bei, den «Sünder» heiligzusprechen und sämtliche Spuren von Modiglianis höchst menschlichen Eigenschaften zu verwischen.

Ein 1919 erschienener Roman, *Les Montparnos*, verfälschte Modiglianis Bild weiterhin.[20] Michel Georges-Michel wollte «die neue Boheme» in einem Roman über Montparnasse einfangen, den er in der Nachfolge von Henri Murgers *Scènes de la Vie de Bohème* sah, der Textvorlage für Puccinis Oper. Als er sich im Quartier nach einem geeigneten Titelhelden umhörte, fiel immer wieder Modiglianis Name. Im Roman wird er zu Modrulleau, Jeanne zu *Haricot Rouge*, und der Held nimmt seine Geliebte mit nach Rom, für Modigliani ein unerfüllter Traum. Der Held stirbt jung am Alkohol, und seine schwangere Geliebte stürzt sich aus dem Fenster. Die Erinnerungen an den «echten» Modigliani begannen sich mit dem fiktiven der unzähligen Varianten zu vermengen. Selbst die Kritiker, die über Modiglianis Kunst schrieben, verstiegen sich entweder zu Lobeshymnen oder häufiger noch zu moralisierenden Betrachtungen. Sie nannten sein Werk «neurotisch, krankhaft, pessimistisch und melancholisch», sahen in den Augen seiner Modelle sogar angeblich «eine gewisse Starre, wie sie sich nach Drogengenuß einstellt».[21] Man schalt ihn sowohl ehrgeizig wie vergnügungssüchtig. «Wußte er, daß ihm ein kurzes Leben beschieden war, oder strebte er als Jude (sic!) nach Erfolg?»[22] Der «bemühte, verkrampfte Intellektualismus, den er mit zahlreichen jüdischen Künstlern seiner Zeit teilte», wurde ebenfalls getadelt, während andere beteuerten, Modigliani habe nichts Jüdisches an sich gehabt – Urteile, die so gut wie nichts mit dem Gehalt seines Werkes zu tun hatten.

Die Äußerungen über Modiglianis Leben und Werk sind durch vielfältige Vorurteile belastet. In der Pariser Zeitschrift *Beaux Arts* kritisierte Henri Lormian seine überhebliche Einstellung zum Geld, behauptete (zu Recht), daß er nicht schlechter gestellt war als viele andere Künstler vor dem Ersten Weltkrieg, warf ihm aber vor, daß er sich von einer Frau Kost und Logis bezahlen ließ und seine Werke gegen eine Mahlzeit oder einen Haarschnitt verschacherte. Am meisten zu verdammen war aus der Sicht des Verfassers jedoch Modiglianis außergewöhnlicher Erfolg bei Frauen. «Sie waren verrückt nach ihm»,[23] schrieb er. Und fügte hinzu, daß die Leute ihm zwar das Auftreten eines Fürsten, eines Grandseigneurs, ein römisches Profil nachsagten, er aber dennoch eine Triefnase und die wäßrigen Augen eines Säufers gehabt habe. Nur die Frauen sahen das nicht, sondern rühmten ihn uneingeschränkt als amüsanten Plauderer.

Dieser Artikel, in dem vierzehn Jahre nach Modiglianis Tod noch der Sexualneid rumort, veranschaulicht, welch leidenschaftliche Anteilnahme *und* Vorurteile er unter seinesgleichen erweckte. Und da die Geschichte unentwirrbar mit Anekdoten und Übertreibungen durchwirkt ist, geht die Kontroverse weiter.

1984, zur 100. Wiederkehr von Modiglianis Geburtstag, beschlossen die städtischen Behörden von Livorno, die bislang nur auf eine Büste von Emanuele im Park und auf wenige Frühwerke Amedeos im Stadtmuseum verweisen konnten, den Kanal abzusuchen. Der Anekdote nach hatte Modigliani einige seiner absonderlichen, langgezogenen Köpfe darin abgeladen, weil er keinen Lagerraum hatte und seine Freunde ihm rieten, «sie in den Kanal zu werfen». Drei Köpfe wurden auf dem Grund entdeckt. Inzwischen sind sie eindeutig als Fälschungen entlarvt.

Modigliani arbeitete sein Leben lang hart und entschlossen; der Erfolg blieb ihm zu Lebzeiten versagt. Er liebte die Frauen und wurde von ihnen wiedergeliebt; er trank; er experimentierte mit Rauschgift. Doch das charakterisiert noch nicht den ganzen Menschen. Ebensowenig erklärt es den bleibenden Eindruck seines in sich geschlossenen Gesamtwerks. In seinen Arbeiten lehnte er Zeitströmungen ab und entwickelte seinen Stil, der Elemente früherer Kunstepochen mit seiner eigenen eleganten, einfallsreichen Linienführung vereinte.

Sein Malstil war unnachahmlich, zu persönlich, um Epigonen

anzulocken, eine Sprache, die er entwickelte, um seiner Weltsicht in einer Galerie von Individuen Ausdruck zu verleihen: Gauner, Poseure, Träumer, Verlorene und Einsame.

Andere Maler versuchten, seine Lebensweise zu imitieren, und scheiterten kläglich. Ihn hatte die Natur zur eigenständigen Persönlichkeit qualifiziert; er hatte keine Besitztümer, um damit Eindruck zu machen, keine einflußreichen Freunde, keine wohlhabenden Gönner. Entweder akzeptierte man ihn zu seinen eigenen Bedingungen oder gar nicht. Er war prophetisch; er sah zu viel. Obwohl er ein Leben wie auf einer Bühne führte, reagierte er mit einer solchen Hypersensibilität auf andere, daß zwischen ihnen unlösbare existentielle Bindungen entstanden.

Der Erfolg kam erst nach seinem Tod. Heute schmücken sich die großen Museen in aller Welt mit Modiglianis Werken. Kunstliebhaber drängen sich in Modigliani-Ausstellungen. Seit damals droht die rasante Entwicklung zur Massengesellschaft mit ihrer Unterhaltungsindustrie, ihrem Reklamerummel, ihrer Technologie jedes individuelle menschliche Streben zu überrollen. Vielleicht gebührt eben deshalb dem Menschen Modigliani der Respekt für seine leidenschaftliche Verteidigung individueller Freiheit.

DANK

Bei diesem Buch haben mir so viele Menschen, Freunde, Kollegen und Modigliani-Experten Rat und Hilfe gewährt, daß es mir eine besondere Freude ist, ihnen öffentlich meinen Dank auszusprechen. Er gilt vor allem der Familie Modigliani, die mir in den Frühstadien meiner Recherchen reiche Unterstützung zuteil werden ließ: der Tochter des Malers, Jeanne, seinem Bruder Umberto und dessen Frau Ida und seiner Tante, Laure Garsin. Sie alle beantworteten bereitwillig meine Fragen, und Jeanne und Umberto stellten mir Familiendokumente leihweise zur Verfügung. Mein Dank gilt ebenso den vielen Freunden und Bekannten Modiglianis, die mich an ihren Erinnerungen teilhaben ließen: Paul Alexandre, Constantin Brancusi, Blaise Cendrars, Jean Cocteau, M. Chwat, Silvano Filipelli, Madame Gris, Henri Hayden, Léon Indenbaum, Paulette Jourdain, Pinchas Kremegne, Misha Kikoine, Alberto Lorenzi, Chana Orloff, Anders Osterlind, Gino Romiti, Sir Osbert Sitwell, Leopold Survage, Ossip Zadkine und Anna (Hanka) Zborowska. M. Apollonio, Biennale Venedig, Ambrogio Ceroni von der Galleria de Milione, Mailand, Giovanni Schweiller und Professor Lionel Venturi standen mir tatkräftig zur Seite.

Besonderen Dank schulde ich in den letzten Jahren Giorgio

und Guido Guastalla, den Leitern der offiziellen Modigliani-Archive Livorno und Paris, sowie Christian Parisot, ihrem Archivar in Paris, für ihre Großzügigkeit, Geduld, Hilfe, Unterstützung und die leihweise Überlassung von Fotografien. Dr. Vera Durbe, Kustos im Museo Civico Giovanni Fattori, Livorno, hat mir überaus freigebig Fotomaterial zur Verfügung gestellt, wofür ich ihr ebenfalls danken möchte, und genauso allen Museen und Galerien, die die Genehmigung zur Reproduktion ihrer Exponate erteilt haben.

In Livorno waren mir M. Belforte, Sam Sendak und M. Azempiere behilflich, Modiglianis Spuren zurückzuverfolgen.

Mein aufrichtiger Dank gilt Giorgio Cortenova, Kustos der Galleria d'Arte Moderna, Verona, und seiner hilfsbereiten Assistentin Jennifer Karch Verzé für ihre großzügige Unterstützung. Den Mitarbeitern der British Library, der London Library, der Bibliotheken der Tate Gallery und des Victoria and Albert Museum, der Westminster Central Reference Library und der Bibliothèque Nationale, Paris, danke ich für ihre Geduld und ihr Entgegenkommen. Ferner möchte ich Professor Giorgio Colombo vom italienischen Kulturinstitut und den Mitarbeitern des französischen Kulturattachés für ihre Hilfe Dank sagen. Ich bin Shirley A. Martin, Leiterin der Special Collections der University of Saskatchewan, Kanada, sehr verbunden für die Genehmigung, den Brief von Max Jacob zu zitieren.

Viele persönliche Freunde haben mir Hilfe geboten. Mona Gordon in Stockholm übersetzte Auszüge aus Thora Dardels Autobiographie und interviewte die Gräfin Dardel Hamilton in meinem Namen. Madelena Golby besorgte die Übersetzung aus dem Portugiesischen; Miryana Harding hat das Manuskript gelesen und wertvolle Hinweise dazu gegeben, und Christine Casley war stets bereit, ihren sachkundigen Rat einzubringen.

Zum Schluß möchte ich mich bei Gabrielle Morrison bedanken, die das Manuskript mit peinlicher Sorgfalt abgetippt und nützliche Vorschläge gemacht hat.

ANMERKUNGEN

Eugenia Modiglianis Tagebuch und andere Familiendokumente, die der Autorin von der Familie Modigliani zur Verfügung gestellt wurden, lieferten wichtiges Quellenmaterial für dieses Buch, desgleichen Jeanne Modiglianis Studie über ihren Vater. *Modigliani: Man and Myth,* André Deutsch, 1959.

1 URSPRÜNGE

1 Gérard Philipe spielte den Modigliani in einem 1962 gedrehten französischen Film mit dem Titel *Montparnasse.* Im August 1988 fand im New End Theatre, Hampstead, die Aufführung des Stückes *Modigliani* von Dennis McIntyre statt.
2 Zeichnung von Paul Guillaume, Privatsammlung, Paris.
3 Jeanne Modigliani, *Modigliani: Man and Myth,* André Deutsch, London, 1959.
4 ebd.
5 ebd.
6 Margherita Modigliani, «Recollections of Modigliani by those who knew him», collected by Frederick S. Wight, *Italian Quarterly,* University of California, Los Angeles, Frühjahr 1958.
7 Jeanne Modigliani, a.a.O.
8 Gedicht von Eugenia Modigliani, der Autorin von Jeanne Modigliani zur Verfügung gestellt.
9 Umberto Modigliani, im Gespräch mit der Autorin.
10 Jeanne Modigliani, a.a.O.
11 ebd.
12 ebd.
13 Tagebuch Eugenia Modigliani, Juli 1898.
14 Jeanne Modigliani, a.a.O.
15 ebd.
16 Silvano Filipelli, «Testimonianze livornese per Modi», *Rivista di Livorno,* Juli–August 1956, Livorno.
17 ebd.
18 Umberto Modigliani, im Gespräch mit der Autorin.
19 Jeanne Modigliani, a.a.O.

20 Margherita Modigliani, a.a.O.
21 ebd.

2 DAS KREDO DES KÜNSTLERS

1 Jeanne Modigliani, *Modigliani: Man and Myth,* André Deutsch, 1959.
2 Margherita Modigliani, «Recollections of Modigliani by those who knew him», collected by Frederick S. Wight, *Italian Quarterly,* University of California, Los Angeles, Frühjahr 1958.
3 ebd.
4 Amedeo Modigliani an Oscar Ghiglia, ohne Datum, zit. aus *Cinque lettere giovanili al pittore Oscar Ghiglia,* L'Arte, Turin, Mai 1930.
5 ebd.
6 ebd
7 ebd.
8 ebd.
9 Anthony Rhodes, *The Poet as Superman, a life of Gabriele d'Annunzio,* Weidenfeld & Nicolson, London, 1959.
10 Margherita Modigliani, a.a.O.
11 Charles Douglas, *Artist Quarter,* Faber & Faber, London, 1941.
12 Jeanne Modigliani, a.a.O.
13 Ugo Ojetti, *Amedeo Modigliani,* Corriere della Sera, Mailand, 28. Januar 1930.
14 Jeanne Modigliani, a.a.O.
15 Ardengo Soffici, *Ricordi di Modigliani, Ricordi di Vita Artistica e Letteraria,* Vallechi Editore, Florenz, 1942.
16 Elio Zorzi, *Acqua Forte* (enthält Erinnerungen von Fabio Mauroner), Arti grafiche Friulane, 1955.
17 Jeanne Modigliani, a.a.O.

3 DIE WIRKLICHE WELT

1 André Salmon, *Modigliani: A Memoir,* Jonathan Cape, London, 1961.
2 Charles Douglas, *Artist Quarter,* Faber & Faber, London, 1941.
3 C. R. W. Nevinson, *Paint and Prejudice,* Methuen, London, 1937.
4 André Salmon, a.a.O.; Jeanne Modigliani, *Modigliani: Man and Myth,* André Deutsch, London, 1959.
5 Louis Latourettes, *Preface to Modigliani,* Arthur Pfannstiel, Editions Séheur, Paris, 1928.
6 ebd.

7 Anselmo Bucci, «Modigliani dal Vero», Panorama Dell'Arte Italiana, Marco Vallsecchi und Umbro Apollonio, Editori Lattes, Turin, 1951.
8 Gino Severini, *Tutta la vita di un pittore,* Cernusco sul Naviglio, Mailand, 1946.
9 Ludwig Meidner, «The Young Modigliani», *Burlington Magazine,* London, Mai 1943.
10 André Warnod, *Ceux de la Butte,* René Juillard, Paris, 1947.
11 Louis Latourettes, a.a.O.
12 M. Chwat, im Gespräch mit der Autorin.
13 Fernande Olivier, *Picasso et ses Amis,* Editions Stock, Paris, 1933.
14 André Salmon, a.a.O.
15 Ludwig Meidner, a.a.O.
16 Géo Cim, *Montmartre, mon vieux village,* Grassin, 1964. (Der Autor schrieb den Entwurf für dieses Buch vor dem Ersten Weltkrieg.)
17 Marc Chagall, *My Life,* Peter Owen, London, 1965.
18 Louis Latourettes, a.a.O.
19 Katalog, Salon d'Automne, Paris, 1907.
20 Amedeo Modigliani an Umberto Modigliani, undatiert, der Autorin von Umberto Modigliani zur Verfügung gestellt.
21 Herbert Read, *A Concise History of Modern Painting,* Thames & Hudson, London, 1968.
22 Roger Shattuck, *The Banquet Years,* Faber & Faber, London, 1959.
23 Gino Severini, a.a.O.
24 Paul Alexandre, im Gespräch mit der Autorin.
25 André Warnod, *Fils de Montmartre,* Librairie Arthème Fayard, Paris, 1955.
26 Charles Douglas, a.a.O.
27 Constantin Brancusi, im Gespräch mit der Autorin.
28 Jeanne Modigliani, a.a.O.

4 ÜBERGANG

1 Jeanne Modigliani, *Modigliani sans Légende,* Librairie Grund, Paris, 1961.
2 Jeanne Modigliani, *Modigliani: Man and Myth,* André Deutsch, London, 1959.
3 Paul Alexandre, im Gespräch mit der Autorin.
4 Jeanne Modigliani, *Modigliani: Man and Myth,* a.a.O.
5 Alfred Werner, *Modigliani the Sculptor,* Arts Inc., New York, 1962.
6 Carol Mann, *Modigliani,* Thames & Hudson, London, 1980.
7 Jean Cassou, *The Sources of Modern Art,* Thames & Hudson, London, 1962.
8 Giancarlo Vigorelli, *Modigliani e Anna Achmatova, Modigliani a Montpar-*

nasse, Katalog Galleria d'Arte Moderna e Contemporanea, Verona, Arnoldo Mondadori, Mailand, 1988. (Anna Achmatowas Erinnerungen an Modigliani wurden erstmals außerhalb Rußlands veröffentlicht in *L'Europa Letteraria,* 27. März 1964.)
9 Laure Garsin, im Gespräch mit der Autorin.
10 Gotthard Jedlicka, *Modigliani,* Eugen Rentsch, Zürich, 1953.
11 Alberto Lorenzi, im Gespräch mit der Autorin.
12 Jeanne Modigliani, a.a.O.
13 *Correspondance de quatre artistes Portugais avec Robert et Sonia Delaunay,* Presses Universitaires de France, Paris, 1972.
14 Pierre Sichel, *Modigliani,* W. H. Allen, London, 1967.
15 Jacob Epstein, *An Autobiography,* Hulton Press, London, 1955.
16 C. R. W. Nevinson, *Paint and Prejudice,* Methuen, London, 1937.
17 Jacques Lipchitz, *Amedeo Modigliani,* Harry N. Abrams, New York, 1952.
18 Pontus Hulten, *Brancusi Catalogue Raisonné,* Faber & Faber, 1987.
19 Augustus John, *Chiaroscuro,* Jonathan Cape, 1975.
20 Jeanne Modigliani, a.a.O.
21 Gotthard Jedlicka, a.a.O.

5 DIE TURBULENTEN JAHRE

1 Charles Douglas, *Artist Quarter,* Faber & Faber, London, 1941.
2 Léon Indenbaum, *Modigliani Vivo,* Enzo Maiolino, ed., Fogola Editore, Turin, 1981.
3 Jacob Epstein, *An Autobiography,* Hulton Press, London, 1955.
4 Gustave Coquiot, *Les Indépendants,* Librairie Ollendorf, Paris, 1920.
5 Marevna, *Life with the Painters of La Ruche,* Constable, London, 1972.
6 Léon Indenbaum, im Gespräch mit der Autorin.
7 Ossip Zadkine, *Paris-Montparnasse,* Februar 1930, Sonderausgabe, Modigliani gewidmet.
8 Nina Hamnett, *Laughing Torso,* Constable, London, 1932.
9 Ossip Zadkine, a.a.O.
10 Pierre Sichel, *Modigliani,* W. H. Allen, London, 1967.
11 Miron Grindea, Hrsg., *Adam 300,* Adam Books, Curwen Press, London, 1966.
12 Beatrice Hastings, *The New Age,* London, 15. Januar 1914.
13 Beatrice Hastings unter dem Pseudonym Alice Morning, *Impressions of Paris,* 28. Mai 1914.
14 ebd. 18. Juni 1914.
15 ebd. 16. Juli 1914.
16 Marevna, a.a.O.

17 Beatrice Hastings unter dem Pseudonym Alice Morning, *The New Age,* 13. August 1914.

18 André Level, *Souvenirs d'un Collectionneur,* Alain C. Mazo, Paris, 1959.

19 Beatrice Hastings unter dem Pseudonym Alice Morning, *The New Age,* London, 27. August 1914.

20 André Salmon, *Modigliani: A Memoir,* Jonathan Cape, London, 1961.

21 Ilja Ehrenburg, *People and Life,* Volume I, MacGibbon & Kee, London, 1961.

22 Beatrice Hastings, alias Alice Morning, *The New Age,* London, 8. Oktober 1914.

23 André Pevre, *Max Jacob Quotidien,* Joske Millas-Martin, Paris, 1976.

24 Ilja Ehrenburg, a.a.O.

25 Berthe Weill, *Pan!... dans l'Œil,* Librairie Lipschutz, Paris, 1933.

26 Charles-Albert Cingria, *Aujourd'hui,* Nr. 65, Lausanne, 26. Februar 1931.

27 Maurice de Vlaminck, *Portraits avant décès,* Flammarion, Paris, 1943.

28 Ilja Ehrenburg, a.a.O.

29 Beatrice Hastings, alias Alice Morning, *The New Age,* London, 26. November 1915.

30 Ilja Ehrenburg, a.a.O.

31 Beatrice Hastings, alias Alice Morning, *The New Age,* 8. Januar 1915.

6 WIRD ER SICH ENTFALTEN?

1 Leopold Survage, im Gespräch mit der Autorin.

2 ebd.

3 Marie Wassilieff, «Recollections of Modigliani by those who knew him», collected by Frederick S. Wight, *Italian Quarterly,* University of California, Los Angeles, 1958.

4 Léon Indenbaum, *Modigliani Vivo,* Enzo Maiolino, ed., Fogola Editore, Turin, 1981.

5 Beatrice Hastings, alias Alice Morning, *The New Age,* London, 21. Januar 1915.

6 Max Jacob an Guillaume Apollinaire, 7. Januar 1915, *Correspondance de Max Jacob,* Editions de Paris, Paris, 1955.

7 Beatrice Hastings, alias Alice Morning, *The New Age,* London, 28. Januar 1915.

8 Katherine Mansfield an John Middleton Murry, 21. März 1915, *The Collected Letters of Katherine Mansfield,* edited by Vincent O'Sullivan and Margaret Scott, Clarendon Press, Oxford, 1984.

9 ebd. 8.–9. Mai 1915.

10 Miron Grindea, Hrsg. *Adam 300,* Curwen Press, London, 1966.

11 ebd.
12 Ilja Ehrenburg, *People and Life,* Volume I, MacGibbon & Kee, London, 1961.
13 Marevna, *Life with the Painters of La Ruche,* Constable, London, 1972.
14 Charles Douglas, *Artist Quarter,* Faber & Faber, London, 1941.
15 Gotthard Jedlicka, *Modigliani,* Eugen Rentsch, Zürich, 1953.
16 Paul Guillaume, *Les Arts à Paris,* 1920.
17 Beatrice Hastings, alias Alice Morning, *The New Age,* London, 4. Februar 1915.
18 Irene Patai, *Encounters, The Life of Jacques Lipchitz,* Funk & Wagnalls Ltd., New York, 1961.
19 Charles-Albert Cingria, *Aujourd'hui,* Lausanne, 26. Februar 1931.
20 Max Jacob, *La Défense de Tartuffe,* Paris, 1919.
21 Mss 15, Max Jacob Letters, Special Collections, University of Saskatchewan Library, Canada.
22 Chana Orloff, im Gespräch mit der Autorin.
23 Chaim Soutine, *Omaggio a Modigliani,* Hrsg. Giovanni Schweiller, Mailand, Februar 1930.
24 Madame Gris, im Gespräch mit der Autorin.
25 John Russell, Introduction to the Catalogue of the Arts Council of Great Britain Modigliani Exhibition, Tate Gallery, London, 1963.
26 Gotthard Jedlicka, a.a.O.
27 Léon Indenbaum, im Gespräch mit der Autorin.
28 Jeanne Modigliani, a.a.O.

7 AUF DEM WEG ZUM INTENSIVEN LEBEN

1 Jean Cocteau an Valentine Gross, 13. August 1916, Francis Steegmuller, *Cocteau,* Macmillan, London, 1970.
2 ebd.
3 Jacob Epstein, *An Autobiography,* Hulton Press, London, 1955.
4 Jeanne Modigliani, *Modigliani: Man and Myth,* André Deutsch, London, 1959.
5 Jean-Paul Crespelle, *Montparnasse Vivant,* Librairie Hachette, Paris, 1964.
6 Francis Steegmuller, a.a.O.
7 Die Autorin traf Jean Cocteau Anfang 1957.
8 Roger Shattuck, *The Banquet Years,* Faber & Faber, London, 1959.
9 Robert Motherwell, Hrsg., *The Dada Painters and Poets: An Anthology,* Wittenborn Schulz, New York, 1951.
10 Lunia Czechowskas Erinnerungen in Ambrogio Ceronis, *Modigliani,* Edizione de Milione, Mailand, 1958.

11 Leopold Zborowski, Gedicht, zitiert in San Lazzaros *Modigliani,* Editions du Chêne, Paris, 1953.
12 Lunia Czechowskas Erinnerungen, a.a.O.
13 Charles-Albert Cingria, *Aujourd'hui,* Nr. 65, Lausanne, 26. Februar 1931.
14 Lunia Czechowska, *Modigliani Vivo,* Enzo Maiolino, Hrsg., Fogola Editore, Turin, 1981.
15 Gotthard Jedlicka, *Modigliani,* Eugen Rentsch, Zürich, 1953.
16 Irene Patai, *Encounters, The Life of Jacques Lipchitz,* Funk & Wagnalls, New York, 1961.
17 ebd.
18 Francis Carco, *L'Ami des Peintres,* Librairie Gallimard, Paris, 1953.
19 Chana Orloff, «Recollections of Modigliani by those who knew him», collected by Frederick S. Wight, *Italian Quarterly,* University of California, Los Angeles, Frühjahr 1958.
20 Blaise Cendrars, im Gespräch mit der Autorin.
21 Charles Douglas, *Artist Quarter,* Faber & Faber, London, 1941.
22 ebd.
23 Jeanne Modigliani, a.a.O.
24 Carol Mann, *Modigliani,* Thames & Hudson, London, 1981.
25 Max Jacob an René Rimbert, 24. Juli 1923, *Lettres à René Rimbert,* Rougerie, Mezières-sur-Issoire, 1983.
26 Maurice de Vlaminck, *Portraits avant décès,* Flammarion, Paris, 1943.
27 Francis Carco, a.a.O.
28 Ilja Ehrenburg, *People and Life,* Volume I, MacGibbon & Kee, London, 1961.
29 Douglas Cooper, *Fernand Léger et le nouvel espace,* Lund Humphries, London, Edition des Trois Collines, Genf, Paris, 1949.
30 Ilja Ehrenburg, a.a.O.
31 Marie Wassilieff, «Recollections of Modigliani by those who knew him», collected by Frederick S. Wight, *Italian Quarterly,* University of California, Los Angeles, Frühjahr 1958.
32 Chana Orloff, a.a.O.

8 JEANNE

1 Jeanne Modigliani, *Modigliani: Man and Myth,* André Deutsch, London, 1959.
2 Chana Orloff, «Recollections of Modigliani by those who knew him», collected by Frederick S. Wight, *Italian Quarterly,* University of California, Los Angeles, Frühjahr 1958.

3 Jean-Paul Crespelle, *Montparnasse Vivant,* Librairie Hachette, Paris, 1962.
4 ebd.
5 Michel Georges-Michel, *From Renoir to Picasso,* Gollancz, London, 1957.
6 Berthe Weill, *Pan!... dans l'Œil,* Librairie Lipschutz, Paris, 1933.
7 Janet Hobhouse, *The Bride Stripped Bare,* Jonathan Cape, London, 1988.
8 Irene Patai, *Encounters, The Life of Jacques Lipchitz,* Funk & Wagnalls, New York, 1961.
9 William Fifield, *Modigliani,* W. H. Allen, London, 1978.
10 Leopold Survage, im Gespräch mit der Autorin.
11 Pierre Sichel, *Modigliani,* W. H. Allen, London, 1967.
12 Charles Douglas, *Artist Quarter,* Faber & Faber, London, 1947.
13 *Modigliani Vivo,* Enzo Maiolino, Hrsg., Fogola Editore, Turin, 1981.
14 ebd.
15 Leopold Survage, im Gespräch mit der Autorin.
16 Frans Hellens, *Documents Secrets,* Albin Michel, Paris, 1958.
17 Foujita, «Recollections of Modigliani by those who knew him», collected by Frederick S. Wight, *Italian Quarterly,* University of California, Los Angeles, Frühjahr 1958.
18 Pierre Sichel, a.a.O.
19 Blaise Cendrars, «Recollections of Modigliani by those who knew him», collected by Frederick S. Wight, *Italian Quarterly,* University of California, Los Angeles, Frühjahr 1958.
20 Félicie Cendrars, *Modigliani Vivo,* a.a.O.
21 Charles Douglas, a.a.O.
22 Félicie Cendrars, *Modigliani Vivo,* a.a.O.
23 Gotthard Jedlicka, *Modigliani,* Eugen Rentsch, Zürich, 1953.
24 Jeanne Modigliani, a.a.O.
25 Félicie Cendrars an Eugenia Modigliani, 6. Februar 1923, Jeanne Modigliani, a.a.O.
26 ebd.
27 ebd.
28 ebd.
29 ebd.
30 Leopold Survage, im Gespräch mit der Autorin.
31 Jeanne Modigliani, a.a.O.
32 ebd.
33 Foujita, «Recollections of Modigliani by those who knew him», collected by Frederick S. Wight, *Italian Quarterly,* University of California, Los Angeles, Frühjahr 1958.
34 Jeanne Modigliani, a.a.O.
35 ebd.

36 John Russell, Introduction to the Catalogue of the Arts Council Exhibition, Tate Gallery, London, 1963.
37 Jeanne Modigliani, a.a.O.
38 Ernest Brummer, *Paris-Montparnasse,* Februar 1930.
39 Anders Osterlind, im Gespräch mit der Autorin.
40 ebd.
41 Marevna, *Life with the Painters of La Ruche,* Constable, London, 1972.
42 Anders Osterlind, im Gespräch mit der Autorin.

9 DAS LEBEN IST EIN GESCHENK

1 Modigliani schrieb: *«La Vita e un dono dei pochi ai molti de coloro che sanno e che hanno a coloro che non sanno e non hanno»* auf seine Zeichnung von Lunia Czechowska. Dies ist falsch zitiert nach d'Annunzio, *Convito,* erschienen 1895.
2 Lunia Czechowskas Erinnerungen in Ambrogio Ceroni, *Modigliani,* Edizione Del Millione, Mailand, 1958.
3 Marevna, *Life with the Painters of La Ruche,* Constable, London, 1972.
4 Lunia Czechowskas Erinnerungen in Ambrogio Ceroni, a.a.O.
5 Paulette Jourdain, *Modigliani Vivo,* Hrsg. Enzo Maiolino, Fogola Editore, Turin, 1981.
6 Modiglianis Eheversprechen, der Autorin von Jeanne Modigliani zur Verfügung gestellt.
7 Anselmo Bucci, *Modigliani dal Vero,* Panorama Dell'Arte Italiana, Marco Vallsecchi und Umbro Apollonio, Editori Lattes, Turin, 1951.
8 Francis Carco, *L'Eventail,* 15. Juli 1919.
9 *The Burlington Magazine,* September 1919.
10 Osbert Sitwell, *Left Hand, Right Hand,* Macmillan, London, 1945.
11 Jeanne Modigliani, *Modigliani: Man and Myth,* André Deutsch, London, 1959.
12 ebd.
13 Osbert Sitwell, *Laughter in the Next Room,* Macmillan, London, 1949.
14 Nina Hamnet, *Laughing Torso,* Constable, London, 1931.
15 Lunia Czechowskas Erinnerungen in Ambrogio Ceroni, a.a.O.
16 ebd.
17 Thora Dardel, *I go to Paris,* Bonniers, Stockholm, 1947.
18 ebd.
19 Jeanne Modigliani, a.a.O.
20 *Jeanne Modigliani racconta Modigliani,* Edizione Graphis Arte, Livorno, 1984.
21 Umberto Brunelleschi, «Rosalie L'ostessa di Modigliani», *L'Illustrazione Italiana,* Mailand, 11. September 1932.

22 André Salmon, «La Vie Passionnée de Modigliani», *L'International du Livre,* Paris, 1957.
23 Jeanne Modigliani, a.a.O.
24 Louis Latourettes, Vorwort zu Arthur Pfannstiel, *Modigliani,* Edition Séheur, Paris, 1929.
25 Charles Douglas, *Artist Quarter,* Faber & Faber, London, 1941.
26 John Storm, *The Valadon Drama,* Longmans, London, 1959.
27 William Fifield, *Modigliani,* W. H. Allen, London, 1978.
28 Leopold Zborowski an Emanuele Modigliani, 31. Januar 1920, in Jeanne Modigliani, a.a.O.
29 Ortiz de Zarate, *Paris-Montparnasse,* Februar 1930.
30 Chana Orloff, «Recollections of Modigliani by those who knew him», collected by Frederick S. Wight, *Italian Quarterly,* University of California, Los Angeles, Frühjahr 1958.
31 Jeanne Modigliani, a.a.O.
32 ebd.

10 VERLUST UND VERMÄCHTNIS

1 Douglas Goldring, *The Nineteen Twenties,* Nicholson & Watson, London, 1945.
2 Francis Carco, *Bohème D'Artiste,* Albin Michel, 1940.
3 Berthe Weill, *Pan!... dans l'Œil,* Librairie Lipschutz, Paris, 1933.
4 Chana Orloff, «Recollections of Modigliani by those who knew him», collected by Frederick S. Wight, *Italian Quarterly,* University of California, Los Angeles, Frühjahr 1958.
5 ebd.
6 Paulette Jourdain, *Modigliani Vivo,* Hrsg. Enzo Maiolino, Fogola Editore, Turin, 1981.
7 Jeanne Modigliani, *Modigliani: Man and Myth,* André Deutsch, London, 1959.
8 Pierre Sichel, *Modigliani,* W. H. Allen, London, 1978.
9 Francis Carco, *L'Evènement,* Paris, 29. Januar 1920.
10 Charles-Albert Cingria, Vorwort zum Katalog der Modigliani-Ausstellung, Kunsthalle Basel, 1934.
11 Man Ray, *Self Portrait,* Bloomsbury, London, 1988.
12 Margherita Modigliani, «Recollections of Modigliani by those who knew him», collected by Frederick S. Wight, *Italian Quarterly,* University of California, Los Angeles, Frühjahr 1958.
13 Jeanne Modigliani, *Modigliani sans Légende,* Librairie Grund, Paris, 1961.

14 Jeanne Modigliani, *Modigliani: Man and Myth,* a.a.O.
15 ebd.
16 Jeanne Modigliani, *Modigliani sans Légende,* a.a.O.
17 C. R. W. Nevinson, *Paint and Prejudice,* Methuen, London, 1937.
18 Lionel Venturi, *La Collection d'Art Moderne de M. Gualino et la Salle Modigliani,* Formes, Paris, Juli 1930.
19 Giovanni Schweiller, Hrsg., *Omaggio a Modigliani,* Mailand, Januar 1930.
20 Michel Georges-Michel, *Les Montparnos,* Fasquelle Editeurs, Paris, 1929.
21 Bernard Borchert, *Modigliani,* Faber & Faber, London, 1960.
22 Gustave Coquiot, *Les Peintres Maudits,* André Delpeuch, Paris, 1924.
23 Henri Lormian, *Modigliani et sa Légende,* Beaux Arts, Paris, 12. Januar 1934.

BILDQUELLEN

Wenn nicht anders vermerkt, sind sämtliche im Text abgebildeten Arbeiten in den offiziellen Amedeo Modigliani Archiven, Livorno und Paris, katalogisiert. Die Fotografien stammen durchweg von Franzin-Coupreau, I. A. V., Orléans.

FARBIGE ABBILDUNGEN

SCHWARZWEISSABBILDUNGEN

NAMENSREGISTER

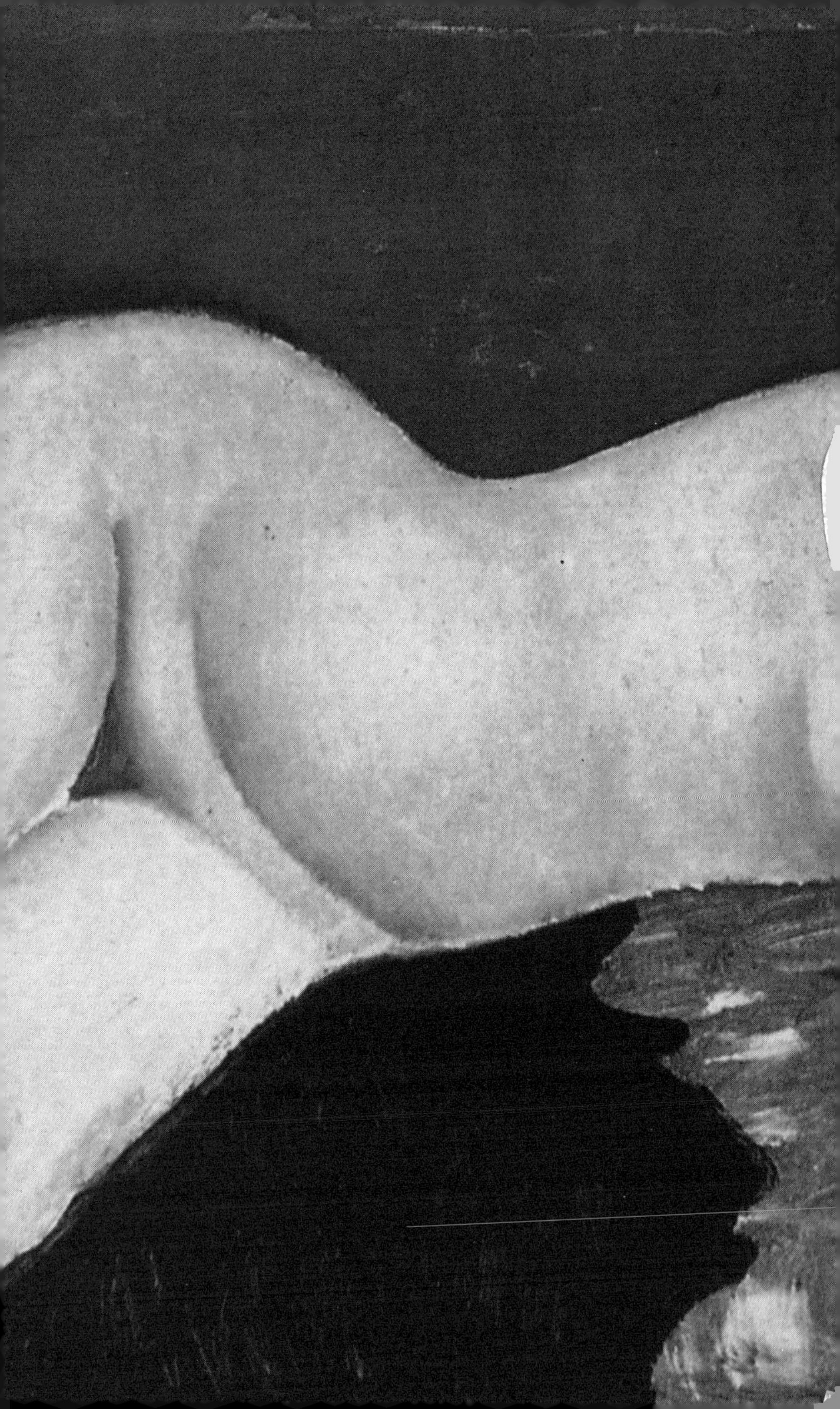